Atelier

KIMBERLY JANSMA

University of California, Los Angeles

MARGARET ANN KASSEN

The Catholic University of America

LAURENCE DENIÉ-HIGNEY

University of California, Los Angeles

Australia • Brazil • Canada • Mexico • Singapore • United Kingdom • United States

CENGAGE

Atelier
Jansma | Kassen | Denié-Higney

Product Director: Marta Lee-Perriard

Senior Product Team Manager: Heather Bradley-Cole

Senior Product Manager: Lara Semones Ramsey

Content Development Manager: Anika Bachhuber

Senior Content Developer: Isabelle Alouane

Senior Content Project Manager: Esther Marshall

Senior Marketing Manager: Sean Ketchem

Market Development Specialist: Patricia Velazquez

Digital Content Designer: Andrew Tabor

VP, Technical Product Manager: Matthew D. Nespoli

Senior Designer: Lisa D. Trager

Art Director: Brenda Ciaramella

Text Designer: Brenda Ciaramella

Cover Designer: Lisa D. Trager

Cover Image: Dakin Roy/Fotosearch

Library of Congress Control Number: 2017952982

ISBN: 978-1-305-27831-8 [Student Edition]
ISBN: 978-1-305-27654-3 [MindTap IAC]
ISBN: 978-1-337-27008-3 [Unbound Student Edition]

Cengage
200 Pier 4 Boulevard
Boston, MA 02210
USA

Cengage is a leading provider of customized learning solutions with employees residing in nearly 40 different countries and sales in more than 125 countries around the world. Find your local representative at: **www.cengage.com.**

To learn more about Cengage platforms and services, register or access your online learning solution, or purchase materials for your course, visit **www.cengage.com.**

Printed in the United States of America
Print Number: 08   Print Year: 2022

Scope and Sequence

Vocabulaire	Structures	Culture	Synthese

1

Bonjour!

PAGE 1

Thème 1
Comment se saluer et se présenter
Comment présenter

Thème 2
Identification des choses et des personnes
Dans la salle de classe
Quelques Français célèbres

Thème 3
La description des personnes
La description physique
La description de la personnalité

Thème 4
Les vêtements et les couleurs
Les couleurs
Les vêtements

Thème 5
Comment communiquer en classe
Comment communiquer en classe
L'alphabet
Les accents
Les nombres de 0 à 60

Thème 1
1.1 **Tu** et **vous**

Thème 2
1.2 **Qui est-ce? Qu'est-ce que c'est? Est-ce que…?**
1.3 Les articles indéfinis

Thème 3
1.4 Les pronoms sujets avec **être**
1.5 Les adjectifs (introduction)

Greetings in French
Vocabulaire en mouvement
Voix en direct: Du français ou de l'anglais?

Vidéo: Les copains

Situations à jouer

Explorez en ligne: Une célébrité

Lecture: *Francophonie* (de Philippe Richard)

Expression écrite: Petit portrait

Scope and Sequence

Scope and Sequence

	Vocabulaire	Structures	Culture	Synthese

MINDTAP *MindTap® provides online activities for student preparation and review practice outside of class — everything that a student needs, from content presentations to assessments.*

6

Qu'est-ce qui s'est passé?

PAGE 99

	Vocabulaire	Structures	Culture	Synthese
	Thème 1 Hier Qu'est-ce que vous avez fait hier? Quelques expressions de temps	**Thème 1** 6.1 Le passé composé avec **avoir**	**Mini-portraits de Francophones aux Amériques** **Les infos se transforment.** Voix en direct: Comment est-ce que vous vous informez?	**Vidéo: Les copains** **Situations à jouer** **Explorez en ligne:** La presse **Lecture:** Jacques Brel: Chanteur en rébellion **Expression écrite:** Mon personnage historique préféré
	Thème 2 Parlons de nos vacances. Qu'est-ce qui s'est passé?	**Thème 2** 6.2 Le passé composé avec **être**		
	Thème 3 Comment raconter et écouter une histoire Pour raconter une histoire Pour réagir à une histoire Quelle journée!			
	Thème 4 Personnages historiques francophones Jacques Cartier, explorateur	**Thème 4** 6.3 Les verbes comme **venir** et **venir de** + infinitif		
	Thème 5 Les informations et les grands événements Comment les jeunes s'informent	**Thème 5** 6.4 Les verbes comme **choisir** 6.5 Les pronoms d'objet direct **le, la, l'** et **les**		

Scope and Sequence

	Vocabulaire	Structures	Culture	Synthese

MINDTAP MindTap® provides online activities for student preparation and review practice outside of class — everything that a student needs, from content presentations to assessments.

7
Bien manger, bien vivre

PAGE 121

Vocabulaire	Structures	Culture	Synthese
Thème 1 Les produits alimentaires Les fruits Les légumes Les céréales et autres Les produits laitiers La viande et le poisson Un petit déjeuner typique	**Thème 1** 7.1 Les articles définis, indéfinis et partitifs 7.2 Les verbes avec changements orthographiques	**Les repas des Français** Voix en direct: Est-ce que vous mangez avec votre famille? **Où faire les courses?**	**Vidéo: Les copains** **Situation à jouer** **Explorez en ligne:** Les recettes **Lecture:** *Déjeuner du matin* (de Jacques Prévert) **Expression écrite:** The Golden Truffle: Le restaurant préféré de…
Thème 2 Comment se débrouiller au restaurant Au restaurant Les copains au restaurant			
Thème 3 Les courses et les recettes La recette des crêpes	**Thème 3** 7.3 Les expressions de quantité		
Thème 4 Les plats des pays francophones Quel plat? Quelques plats de pays francophones	**Thème 4** 7.4 Le pronom **en**		
Thème 5 Les bonnes manières et l'art de vivre Comment mettre la table Conseils à table	**Thème 5** 7.5 Les pronoms d'objet direct **me, te, nous** et **vous**; le verbe **mettre**		

Vocabulaire	Structures	Culture	Synthese

✦ MINDTAP *MindTap® provides online activities for student preparation and review practice outside of class — everything that a student needs, from content presentations to assessments.*

Vocabulaire	Structures	Culture	Synthese

Thème 3
Comment se plaindre
L'art de se plaindre
Élodie fait la tête.
 	
Thème 4
La vie des jeunes
Le système éducatif
Comment parler jeune
 	
Thème 5
Comment faire des achats
Parlons mode et soldes
Lequel choisir?
Au magasin de vêtements
	Thème 3
	9.3 Les expressions négatives
	
	Thème 5
	9.4 Les verbes comme **payer**
	9.5 Lequel et les adjectifs
	     démonstratifs **ce, cet, cette**
	     et **ces**		

10 La France et le monde francophone PAGE 186			
Thème 1 Paris, j'aime! Paris, la ville lumière **Thème 2** Comment se repérer en ville Se repérer en ville Demander des renseignements à l'hôtel **Thème 3** La géographie du monde francophone L'Afrique francophone Leçon de géographie La Guadeloupe Partons en Guadeloupe. **Thème 4** Comment organiser un voyage Pour réserver un billet d'avion ou de train	**Thème 1** 10.1 Le futur **Thème 3** 10.2 Les prépositions et la géographie 10.3 Le pronom **y** **Thème 4** 10.4 **Il faut** et **il vaut mieux** + infinitif 10.5 **Savoir** et **connaître**	**La francophonie: une source des musiques du monde** Voix en direct: Des chanteurs parlent de leurs chansons. **La langue et l'identité**	**Vidéo: Les copains** **Situation à jouer** **Explorez en ligne:** Les auberges de jeunesse **Lecture:** *Le pays va mal* (de Tiken Jah Fakoly) **Expression écrite:** Présentation d'un pays francophone

	Vocabulaire	Structures	Culture	Synthese

12

L'amour et l'amitié

PAGE 224

Vocabulaire

Thème 1
Une histoire d'amour
Une rencontre amoureuse
La vie conjugale
Les problèmes de couple
La rupture

Thème 2
Valeurs et opinions
Rapports entre copains/copines

Thème 3
Comment exprimer ses
   sentiments
Expressions d'émotions
Les objets pour exprimer les
   sentiments
Entre amis

Thème 4
Rétrospective sur **Les copains**
Les copains: souvenirs

Thème 5
Entre copains
Qu'est-ce qu'il se passerait si…?

Structures

Thème 1
12.1 Les verbes pronominaux
      (suite)
12.2 Les verbes **voir** et **croire**

Thème 3
12.3 Le subjonctif (suite)

Thème 4
12.4 Le passé composé et
      l'imparfait (suite)

Thème 5
12.5 Le conditionnel

Culture

Le couple en transition
Perspectives sur l'amitié
   Voix en direct: C'est quoi pour
   vous l'amitié?

Synthese

Vidéo: Les copains

Situations à jouer

Explorez en ligne: Les
   personnalités préférées des
   Français

Lecture: «L'affaire du collier»
   (de Magali Morsi)

Expression écrite: Des conseils

To the Student

Welcome to **Atelier**, your personal studio for learning French and francophone language and culture. With its blend of online learning tools and class activities, **Atelier** will guide your independent learning of French so that you are ready to communicate with others both in the classroom and online. **Atelier** brings you the sights, sounds, and stories of everyday life in tightly designed units centering on themes such as family life, university studies, hobbies, and food.

This media-rich program presents content through film, images, audio, and text.

- **Film:** Each module features an episode from **Les copains,** an original film series especially created for **Atelier** revolving around a close group of friends living in Paris. Whether they're making a new acquaintance, sharing their taste in popular culture, complaining about a living situation, or trying a yoga class– Paul, Élodie, and Manu find themselves in situations that you will be learning to navigate yourselves.

- **Thematic vocabulary:** Each new theme begins with a photo display of thematic vocabulary narrated by Camille, an expert at making herself clear to non-native speakers. The vocabulary presentations, which you can view at your own pace, include photo images, audio, and text.

- **Structures:** In animated grammar tutorials, you will meet Jérémie, a bilingual French instructor who uses the walls of Paris to illustrate new structures. With explanations in English, he makes lively use of charts, images, and sample sentences to give you a solid understanding of how to form and use the structures presented in each module.

- **Perspectives culturelles**: While culture is integrated throughout the **Atelier** program, special sections called *Perspectives culturelles* highlight up-to-date cultural content with illustrated, focused presentations. You will gain an intercultural perspective by reflecting on your own and your classmates' cultural practices while learning about those in the francophone world.

Atelier's Learning Path

Atelier guides your online instruction with a carefully designed "learning path" to take you step by step through each module. This process is fundamental to your success. If you are using *Atelier* in a blended learning environment, you will be expected to complete the online learning path before coming to class. Here are the steps of the learning path:

- **Ready?:** A short introduction to the broad content of each theme encourages you to anticipate the material you will be learning.

- **Learn it!:** All new thematic vocabulary, culture, and structures are presented through film, animation, and voiceover photos and text. **Learn it!** is always followed by **Try it!**, offering quick comprehension questions followed by answers so you can verify your understanding of the presentations. These questions are only for you and are not graded or reported to your instructor.

- **Practice it!:** Most of your online practice with new material will be labeled **Practice it!** Activities include more extended comprehension checks of vocabulary, grammar, and culture, such as multiple choice, fill-in-the-blank, matching, photo identification, and listening comprehension. Answers are provided. These activities may be assigned by your instructor for grading purposes.

- **Use it!:** Activities labeled **Use it!** give you a chance to use what you are learning to express yourself creatively. These are designed to be submitted online or prepared for class discussion. Some activities allow you to post individual comments and photos, read and respond to your classmates' postings.

- **Got it!:** Each theme ends with **Got it!** Begin by evaluating yourself using a checklist of statements that specify what you are expected to be able to accomplish after completing the theme. When you are ready to test yourself, do the **Micro quiz**, where you demonstrate your ability to use what you have studied. If the **Micro quiz** is assigned, your instructor will get the results.

The Manual

If you are using *Atelier* in a blended learning environment, you will use the Manual for your face-to-face classroom interaction. The Manual follows the thematic presentation of material that you saw online in condensed form for reference and quick review. Since you have already worked through the content step by step on your own, class time can be focused on using French for lively communication. Classroom activities are the heart of the classroom experience. Each module concludes with a brief summary of the grammar structures and a complete list of the module vocabulary that you can use for quick reference during class activities and for review before exams.

Explanation of *Atelier*'s organization

You may have heard about flipped, blended, or hybrid instruction. *Atelier* uses this innovative approach allowing you to progress at your own pace outside of class while maximizing classroom time for communicative interaction with the assistance of your instructor. Standard class lectures and online workbooks are replaced by a rich online media supported learning environment that makes use of voice, text, images, and film and an easy-to-follow learning path that walks you through the learning process and allows you to check your understanding as you go.

Each of **Atelier's** 12 modules contains five related themes and their accompanying grammar structures. Two *Perspectives culturelles* elaborate on these themes. Each module is accompanied by one episode of the film series **Les copains** (Friends). A portion of the video will be the subject of one of the module themes, where you will focus on real-world language in action as the characters greet each other, talk about their jobs, and give each other advice using the kind of language you will be learning to use yourself.

Each module concludes with a final section, *Synthèse*, where you integrate chapter content with a reading, writing, Internet search, role play activity, and video viewing. Readings include poems, songs, short stories, and other short authentic passages. Writing activities are structured in steps that guide you through the writing process and help you with more open-ended expression. Through *Explorez en ligne,* you will be guided to search and understand francophone websites related to each module's central topic. You will end your module review by watching the *Les copains* episode in its entirety, and reflect on the cultural and linguistic elements you want to build into your own French repertoire.

To get the touch and feel of the **Atelier** approach, we will walk you through a sample learning path.

A note about vocabulary learning

Part of the experience of **Atelier** is being exposed to more natural like language as it occurs in realistic settings. Just as a child doesn't understand every word, you will be exposed to a wide range of vocabulary. A good number of the words you will encounter are cognates, words similar to their English equivalent. The vocabulary in **Atelier** is organized into two categories presented in list form at the end of the module: *Vocabulaire actif*, which you need to learn to produce, and *Vocabulaire passif*, words and expressions which help build your comprehension but that you are not required to memorize.

Tips for using the online program

To take full advantage of the online content, here are a few tips.

- Don't always expect to understand the model the first time you hear it; replay it as many times as you want.

- Repeating out loud after the model will improve your pronunciation and give you more confidence for speaking in class.

- While you are watching the video, pay attention to the setting, facial expressions, tone of voice, and interaction so you can follow the storyline without needing to understand every word.

By carefully following the learning path, you will be prepared for lively classroom experience.

Acknowledgments

We're grateful to the many people who've helped make our vision of a blended learning French language program become a reality. We had help from a number of creative individuals. Foremost, we want to thank Céline Decoux, French director of the *Les copains* video. She understood our concept and helped us with everything, from casting to site selection. Thanks to Chantal Baoutelman and Marlène Hanssler-Rodrigues for script writing. We'd also like to acknowledge Charles Hamway, creator of Jérémie, the animated "grammar guy." Charles initially created several renditions of Jérémie. The one he developed was selected by popular student vote. Thanks to Anneka Haddix and Kereen Montgomery for their work on the presentation slides to smooth the transition from the online to the classroom environment. At Cengage, we are grateful to Nicole Morinon and Beth Kramer, for first supporting the idea of a blended learning program and to Lara Ramsey, our indefatigable acquisitions editor who has guided us at every stage. Thanks to Isabelle Alouane, our development editor for her careful work and helpful feedback. **Atelier** depends on good visual design, and for this, we're grateful to Esther Marshall, our Senior Content Project Manager. Our thanks also go to Elyssa Healy, Peter Schott, Carolyn Nichols; Jason Baldwin, Jason Clark, Sarah Seymour, Bethany Martin, Nathan Carpenter, Dana Edmunds, Sean Hagerty, Nicole Naudé, Ralph Zerbonia, Severine Champeny, native reader and proofreader, Kendra Brown and Katy Gabel, Lumina Datamatics project managers; Jaishree Venkatesan, Sylvie Waskiewicz, Lori Mele Hawke (for the Transition guide and Visual Preface).

Finally, we want to acknowledge, Kim's husband, Glen Jansma. Glen's technical expertise and conceptual advice has been invaluable.

We would like to thank the following reviewers of *Atelier* for their comments and advice:

Jeffrey Allen, North Carolina State University

Elaine Ancekewicz, Long Island University

Debra Anderson, East Carolina University

Katie Angus, University of Southern Mississippi—Hattiesburg

Indra Avens, Queensborough Community College

Jane Backer, University of Colorado

Mariana Bahtchevanova, Arizona State University

Julie Baker, University of Richmond

Jody Ballah, University of Cincinnati Blue Ash

Caren Barnezet Parrish, Chabot College

Edith Benkov, San Diego State University

Evelyne Berman, El Camino College

Florence Bernard-Lemoine, Texas State University

Didier Bertrand, Indiana University—Purdue University Indianapolis

Dikka Berven, Oakland University

Geraldine Blattner, Florida Atlantic University

Chesla Ann Bohinski, SUNY Binghamton University

Mayra Bonet, Northern Essex Community College—Haverhill

Parfait Bonkoungou, Auburn University – Montgomery

Habiba Boumlik, CUNY LaGuardia Community College

Thomas Buresi, Southern Polytechnic State University

Nancy Burket, Ava Maria University

Ruth Caldwell, Luther College

Kim Carter-Cram, Boise State University

Nick Carty, Dalton State College

Matthieu Chan-Tsin, Coastal Carolina University

Rosalie Cheatham, University of Arkansas at Little Rock

Benjamin Cherel, Swarthmore College

James Chestnut, University of North Georgia

Kathy Comfort, University of Arkansas—Fayetteville

Isabelle Corneaux, George Fox University

Tomaz Cunningham, Jackson State University

Amanda Dalola, University of South Carolina

Diane Dansereau, University of Colorado, Denver

Kelly Davidson Devall, Valdosta State University

Edward Dawley, Delaware State University

Guylene Deasy, University of North Carolina, Greensboro

Joan Debrah, University of Hawaii at Manoa

Sophie Degat-Willis, University of Pennsylvania

S. Pascale Dewey, Kutztown University

Aurea Diab, Dillard University

Nathalie Dieu-Porter, Vanderbilt University

Isabelle Drewelow, University of Alabama

Sebastien Dubreil, University of Tennessee, Knoxville

Andrzej Dziedzic, University of Wisconsin – Osh Kosh

Mary Ellen Eckhert, East Los Angeles College

Shirin Edwin, Sam Houston State University

Sylvaine Egron-Sparrow, Wellesley College

Cindy Evans, Skidmore College

Gisèle Farah, Mott Community College

John Fields, Florida State College at Jacksonville—South

David Fieni, SUNY College at Oneonta

Lucia Florido, University of Tennessee—Martin

Tara Foster, Northern Michigan University

Stephanie Gaillard, Louisiana State University—Baton Rouge

Russel Ganim, University of Nebraska—Lincoln

Sahar Ghattas, Horry Georgetown Tech College

Sarah Glasco, Elon University

Gary Godfrey, Weber State University

Lisa Gonzales, Monterey Peninsula College

Sarah Gordon, Utah State University

Carmen Grace, University of Colorado

John Greene, University of Louisville

Frederique Grim, Colorado State University

Jeanne Hageman, North Dakota State University

Cheryl Hansen, Weber State University

Suzanne Hendrickson, University of Missouri—St. Louis

Araceli Hernandez-Laroche, University of South Carolina Upstate

Marie-Laure Hinton, Long Beach City College

Ruth Hottell, University of Toledo

Julie Human, University of Kentucky

Ann-Marie Hyland, Rio Salado College

Andrea Javel, Boston College

Michael Johnson, Central Washington University

Mary Helen Kashuba, Chestnut Hill College

Brian Kennelly, California Polytechnic State University—San Luis Obispo

Vera Klekovkina, University of Wisconsin-Stevens Point

Kris Knisely, University of South Dakota

Julia Knowlton, Agnes Scott College

Kristi Krumnow, San Jacinto College

Betty LaFace, Bainbridge State College

Laurence Lambert, Sierra College—Rocklin, Roseville-Gateway

Ann Le Barbu, Los Angeles Pierce College

Rebecca Leal, Elmhurst College

Marie Leticee, University of Central Florida

Tamara Lindner, University of Louisiana—Lafayette

Lara Lomicka Anderson, University of South Carolina

Pamela Long, Auburn University—Montgomery

Mary Ann Lyman-Hager, San Diego State University

Mary Lynett Moore, College of DuPage

Chantal Maher, Palomar College

Maria Manterola, College of Lake County

Jack Marcus, Gannon University

George McCool, Towson University

Melissa McLennen-Davis, Blinn College—Bryan

Maria Melgarejo, Saint Cloud State University

Catherine Mennear, WakeTech Community College—Raleigh

Lindsy Meyers, University of Missouri—Kansas City

Maria Mikolchak, Saint Cloud State University

Anne-Helene Miller, East Carolina University

Annik Miller, Liberty University

Nicole Mills, Harvard University

Claire Moisan, Grinnell College

Francisco (Paco) Montano, CUNY—Lehman College

Kristina Mormino, Georgia Gwinnett College

Shawn Morrison, College of Charleston

Martine Motard-Noar, McDaniel College

Markus Muller, Cal State University—Long Beach

Stephane Natan, Rider University

Linda Nodjimbadem, University of Texas—El Paso

Frances Novack, Ursinus College

Therese O'Connell, Jacksonville University

Philip Ojo, Agnes Scott College

Kory Olson, Richard Stockton College

Uriel Ornelas, San Diego Mesa College

Kate Paesani, Wayne State University

Helene Pafundi, SUNY Albany

Robin Peery, Massasoit Community College

Marina Peters-Newell, U of New Mexico

Keith Phillips, Lansing Community College

Randi Polk, Eastern Kentucky University

Nora Portillo, Southwestern College—Chula Vista

Joseph Price, Texas Tech University

Steve Puig, St. John's University - Queens

Linda Quinn Allen, Iowa State University

Sudarsan Rangarajan, University of Alaska, Anchorage—Main Campus

Robin Rash, University of Memphis—Lambuth Campus

Deb Reisinger, Duke University

Anne-Christine Rice, Tufts University

Radonna Roark, Oklahoma Baptist University

Steve Rodgers, Puget Sound

Francine Rozenkopf, Los Angeles City College

Anna Sandstrom, University of New Hampshire

Lorie Sauble-Otto, University of Northern Colorado

Kelly Sax, Indiana University—Bloomington

Patricia Scarampi, Northwestern University—Evanston

Jean Schultz, University of California—Santa Barbara

Paul Scotto di Pompéo, Howard University

Gilberto Serrano, Columbus State Community College

Eileen Smith, Shasta College

Mariagrazia Spina, University of Central Florida

Kathryn Stewart-Hoffmann, Oakland Community College—Orchard Ridge

Jane Stribling, Pellissippi State Technical Community College

Anita Suess Kaushik, Schoolcraft Collge

Amye Sukapdjo, University of North Georgia

Francoise Sullivan, Tulsa Community College

Heather Swanson, Community College of Philadelphia

Eve Taylor, Fresno City College

Sandra Trapani, University of Missouri—St. Louis

Janina Traxler, Manchester University

Sandra Valnes Quammen, Duke University

Aurelie Van de Wiele, Hamilton College

Nancy Virtue, Indiana University-Purdue University—Fort Wayne

Lynn Vogel-Zuiderweg, East Los Angeles College

Ying Wang, Pace University

Kristina Watkins Mormino, Georgia Gwinnett College

Anna Weaver, Mercer University

Catherine Webster, University of Central Oklahoma

Lynni Weibezahl, University of Nevada—Reno

Martina Wells, Chatham College

Joseph Wieczorek, Community College of Baltimore County
James Wilkins, Lee University
Philippe Willems, Northern Illinois University—Dekalb
Ann Williams, Metropolitan State University of Denver
Heather Willis-Allen, University of Wisconsin—Madison
Terri Woellner, University of Denver
Dierdre Wolownick, American River College
Jennifer Wolter, Bowling Green State University

We would like to recognize those who reviewed the MindTap® for World Languages platform:

Whitney Bevill, University of Virginia
Katherine Bevins, University of Tennessee—Knoxville
Anne-Sophie Blank, University of Missouri-St. Louis
Goedele Gulikers, Prince George's Community College
Solene Halabi, Mt San Antonio College
Katherine Morel, North Carolina State University
Steven Spalding, US Naval Academy

Valerie Wust, North Carolina State University

We would like to recognize our Faculty Development Partners:

Claudia Acosta, College of the Canyons
Daniel Anderson, The University of Oklahoma
Stephanie Blankenship, Liberty University
Amy Bomke, Indiana University—Purdue University Indianapolis
Julia Bussade, The University of Mississippi
Mónica García, California State University Sacramento & American River College
Marilyn Harper, Pellissippi State Community College
Bryan Koronkiewicz, The University of Alabama
Kajsa Larson, Northern Kentucky University
Cristina Moon, Chabot College
Marilyn Palatinus, Pellissippi State Community College
Tina Peña, Tulsa Community College
Joseph Price, University of Arizona
Goretti Prieto Botana, University of Southern California

Michelle Ramos, California State University San Marcos
Eva Rodriguez Gonzalez, University of New Mexico
Borja Ruiz de Arbulo Alonso, Boston University
Laura Sanchez, Longwood University
Steven Sheppard, University of North Texas
Sandy Trapani, University of Missouri—St. Louis

We would like to recognize the advice and input from members of the World Languages Technology Advisory Board:

Douglas W. Canfield, The University of Tennessee, Knoxville
Michael B. Dettinger, Louisiana State University
Senta Goertler, Michigan State University
Michael Hughes, California State University San Marcos
Jeff Longwell, New Mexico State University
Theresa Minick, Kent State University
Jennifer Rogers, Metropolitan Community College
Steven Sheppard, University of North Texas

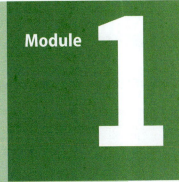
Bonjour!

In this module, you will:

- greet others and make introductions.
- name and describe people.
- identify objects in the classroom.
- identify clothes and colors.
- learn useful classroom expressions.
- count to 60 and spell words.

Thème 1 Comment se saluer et se présenter

Structure 1.1 Addressing others formally and informally *Tu et vous*

C1-1 Sur le campus

In groups of three, follow the model to greet two other classmates informally. Replace the words in bold with your personal information.

Modèle:
— *Je m'appelle **Jennifer.** Et toi?*
— *Moi, je m'appelle **Jake.***
— *Je suis de **Chicago.** Et toi?*
— *Moi aussi, je suis de **Chicago.** / Moi, je suis de **Portland.***

Comment s'appelle-t-elle?

Elle s'appelle Marion Cotillard. Elle est de Paris.

C1-2 À l'Ambassade de France

Circulate around the classroom as if you were at a formal cocktail party. Greet people formally, shaking hands when you say **bonjour.** Replace the words in bold with your personal information.

Modèle:
— *Bonjour, **Madame**. Je m'appelle **Fabien Vivier**. Et vous?*
— *Bonjour, **Fabien**. Je m'appelle **Sophie Merlet**. Je suis de **Montpellier**. Et vous?*
— *Je suis de **Dallas**.*

C1-3 Présentez vos camarades.

Introduce the student sitting next to you to the class.

Modèle:
Il/Elle s'appelle...
Il/Elle est de...

C1-4 ♻ **Dans votre classe**

With a partner, point to some students and ask **Comment s'appelle-t-il/elle?**

Modèle:
— *Comment s'appelle-t-elle?*
— *Elle s'appelle **Elizabeth.***

C1-5 ♻ **Présentations**

A. In groups of three, introduce one classmate to another.

Modèle:
— *Je te présente mon ami, Paul.*
— *Salut, Paul.*
— *Bonjour, Manu.*

B. Introduce a classmate to your French instructor. Remember to speak formally.

Modèle:
— *Bonjour, madame / monsieur.*
— *Bonjour, Erik.*
— *Je vous présente mon amie, Kaitlyn.*
— *Bonjour, Kaitlyn.*
— *Bonjour, madame / monsieur.*

C1-6 ♻ **Jouez le dialogue.**

A. Greet three students and ask how they are doing.

Modèle:
— *Bonjour / Salut, Jeanne. Ça va?*
— *Oui, ça va. (Ça va bien. / Ça va très bien. / Ça ne va pas du tout.)*

B. Greet your instructor.

Modèle:
— *Bonjour, madame. Comment allez-vous?*
— *Bien, merci, et vous?*

C. Now say goodbye to three students.

Modèle:
— *Salut / Au revoir, Jérôme. À la prochaine!*
— *Ciao! / Salut! À demain.*

Greetings in French

Learning how to negotiate greetings and farewells is important for feeling comfortable in a foreign culture. Whenever French people come into contact with others, whether friends or strangers, they greet them upon arrival and say goodbye before leaving.

Bonjour!

When you enter a shop, such as this **boulangerie,** be sure to greet shopkeepers with **bonjour.**

Forget Patrick/Sagaphoto.com/Alamy Stock Photo

It is important to greet people with **bonjour** and say **au revoir** in parting. Small shop owners will expect a **bonjour** before you make a purchase.

Une poignée de main (*handshake*) ou la bise?

Two friends greet each other with a kiss on the cheeks.

© Photographer: Anne Besca Dumas

Greetings are generally accompanied by a gesture, either a handshake or a light kiss on each cheek (**une bise** or **un bisou**).

C1-7 Avez-vous compris?

Is the behavior **poli** (*polite*) or **mal poli** (*impolite*)?

1. You walk into a bakery and say: **Deux baguettes, s'il vous plaît.** (*Two baguettes, please.*)
2. You say **bonjour** to greet your friend's best friend with your hands at your side.

Tu ou vous?

Business colleagues greet each other.

One of the most complicated cultural practices in French involves deciding whether to use the formal or informal form of address. These practices vary throughout the francophone world.

In France

Use **tu** with a friend or family member. Use **vous** to show respect, when addressing several people, or when in doubt.

In Quebec

Use **vous** with teachers. Use **tu** with shopkeepers and even your boss.

In French-speaking Africa

Greetings are more drawn out and the informal **tu** is common. **Comment ça va? Comment va ton père? Et ta mère?**

Un sourire?

French people don't usually interact with strangers.

In large cities, like Paris, the French generally maintain a more neutral facial expression in public spaces such as the street or the **métro,** which is in part a reflection of a need for privacy.

C1-8 **Avez-vous compris?**

Is the statement **vrai** *(true)* or **faux** *(false)*? If false, correct it.
1. In Paris, you smile at people you don't know as you walk down the street.
2. In Africa, the **tu** form is the norm.

C1-9 **ET VOUS?** **Et vous?** Bring your notes from the online activity to class.

1. Write down rules for formal and informal greetings in the United States or another country with which you're familiar. Share your rules with the class.
2. Which do you feel is more physical, a hug or a kiss on the cheek? Why?
3. Why, do you think, French people might be confused when someone switches between the use of **tu** and **vous** when addressing them?

Thème 2 Identification des choses et des personnes

Structure 1.2 **Identifying people and things** *Qui est-ce?, Qu'est-ce que c'est?, Est-ce que…?*

Structure 1.3 **Naming people and things** *Les articles indéfinis*

Dans la salle de classe

C1-10 🔁 Est-ce que c'est…?

Choose an object in the classroom and ask a partner to identify it following one of the two models below.

Modèles:
— Est-ce que c'est un livre? — Qu'est-ce que c'est?
— Non, c'est un cahier. — C'est un cahier.

C1-11 🔁 Prononciation: *un et une*

With your partner, choose **un** or **une** as needed (refer to page 20 if you need to check the gender), and then take turns pronouncing the words. Make a special effort to say **un** and **une** the French way.

Modèle:
— **un/une calculatrice**
— *C'est une calculatrice.*

1. un/une table
2. un/une cahier
3. un/une porte

4. un/une stylo
5. un/une étudiant
6. un/une lampe

C1-12 ♻ Pictionary

In small groups, play Pictionary drawing objects found in the classroom. Guess what the picture is. Be sure to use rising intonation.

Modèle:
— *C'est un livre?*   — *C'est un cahier?*
— *Non.*   — *Oui!*

Quelques Français célèbres

C1-13 🔁 **Qui est-ce?**

Follow the model with a partner. Remember to ask the question with rising intonation.

Modèle:

— *C'est Hillary Clinton?*
— *Non, c'est Christine Lagarde.*

C'est Taylor Swift?

1.

C'est Tony Parker?

2.

C'est Ben Stiller?

3.

C'est Jean-Paul Gaultier?

4.

C'est Katy Perry?

5.

C1-14 ♻ **Identifications**

In groups of 3 or 4, pick 5 famous people to display on your phone or other device. Take turns showing the photos to the other team and asking **Qui est-ce?** Which team gets the most right?

Structure 1.4 **Describing people** *Les pronoms sujets avec* **être**

Structure 1.5 **Using adjectives to describe** *Les adjectifs* (introduction)

La description physique

C1-15 ♻ À l'arrêt de bus

In groups of 3, describe each person at the bus stop. Use the adjectives given in the picture.

Modèle:

— *Madame Vincent est une femme âgée avec les cheveux gris. Elle est un peu forte et elle porte des lunettes (wears glasses).*

— *Annie est une petite fille avec les cheveux blonds.*

C1-16 Qui est sur l'image?

Who is your instructor describing?

Modèle:

— *C'est une femme âgée avec les cheveux gris. Elle est un peu forte et elle porte des lunettes.*

— *C'est Madame Vincent.*

La description de la personnalité

C1-17 ⚡ **Comment es-tu?**

With a partner, take turns asking about your personalities.

Modèles:

optimiste
— *Tu es optimiste?*
— *Oui, je suis assez* (rather) *optimiste. Et toi?*
— *Moi aussi* (Me too). / *Moi non* (Not me). *Je suis réaliste.*

timide
— *Tu es timide?*
— *Non, je ne suis pas très timide. Et toi?*
— *Moi non plus* (Me neither). / *Moi, je suis timide.*

1. idéaliste
2. sociable
3. timide
4. calme
5. sérieux / sérieuse
6. comique
7. réaliste
8. patient(e)
9. nerveux / nerveuse
10. intelligent(e)

C1-18 ♣ **Comment est…?**

In groups of three, choose a famous person and write a description of his/her personality and looks. Which group can use the most adjectives? Then share your description with the class.

Modèle: Chris Pine
— *Il est grand avec les cheveux bruns.*
— *Il est beau.*
— *Il est sociable.*
— *Il est calme.*
— *Il est jeune.*

Nicole Brunot

Je suis **sociable** et **optimiste**. Mais je ne suis pas très **patiente**.

François Leclerc

Moi? Euh… Je suis **sociable**, assez **optimiste** et très **patient**.

Les vêtements

C1-19 🔁 **C'est quoi?**

With a partner, take turns pointing to a clothing item and asking what it is.

Modèle:
— *Qu'est-ce que c'est?*
— *C'est une casquette.*

une casquette

un short

une jupe

un pull-over
(un pull, fam)

un T-shirt

des tennis (f) on
des baskets (f)

une chemise

une robe

un jean

des lunettes (f)
de soleil

Les couleurs

noir(e) blanc(he) rouge bleu(e) jaune vert(e)

marron orange violet(te) beige rose gris(e)

C1-20 Vrai ou faux?

Listen to your instructor describe clothes. Is the description true or false?

Modèle:
— La chemise de Steve est rouge.
— C'est vrai.

C1-21 De quelle couleur est...?

With a partner, look at the images on the previous page and answer the questions.

Modèle:
— De quelle couleur est la casquette?
— Elle est jaune.

De quelle couleur…
1. sont les tennis? Elles sont…
2. est la jupe? Elle est…
3. est la chemise?
4. est la robe?
5. est le short?
6. est le pull?

C1-22 Qui porte...?

Describe one item of clothing worn by a student in your class. Then ask who is wearing it.

Modèle:
— Elle porte une chemise blanche. Qui est-ce?
— C'est Tara.

C1-23 Sondage: Les vêtements et les couleurs

A. Interview your partner.

1. Quelle est ta couleur préférée? (What is your favorite color?)
2. Tu portes quel vêtement le plus souvent? (What article of clothing do you wear the most often?)

B. Let's analyze the results.

1. Quelle est la couleur la plus populaire (the most popular)?
2. Quel vêtement est-ce qu'on porte le plus souvent (the most often)?

Vocabulaire en mouvement

- As an English speaker, you already know more French words than you realize. Why? It all began in 1066 when William the Conqueror, a Norman whose language was French, crossed the Channel to invade England. French became the language of the English aristocracy. Many words relating to the court, the justice system, and fine food come from French. Consider, for example, *princess, duke, tribunal, pork,* or *beef.*

- A mass migration of words crossed the Channel from England during the 18th century, especially in the area of sports. Examples are **le golf, le tennis,** and **le match.**

- But most current borrowings from the English language are in the area of technology, business, and popular culture.

En direct LIVE ! SUR INTERNET dès le 1er mars et pendant toute la durée du salon

"It is pas cher!"
À partir de
55 €
Aller simple
Voiture et passagers

FASHION WEEK
Mannequins, couturiers et famous people, ça défile en live sur les podiums entre le 26 février et le 6 mars.

C1-24 Avez-vous compris?

1. Why do many words having to do with royalty come from French?
2. What country contributed many sports terms to French?

C1-25   ET VOUS?

1. Think of some French words or expressions used in English. When might you use them? For what kinds of topics?
2. What groups of people in France would you expect to use the most English? Why?

Et vous? / Voix en direct: Bring your notes from the online activity(ies) to class.

VOIX EN DIRECT

Du français ou de l'anglais?

You have listened to French sentences online. Now, with a partner, try pronouncing the English words with a French accent. Then, answer the questions.

- **Oui, c'est cool, ça!**
- **Dans mon loft, mon iPad est connecté au Wifi.**
- **Il porte des tennis et un jean.**
- **Elle joue du rap et de la techno, un peu de reggae aussi.**

C1-26

1. Could you pick out these words if you weren't looking at the text? Which one(s)?
2. French speakers, especially young people, use a lot of English words. In what areas do you think English words will be used most frequently?

L'alphabet

a	a	Alice	n	enne	Nabil
b	bé	Bernard	o	o	Odile
c	cé	Célia	p	pé	Patrice
d	dé	David	q	qu	Quentin
e	e	Esther	r	erre	Roland
f	effe	François	s	esse	Sébastien
g	gé	Gérard	t	té	Thérèse
h	hache	Hervé	u	u	Ugolin
i	i	Irène	v	vé	Véronique
j	ji	Jean	w	double vé	William
k	ka	Karim	x	iks	Xavier
l	elle	Lucien	y	i grec	Yasmina
m	emme	Mathilde	z	zède	Zacharie

Les accents

é = e accent aigu: bébé, café, thé

è = e accent grave (à, è): voilà, déjà, mère, père

ê = e accent circonflexe (â, ê, î, ô, û): château (castle), **forêt** (forest), **île** (isle/island), **hôpital** (hospital), **sûr** (sure)

ç = c cédille: ça va, garçon

ë = e tréma (ï): Noël, maïs (corn)

C1-27 🔁 **A, B, C**

With a partner, take turns asking each other which letter follows.

Modèle:
— *Quelle lettre est après* (after) *A?*
— *C'est B.*

C1-28 🔲 **Orthographe** *(Spelling)*

Write the numbers 1 to 8 on a piece of paper and write down the words your instructor spells by each number.

C1-29 🔲 **Devinez** *(Guess)* **ensemble.**

Listen to your instructor pronouncing the following sentences and find the English equivalent. Give the letter of the correct response in French.

Modèle:
— *Répétez, s'il vous plaît.*
— *d (dé)*

1. Répétez, s'il vous plaît.
2. Lisez l'exercice à la page 4.
3. Travaillez avec un(e) partenaire.
4. Comment dit-on *dog* en français?
5. Les devoirs sont à la page 2.

a. *How do you say "dog" in French?*
b. *Read the exercise on page 4.*
c. *Work with a partner.*
d. *Please repeat.*
e. *The homework is on page 2.*

Les nombres de 0 à 60

0 zéro	12 douze	24 vingt-quatre
1 un	13 treize	25 vingt-cinq
2 deux	14 quatorze	26 vingt-six
3 trois	15 quinze	27 vingt-sept
4 quatre	16 seize	28 vingt-huit
5 cinq	17 dix-sept	29 vingt-neuf
6 six	18 dix-huit	30 trente
7 sept	19 dix-neuf	31 trente et un
8 huit	20 vingt	32 trente-deux
9 neuf	21 vingt et un	40 quarante
10 dix	22 vingt-deux	50 cinquante
11 onze	23 vingt-trois	60 soixante

C1-30 Nombres en désordre

Identify the series of numbers your instructor pronounces.

Liste A: 25, 43, 3, 60, 31, 7, 11, 54

Liste B: 35, 43, 3, 60, 31, 7, 12, 54

Liste C: 55, 24, 14, 18, 49, 0, 32, 5

Liste D: 45, 24, 14, 18, 49, 5, 0, 32

Liste E: 44, 52, 6, 16, 57, 35, 4, 23

C1-31 Comptez!

Count with a partner.

1. Comptez de 0 à 30.
2. Comptez jusqu'à 60 en multiples de 2.
3. Comptez jusqu'à 60 en multiples de 3.

C1-32 Coordonnées (Contact information)

Ask two classmates for their contact information.

Modèle:

— *Comment t'appelles-tu?*

— *Je m'appelle **Linda Scott.***

— ***Scott?** Comment ça s'écrit?*

— *C'est **S-C-O- deux T, Scott.***

— *Et ton numéro de téléphone?*

— *C'est le **310-643-0975.***

— *Et ton adresse e-mail?*

— *C'est **linda@yahoo.com** (pronounced: **Linda à [arobase] yahoo point com**).*

1	2	3	4	5
6	7	8	9	0

Robert Kneschke/Superstock

Pour compter en français, on commence avec le pouce *(thumb)* pour le nombre un.

C1-33 Vidéo: Les copains

`0:00 / 4:20`

In groups of three, you have prepared a script for a situation similar to the one in the video with the following steps:

- Two friends meet.
- One friend introduces a third friend who just arrived.
- The two new acquaintances tell each other where they are from.
- One friend leaves and they all say goodbye to each other.

First, practice playing your respective roles. When your group is ready, perform for the class!

C1-34 Situations à jouer

1. The whole class stands up to circulate at a French embassy gala.
   - Greet people.
   - Ask them how they are and where they are from.
   - Do at least two introductions.
2. You see someone whose name you do not know.
   - Describe the person to your partner.
   - Ask who he/she is.
3. You want to add someone to your phone's contact list.
   - Ask him/her to spell his/her last name.
   - Get your friend's phone number.

C1-35 Explorez en ligne.

Une célébrité

Share your discoveries about a French-speaking American celebrity with your group or the class.

What interesting information did you learn about him/her?

Explorez en ligne: Bring your notes from the online activity to class.

Synthèse

Lecture

Avant de lire: Bring your notes from the online activity to class.

C1-36 **Avant de lire**

Songs for children often teach a lesson. The lyrics you are about to read celebrate the diversity of the French-speaking world. Can you think of any children's song that is about the value of diversity?

Stratégie de lecture: Using visual cues

Depending on what you are reading, there are often visuals that accompany the text. Looking at the visuals first can give you a good idea of what the text is about.

Here, take a look at the visual cues available to you, the photo and the title of the song, then answer the questions.

1. What do you predict this song will be about?
   - Poverty among world youth
   - Diversity in the francophone world
   - Political disputes in the world today
   - Ethnic conflict among young people
   - Challenges of globalization
2. What different continents seem to be represented by the children in this photo?
   - Asia
   - Europe
   - the Americas
   - Africa
   - Oceania (Australia and nearby Pacific islands)

© Ben Edwards/Cardinal/Corbis

Chanson: *Francophonie*

Paroles et musique: Philippe RICHARD

was born	1	Je **suis né**° en Europe, en France,
		Moi en Océanie,
		Je suis né en Afrique et moi en Amérique,
		Je suis né en Asie
We're all children of the world / countries	5	**Nous sommes tous des enfants du monde**°,
But our words and our songs do the same round dance		De **pays**° différents
		Mais nos mots et nos chants jouent à la même ronde°

Et vous?: Bring your notes on the online activity to class.

Listen into the wind

grew up

my life

Écoutez dans le vent°!

10   J'**ai grandi°** en Europe, en France,
Moi en Océanie,
J'ai grandi en Afrique et moi en Amérique,
J'ai grandi en Asie

Nous sommes tous des enfants du monde,
15   De pays différents
Mais nos mots et nos chants jouent à la même ronde

Écoutez dans le vent!
Francophonie
Mélodie
20   Francophonie
C'est **ma vie°**
Francophonie
Poésie
Francophonie
25   Pour la vie

© Philippe Richard

C1-37   **ET VOUS?**

1. Can you think of a song you learned as a child that celebrates the unity of all children?

2. This song is meant to promote unity among French speakers. Do you feel a common bond with English speakers around the world?

3. What popular songs can you think of that promote unity in the United States? In the world?

C1-38 Expression écrite

PETIT PORTRAIT

In this writing activity, you will write the description of a famous person of your choice.

- **Troisième étape:** You have submitted your description online. Now that each student has brought the photo of his/her celebrity to class, read your description and your classmates will try to identify the person.

Refer to online for the **Première étape** and **Deuxième étape.**

Structures

Structure 1.1

Addressing others formally and informally *Tu et vous*

When you are speaking to an individual in French, you need to choose between the formal (**vous**) and informal (**tu**) forms of address.

Use the informal **tu**:

- with students of the same age group as yours and young people in general
- with people with whom you are on a first-name basis
- with family members
- with children and animals

Use **vous**:

- to address more than one person
- with people with whom you are not on a first-name basis
- with people you are meeting for the first time
- with those who are older than you
- with a boss or superior
- when in doubt

Structure 1.2

Identifying people and things *Qui est-ce? Qu'est-ce que c'est? Est-ce que…?*

To inquire about someone's identity:

| — Qui est-ce? | — Who is it? |
| — C'est Paul. | — It's Paul. |

If you want an object to be identified:

| — Qu'est-ce que c'est? | — What is it? |
| — C'est un livre. | — It's a book. |

Turn any statement into a yes/no question by placing **est-ce que** in front of it and using rising intonation:

| — C'est une table. | — It's a table. |
| — **Est-ce que** c'est une table? | — Is it a table? |

Structure 1.3

Naming people and things *Les articles indéfinis*

The French indefinite articles **un** and **une** are equivalent to *a/an* and **des** to *some*.

All French nouns are categorized by gender, as masculine or feminine, even when they refer to inanimate objects. The article that precedes the noun indicates its gender.

masculine	**un** livre	**feminine**	**une** fenêtre

French nouns are also categorized according to number, as singular or plural. The indefinite article **des** is used in front of plural nouns, regardless of gender.

	singular	plural
masculine	**un** livre	**des** livres
feminine	**une** fenêtre	**des** fenêtres

To make a noun plural, add **-s,** or if the noun ends in **-eau** or **-au,** add **-x.** If **des** is followed by a noun beginning with a vowel sound, the **-s** is pronounced like a **-z.** This linking is called **une liaison.**

singular	plural
un cahier	des cahier**s**
un tableau	des tableau**x**
un étudiant	des_étudiant**s**

Structure 1.4

Describing people *Les pronoms sujets avec* **être**

Subject pronouns

Subject pronouns allow you to refer to people and things without repeating their names.

singular	plural
je *I*	nous *we*
tu *you (informal)*	vous *you (plural or formal)*
il *he, it*	ils *they (masc. or mixed masc. and fem.)*
elle *she, it*	elles *they (feminine)*
on *one, people, we (familiar)*	

Être

French verb endings change according to the subject. **Être** *(to be)* is an irregular verb.

je suis *I am*	nous sommes *we are*
tu es *you are*	vous êtes *you are*
il/elle/on est *he/she/it/one is*	ils/elles sont *they are*

Il est de Montréal.   *He's from Montreal.*
Nous sommes aussi de Montréal.   *We are also from Montreal.*

Structure 1.5

Using adjectives to describe *Les adjectifs* (introduction)

Adjectives describe people, places, or things. In French, they agree in gender and number with the noun they modify.

	singular	plural
masculine	Il est petit.	Ils sont petits.
feminine	Elle est petite.	Elles sont petites.

Most feminine adjectives are formed by adding an **-e** to the masculine singular form. If the masculine form ends with an **-e,** the masculine and feminine forms are the same.

Le T-shirt est jaun**e**.   La robe est jaun**e**.

Most French adjectives form their plural by adding an **-s** to the singular form. If the singular form ends in **-s, -x,** or **-z,** the plural form does not change.

Le pantalon est gri**s**.   Les pantalons sont gri**s**.

You can often distinguish between feminine and masculine adjectives by listening for the final consonant. If it is pronounced, it generally means that the adjective ends in an **-e** and the corresponding noun is feminine.

Il est gran~~d~~.   Elle est gran**d**e.

Irregular adjectives

French has a number of irregular adjectives that differ from the pattern just described. Here are some frequently used ones (more on irregular adjectives in **Module 3**).

masculine	feminine	masculine	feminine
blanc	blanche	beau / bel	belle
vieux / vieil	vieille	gentil	gentille

Vocabulaire

Vocabulaire actif

NOMS

La salle de classe *The classroom*
une brosse   *chalkboard eraser*
un bureau   *desk*
un cahier   *notebook*
une chaise   *chair*
un classeur   *binder*
une craie   *piece of chalk*
un crayon   *pencil*
un(e) étudiant(e)   *student*
une fenêtre   *window*
une feuille de papier   *sheet of paper*
une horloge   *clock*
un livre   *book*
une lumière   *light*
un mur   *wall*
un ordinateur   *computer*
une porte   *door*
un pupitre   *student desk*
un sac à dos   *backpack*
un stylo   *pen*
un tableau   *(black)board*

Mots apparentés *(cognates)***:** un dictionnaire, un marqueur, un professeur (prof, *fam*), une table

Les personnes et les animaux *People and animals*
un chat   *cat*
un chien   *dog*
un(e) enfant   *child*
une femme   *woman*
une fille   *girl*
un garçon   *boy*
un homme   *man*

Les vêtements *Clothing*
une chemise   *shirt*
un chemisier   *blouse*
un débardeur   *tank top*
une jupe   *skirt*
un manteau   *coat*
un pantalon   *(pair of) pants*
un polo   *polo shirt*
une robe   *dress*
une veste   *jacket*

Mots apparentés: un jean, un legging, un pull, un short, un sweat, un T-shirt

Les accessoires *Accessories*
des baskets *(f pl)*   *sneakers*
une botte, des bottes   *boot, boots*
une casquette   *baseball cap*
une ceinture   *belt*
un chapeau   *hat*
une chaussure, des chaussures   *shoe, shoes*
une cravate   *tie*
une écharpe   *scarf*
des lunettes *(f pl)*   *eyeglasses*
des lunettes *(f pl)* de soleil   *sunglasses*
un parapluie   *umbrella*
un sac   *purse, bag*

Mots apparentés: des sandales *(f pl)*, des tennis *(f pl)*

VERBES
avoir   *to have*
être   *to be*
porter   *to wear*

ADJECTIFS

Le physique *Physique*
âgé / âgée   *elderly (more polite than **vieux / vieille** for people)*

beau / belle   *handsome / beautiful*
blond(e)   *blond*
brun(e)   *brown, brunette*
(les cheveux) noirs, blonds, bruns, roux, gris   *black, blond, brown, red, gray (hair)*
d'un certain âge   *middle-aged*
de taille moyenne   *of average size*
fort(e)   *heavy, stocky; strong*
grand(e)   *big; tall*
jeune   *young*
joli(e)   *pretty*
mignon(ne)   *cute*
mince   *thin, slender*
moche   *ugly*
petit(e)   *little, small, short*
vieux / vieille   *old*

La personnalité *Personality*
gentil(le)   *nice*

Mots apparentés: calme, optimiste, patient(e), sociable

Les couleurs *Colors*
blanc / blanche   *white*
bleu(e)   *blue*
gris(e)   *gray*
jaune   *yellow*
marron *(inv)*   *brown*
noir(e)   *black*
rose   *pink*
rouge   *red*
vert(e)   *green*

Mots apparentés: beige, orange, violet(te)

ADVERBES
assez   *somewhat, kind of*
aussi   *also, too*
très   *very*

EXPRESSIONS

Présentations *Greetings*

Salut. *Hi.*
Bonjour, madame. *Hello, ma'am.*
Bonsoir, monsieur. *Good evening, sir.*
Ça va? *How are you doing?*
Comment allez-vous? *How are you?*
Ça va (très) bien. *I'm (very) well.*
Ça ne va pas du tout. *I'm not feeling well at all.*
Très bien, merci. Et vous? *Very good / well, thank you. And you?*
Je m'appelle… *My name is…*
Comment s'appelle-t-il / elle? *What is his / her name?*
Il / Elle s'appelle… *His / Her name is…*
Ça va, merci. Et toi? *Good, thank you. And you?*
Je te / vous présente Jérôme. *This is Jérôme.*
Enchanté(e). *Nice to meet you.*

Salutations *Goodbyes*

À bientôt. *See you soon.*
Au revoir, mademoiselle. *Goodbye, miss.*
À demain. *See you tomorrow.*

À la prochaine. *Until next time.*
Ciao. *Ciao.*
Bonne journée. *Have a good day.*
À plus. *See you later. (fam)*

Autres *Others*

Tu es d'ici / de Paris? *Are you from here / from Paris?*
Je suis de Guadeloupe. *I'm from Guadeloupe.*
Qui est-ce? *Who is it?*
Qu'est-ce que c'est? *What is it?*
Est-ce que c'est…? *Is it…?*

Dans la classe *In the classroom*

Le professeur / L'étudiant dit… *The teacher / student says…*
Allez au tableau. *Go to the board.*
Asseyez-vous. *Sit down.*
Cliquez sur l'icône. *Click on the icon.*
Écoutez. *Listen.*
Fermez la porte. *Close the door.*
Imprimez la page. *Print the page.*
Ouvrez le livre à la page 10. *Open the book on page 10.*

Rendez-moi les devoirs, s'il vous plaît. *Give me back / Turn in the homework, please.*
Sauvegardez votre travail. *Save your work.*
Travaillez avec un ou une camarade de classe. *Work with a classmate.*
Vous avez une question? *You have a question?*
Levez la main. *Raise your hand.*
Pardon. Je ne comprends pas. *Excuse me. I don't understand.*
J'ai une question. *I have a question.*
Comment dit-on *dog* en français? *How do you say dog in French?*
Comment ça s'écrit? *How is it spelled?*
Merci, monsieur. *Thank you, sir.*
Répétez, s'il vous plaît. *Repeat, please.*
Quelle page? *Which page?*

DIVERS

voici *here is*
voilà *there is*
See the alphabet and the accents on p. 13.
See the numbers 0–60 on p. 14.
See the subject pronouns on p. 19.

Vocabulaire passif

NOMS

un(e) ami(e) *friend*
un blouson *jacket*
un(e) camarade de classe *classmate*
un chanteur / une chanteuse *singer*
une chose *thing*
un couturier / une couturière *fashion designer*
les devoirs *(m pl)* *homework*
un(e) humoriste *humorist / stand-up comedian*
un maillot de bain *swimsuit*
un (ordinateur) portable *laptop*

Mots apparentés: un(e) acteur / actrice, une activité, un(e) basketteur / basketteuse, un(e) chef, un(e) designer, une lampe, une question

VERBES

faire la bise *to kiss on both cheeks*
(se) présenter *to introduce oneself or another person*
se saluer *to greet each other*

ADJECTIFS

célèbre *famous*
(les cheveux) courts, longs *short, long (hair)*

Mots apparentés: intelligent(e), nerveux / nerveuse, pessimiste, sérieux / sérieuse sympathique (sympa, *fam*), timide

DIVERS

moi aussi *me too*
moi non *not me*
moi non plus *me neither*
pas *not*
Ça va mal. *I am not well.*
s'il vous plaît (s'il te plaît) *please (please, fam)*
De quelle couleur est le / la…? *What color is…?*

In this module, you will:

- say what you like to do.
- say what you don't like to do.
- express your preferences.
- talk about your campus.
- talk about your studies.
- talk about calendar events and the seasons.

KievVictor / Shutterstock.com

Structure 2.1   Saying what you like to do   *Aimer et les verbes réguliers en **-er***

Structure 2.2   Saying what you don't like to do   *La négation **ne... pas***

C2-1 🔁 Que font-ils?

With a partner, say what each person likes to do.

Modèle: surfer sur Internet
L'homme aime surfer sur Internet.

Notez et analysez.

Generally, when you see a French word that looks like an English equivalent, you can count on it having a similar meaning; such words are known as cognates, or **mots apparentés.** Which of the **-er** activity verbs are cognates?

manger au parc

1.

se promener avec son chien

2.

regarder la télé

3.

nager

4.

jouer au ballon

5.

étudier

6.

C2-2 Tu aimes danser?

A. Look at the list of activities and check off the one(s) you like to do.

1. surfer sur Internet ☐
2. voyager ☐
3. écouter de la musique rock ☐
4. jouer au football ☐
5. rester à la maison (at home) ☐
6. danser ☐
7. regarder la télévision ☐
8. chanter ☐

B. Now form a group of 3 and find out what your partners like to do.

Modèles:

— *Tu aimes danser?*

— *Oui, j'aime danser.*

— *Tu aimes étudier?*

— *Non, je n'aime pas étudier.*

C. Write 2 to 4 sentences to indicate what you have in common.

Modèle:

Nous aimons danser.

Meghan et Alex n'aiment pas étudier.

C2-3 Vos préférences

A. With a partner, make a list of all the activities you know and say which one(s) you prefer.

Modèle: chanter / danser

— *Moi, je préfère chanter.*

— *Et moi, je préfère danser. / Moi aussi, je préfère chanter.*

B. Then, present your preferences to the class.

Modèle:

Chanter ou (or) danser? Je préfère chanter, mais il préfère danser. / Nous préférons chanter.

C2-4 Prononcez: Est-ce une question?

With a partner, pronounce one sentence of each pair. Your partner will decide if it's a question or not by listening for the rising intonation. Mix up your choices, then switch roles.

Modèles:

— *Vous aimez étudier?*

— *Oui, c'est une question.*

— *Vous aimez étudier.*

— *Non, ce n'est pas une question.*

1. Tu aimes danser?   Tu aimes danser.
2. Le film est bon?   Le film est bon.
3. Vous préférez les chiens?   Vous préférez les chiens.
4. Tu aimes aller au cinéma?   Tu aimes aller au cinéma.
5. On mange?   On mange.
6. Ils voyagent en Italie?   Ils voyagent en Italie.
7. Elle joue au football?   Elle joue au football.

Structure 2.3   **Talking about specifics** *Les articles définis*

C2-5 Qu'est-ce que tu aimes?

Manu likes reggae and American TV series a lot. And you, what do you like? Ask these questions to classmates.

Manu préfère le reggae. Et vous?

Modèle:

— *Tu aimes le rock? Un peu, beaucoup ou pas du tout?*
— *Oui, j'aime beaucoup le rock. J'adore!*
— *Et tu aimes la musique électronique?*
— *Non, pas du tout.*

	un peu	beaucoup	pas du tout
1. Tu aimes la musique classique?	☐	☐	☐
2. Tu aimes les séries américaines?	☐	☐	☐
3. Tu aimes les films d'horreur?	☐	☐	☐

C2-6 Réponses courtes

Give a short answer to your partner's questions.

Modèle: le tennis

— *Tu aimes le tennis?*
— *Oui, j'adore! / Oui, un peu. / Non, pas beaucoup. / Non, pas du tout!*

1. le cinéma
2. travailler
3. les maths
4. étudier
5. la télé-réalité
6. l'aventure
7. parler au téléphone
8. aller sur Facebook
9. danser
10. écouter de la musique
11. voyager
12. jouer au baseball

C2-7 Préférences

Follow the model with a partner.

Modèle: danser le rock ou le slow

— *Tu préfères danser le rock ou le slow?*
— *Je préfère danser le rock.*
— *Moi aussi. / Moi, je préfère le slow.*

1. le tennis ou le golf
2. étudier l'anglais ou les maths
3. les films d'action ou les histoires d'amour
4. le jazz ou la pop
5. la montagne (*mountains*) ou la plage (*beach*)
6. les chats ou les chiens
7. le football français ou le football américain
8. regarder la télévision ou écouter de la musique

Goûts et préférences

Philippe Dussert is conducting a study on students' tastes and preferences at his university.

Mat Jacob/The Image Works

Portrait: Mounir Mustafa
12, rue des Gazelles
13100, Aix-en-Provence

Tél. 04-42-60-35-10

Voici Mounir Mustafa. C'est un jeune étudiant algérien de 20 ans. Il étudie les sciences économiques à l'Université d'Aix. C'est un étudiant sérieux, mais il aime aussi s'amuser. Mounir aime un peu la musique classique, mais il préfère le rock et il danse très bien. Il aime les films d'action et il va souvent au cinéma. Mounir n'aime pas beaucoup la télévision, mais il regarde parfois le sport à la télé, surtout des matches de football. Pendant son temps libre, il aime aussi surfer sur Internet.

C2-8 Testez-vous!

Read about Mounir's tastes and preferences. Then, in small groups, indicate if the statements are true or false. Correct the false ones.

1. Mounir Mustafa est français.
2. Mounir n'est pas un bon étudiant.
3. Il aime le rock, mais il préfère la musique classique.
4. Il danse bien.
5. Il va rarement au cinéma.
6. Il aime les drames psychologiques.
7. Il préfère regarder les matches de football à la télévision.

C2-9 Sondage: Musique, ciné, télé

Interview a partner on his/her preferences.

Tu aimes la musique:	un peu	☐
	beaucoup	☐
	pas du tout	☐
Tu préfères:	le rock	☐
	la musique classique	☐
	le rap	☐
	la pop	☐
	la musique électronique	☐
Tu aimes le cinéma:	un peu	☐
	beaucoup	☐
	pas du tout	☐
Tu préfères:	les drames psychologiques	☐
	les films d'aventure	☐
	les comédies	☐
	les films d'horreur	☐
	les films de science-fiction	☐
Tu aimes la télévision:	un peu	☐
	beaucoup	☐
	pas du tout	☐
Tu préfères:	les séries	☐
	la télé-réalité	☐
	le sport	☐
	les documentaires	☐
	les informations (news)	☐

Les passe-temps préférés des Français

Les jeunes Français ne sont pas si *(so)* différents des Américains pour les loisirs.

Un groupe d'amis prend un selfie.

Pour les jeunes entre 15 et 30 ans, le premier **loisir**[1], c'est **passer du temps**[2] avec les copains. Le sport et le cinéma sont les activités préférées.

[1]*leisure activity* [2]*to spend time*

Plus de 90 % des jeunes pratiquent un sport. La musique est aussi très importante.

Le foot est le sport préféré des jeunes Français.

> **Voix en direct:** Bring your notes from the online activity to class.

C2-10 Avez-vous compris?

1. Quelles sont les quatre activités préférées des jeunes Français?
2. Est-ce que beaucoup de Français aiment le sport?

C2-11 ET VOUS?

1. Qu'est-ce que vous aimez faire qui n'est pas mentionné ici? Est-ce qu'il y a une activité mentionnée que vous n'aimez pas?
2. Par groupes de 3 à 5, classez vos activités préférées par ordre de préférence du groupe. Puis *(Then)*, annoncez vos résultats à la classe. *(Leader : Pour nous, écouter de la musique est numéro un. Cindy aime la pop et John aime le rock alternatif.)*

VOIX EN DIRECT

Qu'est-ce que vous aimez faire le week-end?

Julien Romanet

J'aime être avec mes amis **tout le temps**[1]. Je n'aime pas rester **tout seul**[2].

[1]*all the time* [2]*all alone*

C2-12

1. Est-ce que vous aimez être avec des amis tout le temps ou aimez-vous parfois *(sometimes)* être seul(e)?
2. Le dimanche, Olivia aime rendre visite à ses parents. Qu'est-ce que vous préférez faire *(to do)* le dimanche?
3. Pierre aime lire, écrire, écouter de la musique au café et regarder les gens passer. Et vous?
4. À qui ressemblez-vous le plus *(the most):* à Julien, à Pierre ou à Olivia? Expliquez.

Structure 2.4 **Listing what there is and isn't** *Il y a / Il n'y a pas de*

Qu'est-ce qu'il y a sur le campus?

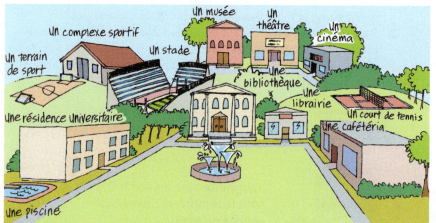

Le campus d'une université américaine

Sur un campus américain, il y a des cafétérias, des résidences universitaires, des terrains de sport et des bibliothèques.

Dans une université française, il y a des salles de classe, des amphithéâtres, des salles d'informatique et une bibliothèque.

Généralement, il n'y a pas de piscine, de terrains de sport ou de cafétérias.

Une université française

C2-13 Qu'est-ce qu'il y a sur le campus?

Using the illustrations of the French and American universities on page 28, follow the model with a partner.

Modèles:

des courts de tennis sur le campus américain

— *Est-ce qu'il y a des courts de tennis sur le campus américain?*
— *Oui, il y a des courts de tennis.*

une piscine à l'université française

— *Est-ce qu'il y a une piscine dans une université française?*
— *Non, il n'y a pas de piscine.*

1. un restaurant universitaire dans une université française
2. des courts de tennis dans une université française
3. un stade sur le campus américain
4. des amphithéâtres dans une université française
5. une salle de cinéma dans une université française
6. une librairie sur le campus américain

Note de vocabulaire

The abbreviation **la fac,** for **la faculté,** is often used to mean *university,* as in **Hélène est à la fac** (*Hélène is at school / at the university*). French universities generally have a number of **facultés,** or college divisions, such as **la faculté de médecine** (*school of medicine*) or **la faculté des lettres** (*college of humanities*). These **facultés** are often located throughout a major city rather than on a single campus.

C2-14 Et votre campus?

Are there sports facilities on your college campus? Is there a museum? Look at the illustration of the American university on page 28. With a partner, state 4 items that are on your campus and 3 items that your campus doesn't have.

Modèle:

— *Sur notre campus, il y a des cafétérias, des salles de classe et des terrains de sport…*
— *Il n'y a pas de musée, de…*

vwe/Shutterstock.com

La faculté de droit de la Sorbonne, à Paris

Le Quartier latin et la Sorbonne

Le Quartier latin, où se trouve la Sorbonne (fondée en 1253), est célèbre pour ses **rues**[1] animées, ses cafés pleins d'étudiants et ses excellentes librairies. Ce quartier **attire**[2] des visiteurs du **monde entier**[3].

Aujourd'hui à la Sorbonne, on étudie les **lettres**[4] et les sciences humaines.

[1]*streets* [2]*attracts* [3]*the whole world* [4]*humanities*

La place *(square)* de la Sorbonne, dans le Quartier latin à Paris

C2-15 **Avez-vous compris?**

1. Où se trouve la Sorbonne?
2. Est-ce qu'il y a beaucoup de touristes dans le Quartier latin?
3. Qu'est-ce qu'on étudie à la Sorbonne?

Et vous?: Bring your notes from the online activity to class.

C2-16 **ET VOUS?**

1. Qu'est-ce qu'il y a dans le quartier de votre université? Est-ce qu'il y a des cafés et des librairies?
2. Est-ce que le quartier de votre université est calme ou animé?
3. Est-ce que votre université a plusieurs facultés? Combien?
4. Quelles sont les spécialisations les plus populaires *(the most popular)* dans votre université?

Les matières en France

les lettres

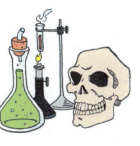

les sciences

Freud
les sciences humaines

les formations
commerciales ou professionnelles

C2-17 🔲 **Les matières**

Working as a whole class, brainstorm subjects that are associated with
the disciplines above.

Expressions: Qu'est-ce que tu étudies?

Qu'est-ce que tu as comme cours ce semestre / trimestre?
J'ai français, mathématiques et sciences économiques.

Comment sont tes cours?
Mon cours de maths est / n'est pas (très) intéressant / ennuyeux, facile / difficile, pratique.
En français, j'ai beaucoup de travail / de devoirs / d'examens.

Tu es en quelle année?
Je suis en première / deuxième / troisième / quatrième année.

Quelle est ta spécialisation?
Ma spécialisation, c'est la biologie. / J'étudie la biologie.

C2-18 ♻ Les cours à l'université

In small groups, come up with a course that is difficult, one that is interesting, one that is practical, and one that is boring. Share your responses with the class using complete sentences.

C2-19 ↻ Tu étudies quoi?

Complete the conversations with a partner, then role-play one of them.

1. — Tu es en deuxième année de/d' _____ non?
   — Oui, j'aime beaucoup les langues. Et Rome est une belle ville *(beautiful city)*. Et toi, c'est _____?
   — Oui. Moi, j'adore Kant et Nietzsche.

2. — Alors, comment est ton _____ de latin ce semestre?
   — Oh, pas très _____. Je m'ennuie beaucoup. Mais ce cours est important. Et toi, ta _____ , c'est quoi?
   — Ce sont _____. Comme tu sais *(know)*, j'adore les nombres.

C2-20 Qui a les mêmes cours que vous?

A. On a sheet of paper, make a list of the courses you have this semester.

Modèle:
la biologie
le français

B. ♦ Circulate around the room and find a classmate who has the same courses.

Modèle:
— *Tu étudies l'anglais?*
— *Oui.*
— *Signe ici, s'il te plaît.*

C2-21 ↻ Tes cours

Ask a partner the following questions.

1. Quels cours est-ce que tu as ce trimestre / semestre?
2. Tu préfères quel(s) cours? Pourquoi?
3. Et quelle est ta spécialisation?
4. Est-ce que tu as beaucoup de devoirs? Pour quels cours?
5. Tu as quel(s) cours aujourd'hui?
6. Dans quel(s) cours est-ce que tu as beaucoup d'examens?
7. Est-ce que les examens sont faciles, en général?

C2-21: Bring your notes from the online activity to class.

Les jours de la semaine, les mois et les saisons

octobre

lundi	mardi	mercredi	jeudi	vendredi	samedi	dimanche
1	2	3	4	5	6	7
8	9	10	11	12	13	14

C2-22 Quels jours...?

A. Answer the questions.

1. Quel est votre jour préféré?
2. Quel(s) jour(s) est-ce que vous travaillez?
3. Quel(s) jour(s) est-ce que vous avez votre cours préféré?
4. Quel(s) jour(s) est-ce que vous n'avez pas cours?

B. 🔁 Now, ask those questions to a partner. Use **tu** in your interview. Compare your responses.

C2-23 🔁 Quelle saison?

With a partner, indicate which season each illustration refers to. Then ask your partner which season he/she prefers and why.

C2-23: Bring your notes from the online activity to class.

Expressions

Quel jour sommes-nous?	En quelle année sommes-nous?
Nous sommes lundi aujourd'hui.	Nous sommes en 2018.
C'est quel jour?	Quel jour est-ce que tu as cours?
C'est lundi.	J'ai cours le mardi.
Quelle est la date aujourd'hui?	C'est quand, ton anniversaire?
C'est le 20 septembre.	C'est le 24 juillet.

Quelques fêtes de l'année

Jours fériés

le Nouvel An	le 1er janvier
la Fête du travail en France	le 1er mai
Pâques	mars / avril
l'abolition de l'esclavage en Martinique	le 22 mai
la Saint-Jean (Québec)	le 24 juin
la fête nationale du Canada	le 1er juillet
la fête nationale de la France	le 14 juillet
la Toussaint	le 1er novembre
Noël	le 25 décembre

C2-24 🔁 Dates importantes

With a partner, give the following dates.

Modèle: Noël

— *Noël, c'est quand* (when)*?*
— *C'est le 25 décembre.*

1. la Saint-Valentin
2. le Nouvel An
3. ton anniversaire
4. la fête nationale américaine
5. la fête nationale française

Structure 2.5   Talking about age and things you have   *Le verbe avoir*

C2-25 🔁 Des jours et des dates

Ask a partner the following questions.

1. Quel(s) jour(s) de la semaine est-ce que tu préfères?
2. Il y a un jour que tu n'aimes pas? Lequel *(Which one)*?
3. Quel est le prochain *(next)* jour férié?
4. Quelle fête de l'année est-ce que tu préfères? Est-ce que tu passes cette fête en famille ou avec des amis?
5. Ton anniversaire, c'est quand *(when)*?

C2-26 ⚙ Quel âge ont-ils?

A. ⚙ In small groups, come up with the birthday and age of each celebrity.

Modèle: Marion Cotillard (30.9.75)

L'anniversaire de Marion Cotillard est le trente septembre. Elle a 42 ans.

1. Will Smith (25.9.68)
2. Jennifer Lawrence (15.8.90)
3. Lady Gaga (28.3.86)
4. Malia Obama (04.7.98)
5. Justin Timberlake (31.1.81)
6. Tony Parker (17.5.82)

B. ⚙ Now, find out the age and birthday of four classmates.

Modèles:
—*Quel âge as-tu?*

—*J'ai 18 ans.*

—*C'est quand, ton anniversaire?*

—*Mon anniversaire, c'est le 22 septembre.*

C2-27 🔁 À quel âge?

With a partner, say at what age one starts to do the following activities.

Modèle: On commence à parler…
Généralement, on commence à parler à l'âge de 2 ans.

1. On commence à voter…
2. On commence l'école primaire…
3. On commence les études universitaires…
4. On commence à travailler…
5. On commence à conduire *(to drive)*…

> **C2-25** and **C2-26A:** Bring your notes from the online activity(ies) to class.

Marion Cotillard, actrice française (*La vie en rose, Minuit à Paris, Inception, The Dark Knight Rises*)

© James Amherst/Everett Collection/Glow images

C2-28 Vidéo: Les copains

Now write your own **Les copains** episode, based on the responses you provided to your partner online. Be prepared to perform your skit in class.

Questions:
- Quel est ton genre de film préféré?
- Quel est ton genre de programme télé préféré?
- Quel est ton genre de musique préféré?

Here are some useful expressions to include in your responses:
- Je préfère les films d'aventure, les documentaires, la musique alternative.
- J'aime / Je n'aime pas le sport à la télé, la télé-réalité, les séries télé.

To turn a question back to your partner: Et toi?
- Moi aussi. *(Me too.)* / Moi non plus. *(Me neither.)*
- Moi, je regarde / j'écoute / j'aime / je préfère _____ .

C2-29 Situation à jouer

You are at a party where you want to meet people. Circulate in the room and talk to as many people as possible, through the following steps:

- Go up to people; greet them and find out their names.
- Ask them if they like the music.
- Ask them what kind of music they prefer.
- Find out where they study and what the campus is like.
- Find out what courses they are taking and how they like them.
- Find out where they live.
- Say **merci** and go on to the next person.

C2-30 Explorez en ligne.

La musique

Share your discoveries of French music with your group. Each group should suggest a music clip for your instructor to play for the class on YouTube or a similar site.

What useful expressions did you learn from the site?

Synthèse

Lecture

C2-31 **Avant de lire** ♺

Tony Parker, c'est français, ça? You might well be surprised to know that a pro basketball player from France plays for the San Antonio Spurs and helped lead them to five NBA championships (1999, 2003, 2005, 2007, 2014).

TP, as he is known to his fans, was born in Belgium in 1982 and grew up in France, attending school in Paris.

On his website, TP often lists his likes and dislikes in a form made popular by the film *Amélie:* **j'aime, j'aime pas.**

Tony Parker, joueur de basket

Benoit Peverelli/Corbis

follow (**suivre**: *to follow*)

clothes (slang)

lies
cauliflower / spinach

Stratégie de lecture: Using prior knowledge

Your prior knowledge is your personal experience and knowledge of the world. What might you expect a young athlete – and a Franco Belgian one at that – to include in a list of likes and dislikes – **"j'aime / j'aime pas"** on his website?

J'aime 👍

- La musique. Mes goûts musicaux sont éclectiques. J'aime bien le rap, le hip-hop, mais aussi le rock ou l'opéra.
- La télévision pour le sport et les séries comme *24 heures chrono* ou *Prison Break*
- Les restaurants (surtout la cuisine française)
- Le vin français et tout particulièrement les Bordeaux. J'aime aussi beaucoup les vins californiens (Pinot Noir).
- Les boissons VitaminWater
- Les jeux vidéo et tout particulièrement NBA Live 2010
- Ma famille
- Michael Jordan, Tiger Woods et Roger Federer
- Le cinéma
- Le football. Je **suis**° tout particulièrement mon ami Thierry Henry.
- Jouer au tennis, faire du roller ou du karting
- Voyager
- Surfer sur Internet
- Le noir, le blanc et le rouge
- Les **fringues**° Nike et de Michael Jordan

J'aime pas 👎

- L'hypocrisie, surtout dans le milieu du basket
- La jalousie, les **mensonges**° et le racisme
- Le **chou-fleur**°, les **épinards**° et les endives
- Le trafic à Paris

Source: www.p9.net

Avant de lire: Bring your notes from the online activity to class.

Et vous?: Bring your notes from the online activity to class.

C2-32 | **ET VOUS?**

1. Write down two items on TP's list that most surprised or intrigued you.
2. Write down three likes and/or dislikes that you share with TP.
3. What items on the list seemed particularly French?
4. Now create your own **j'aime / j'aime pas** list in French and share it with the class.

C2-33 Expression écrite

PORTRAIT D'UN(E) CAMARADE

In this essay, you will write a descriptive portrait of another student in your class.

- **Première étape**: First, choose a partner that you will describe. Then interview your partner using the following questions as a guide.

Refer to online for the **Deuxième étape** and **Troisième étape**.

- Comment t'appelles-tu?
- D'où viens-tu?
- Tu habites où maintenant (now)?
- Tu es en quelle année?
- Tu as quel âge?
- Qu'est-ce que tu étudies?
- Qu'est-ce que tu aimes faire le week-end?
- Qu'est-ce que tu aimes comme musique / comme film / regarder à la télé?

Ask a follow-up question to find out something that will make your portrait unique.

Structures

Structure 2.1

Saying what you like to do *Aimer et les verbes réguliers en **-er***

aimer *(to like; to love)*

j'aim**e**	nous aim**ons**
tu aim**es**	vous aim**ez**
il/elle/on aim**e**	ils/elles aim**ent**

Pronunciation note

- With the exception of the **nous** and **vous** forms, the **-er** verb endings are silent.

    ils parlent   tu danses   elles jouent

- The final **-s** of **nous, vous, ils,** and **elles** links with verbs beginning with a vowel sound, producing a **-z** sound. This pronunciation linking is called a **liaison.**

    vouz aimez   nous écoutons   ils adorent
    elles insistent   ils habitent

Common **-er** verbs:

adorer *to adore*	**habiter** *to live*	**regarder** *to watch; to look at*
chanter *to sing*	**jouer** *to play*	**rester** *to stay*
danser *to dance*	**manger** *to eat*	**travailler** *to work*
écouter *to listen (to)*	**parler** *to speak*	**voyager** *to travel*
fumer *to smoke*	**préférer** *to prefer*	

Stating likes, dislikes, and preferences

Verbs of preference (**aimer, adorer, détester, préférer**) can be followed by a noun or an infinitive.

Note the accents on the verb **préférer.**

préférer *(to prefer)*

je préf**è**re	nous préf**é**rons
tu préf**è**res	vous préf**é**rez
il/elle/on préf**è**re	ils/elles préf**è**rent

Tu **préfères** les films d'amour.   *You prefer romantic films.*
Nous **préférons** les comédies.   *We prefer comedies.*

To express how much you like something, you can use one of the adverbs shown here.

J'aime **beaucoup** la musique brésilienne.   *I like Brazilian music a lot.*
Marc aime **bien** danser.   *Marc likes to dance.*
Paul danse **assez bien.**   *Paul dances fairly well.*
Nous regardons **un peu** la télé.   *We watch television a little.*
Je n'aime **pas du tout** les films policiers.   *I don't like detective films at all.*

Structure 2.2

Saying what you don't like to do *La négation **ne... pas***

To make a verb negative, frame it with the negative markers **ne** and **pas.**

ne + verb + **pas**	**n'** + verb + **pas**
Je **ne** chante **pas** dans un groupe.	Elle **n'**habite **pas** à Atlanta.
I don't sing in a group.	*She doesn't live in Atlanta.*

Structure 2.3

Talking about specifics *Les articles définis*

The definite article (*the* in English) has the following forms in French:

	singular	plural
masculine	**le** professeur	**les** étudiants
feminine	**la** musique	**les** femmes
nouns beginning with a vowel sound	**l'**étudiant(e)	**les** étudiant(e)s

Note that **l'** is used with singular nouns (masculine and feminine) beginning with a vowel or a mute **h.**

l'étudiant(e) **l'**amour **l'**université **l'**homme

Definite articles are used:

- To refer to specific people or things
  Regardez **le** professeur.   *Look at the teacher.*

- To make general statements, such as preferences
  J'aime **le** jazz, mais je n'aime pas **la** musique classique.
  I like jazz but I don't like classical music.

Structure 2.4

Listing what there is and isn't *Il y a / Il n'y a pas de*

Il y a *(There is / There are)* is used to state the existence of people and things. The negative expression **il n'y a pas** is followed by **de** or **d'.**

il y a **un**	
il y a **une**	il n'y a pas **de/d'**
il y a **des**	

Il y a **un** concert aujourd'hui?	*Is there a concert today?*
Non, il n'y a pas **de** concert.	*No, there isn't a concert.*
Il y a **des** devoirs ce soir?	*Is there homework tonight?*
Oui, il y a **des** devoirs ce soir.	*Yes, there is homework tonight.*

Structure 2.5

Talking about age and things you have *Le verbe avoir*

The verb **avoir** *(to have)* is irregular.

avoir *(to have)*

j'ai	nous avons
tu as	vous avez
il/elle/on a	ils/elles ont

Tu **as** un nouveau numéro de téléphone?
Do you have a new phone number?

In French, the verb **avoir** is used to express age.

— Quel âge **as**-tu?   *How old are you?*
— J'**ai** 19 ans.   *I'm 19 (years old).*

Vocabulaire

Vocabulaire actif

NOMS

Les activités   *The activities*
un(e) ami(e)   *friend*
un ballon   *ball*
le téléphone   *phone*

Mots apparentés: le golf, Internet, la musique, le parc, la télévision (la télé, *fam*)

Le campus   *The campus*
un amphithéâtre (amphi, *fam*)   *amphitheater, lecture hall*
une bibliothèque   *library*
le centre-ville   *downtown*
un complexe sportif   *sports center*
la fac (*fam*)   *faculty, university*
une librairie   *bookstore*
un musée (d'art)   *museum (of art)*
une piscine   *swimming pool*
une résidence universitaire   *college dorm*
un restaurant universitaire (un resto-U, *fam*)   *university restaurant / cafeteria*
une salle de classe   *classroom*
une salle d'informatique   *computer lab*
un stade   *stadium*
un terrain de sport   *sports field*

Mots apparentés: une cafétéria, un labo(ratoire), un théâtre, une université

Les matières   *University subjects*
l'allemand (*m*)   *German*
l'anglais (*m*)   *English*
l'arabe (*m*)   *Arabic*
l'art (*m*) dramatique   *drama*
la chimie   *chemistry*
le chinois   *Chinese*
le commerce   *business*
le droit   *law*
l'espagnol (*m*)   *Spanish*
une formation commerciale   *commercial course*
une formation professionnelle   *professional course*
le français   *French*
le génie (civil)   *(civil) engineering*
l'informatique (*f*)   *computer science*
le japonais   *Japanese*
le journalisme   *journalism, media studies*
les langues (*f pl*)   *languages*
les lettres (*f pl*)   *humanities*
les sciences (*f pl*) humaines   *humanities*
les sciences (*f pl*) naturelles   *natural sciences, biology*
les sciences (*f pl*) physiques   *physics*

Mots apparentés: l'anthropologie (*f*), l'art (*m*), la biologie, l'économie (*f*), la finance, l'histoire (*f*), l'italien (*m*), le latin, la littérature, le management, le marketing, les mathématiques (*f pl*; les maths, *fam*), la médecine, la philosophie, la psychologie, les sciences (*f pl*), les sciences (*f pl*) politiques, la sociologie

Les études   *Studies*
un cours   *course*
les devoirs (*m pl*)   *homework*
un diplôme   *degree, diploma*
un examen   *test, exam*
le travail   *work*
une spécialisation   *major*

Les jours de la semaine   *Days of the week*
(le) lundi   *(on) Monday*
(le) mardi   *(on) Tuesday*
(le) mercredi   *(on) Wednesday*
(le) jeudi   *(on) Thursday*
(le) vendredi   *(on) Friday*
(le) samedi   *(on) Saturday*
(le) dimanche   *(on) Sunday*
le week-end   *weekend*

Les mois et les saisons   *Months and seasons*
l'automne (*m*)   *fall, autumn*
l'été (*m*)   *summer*
l'hiver (*m*)   *winter*
le printemps   *spring*
janvier   *January*
février   *February*
mars   *March*
avril   *April*
mai   *May*
juin   *June*
juillet   *July*
août   *August*
septembre   *September*
octobre   *October*
novembre   *November*
décembre   *December*

Fêtes et jours fériés   *Holidays*
See p. 33 for additional holidays.
la fête nationale   *national holiday*
la Fête du travail   *Labor Day*
Noël   *Christmas*
Pâques   *Easter*
la Saint-Jean   *Saint-Jean*
la Toussaint   *All Saints Day*

VERBES
adorer   *to love, to adore*
aimer   *to like; to love*
chanter   *to sing*
danser   *to dance*

détester *to hate, to detest*
écouter de la musique *to listen to music*
étudier *to study*
jouer au ballon *to play ball*
manger au parc *to eat at the park*
nager *to swim*
parler au téléphone *to speak on the phone*
programmer *to program*
promener son chien *to take one's dog on a walk*
regarder la télé *to watch TV*
surfer sur Internet *to surf the Internet*
travailler *to work*
voyager *to travel*

ADJECTIFS

difficile *difficult*
ennuyeux / ennuyeuse *boring*

facile *easy*
intéressant(e) *interesting*
pratique *useful*
urbain(e) *urban*

ADVERBES

assez bien *fairly well*
aujourd'hui *today*
(pas) beaucoup *(not) a lot*
bien *well*
demain *tomorrow*
ensemble *together*
hier *yesterday*
pas bien *not well*
pas du tout *not at all*
un peu *a little*

EXPRESSIONS

See pp. 31 and 33 for more expressions.
J'adore. *I love it.*
J'aime (beaucoup / bien / assez bien / un peu).
 I like it (a lot / very much / a little).
Je n'aime pas (beaucoup / du tout). *I don't like it (a lot / at all).*
Je déteste. *I hate it.*
J'étudie le français. *I study French.*
En français, j'ai beaucoup de travail. *In French, I have a lot of work.*
Quel âge avez-vous / as-tu? *How old are you?*
J'ai vingt (20) ans. *I'm twenty years old.*

Vocabulaire passif

NOMS

l'âge *(m)* *age*
l'année *(f)* *year*
l'anniversaire *(m)* *birthday*
le carnaval *carnival*
le cinéma *movies; movie theater*
la comptabilité *accounting*
un copain / une copine *friend*
le doctorat *PhD, doctorate*
un drame (psychologique) *(psychological) drama*
les études *(f pl)* *studies, schoolwork*
une fête *party; holiday*
un film *movie*
un film d'action *action movie*
un film d'horreur *horror movie*

le froid *cold*
le goût *taste*
les informations *(f pl)* **(les infos,** *fam)* *news*
un jeu télévisé *TV game show*
un jeu vidéo *video game*
la licence *bachelor degree*
le master *master degree*
un match (de football) *(soccer) game*
la montagne *mountains*
la neige *snow*
la plage *beach*
un prénom *first name*
la rentrée *back to school or work*
une série télé *TV series*
le soir *evening*

les sports *(m pl)* **d'hiver** *winter sports*
la télé-réalité *reality TV show*
le temps libre *free time*
les vacances *(f pl)* *vacation*

Mots apparentés: l'aventure (f), **le basket (basket-ball), un concert, la danse, la date, le football (américain), le genre, la gym, le jazz, la musique électronique, une préférence, la radio, le rap, le reggae, le rock, le rock alternatif, la samba, le sport, le tango, la techno, le tennis, une vidéo**

EXPRESSIONS

Il fait froid / chaud. *It is cold / warm.*

Module

3

Chez l'étudiant

In this module, you will:

- talk about families.
- describe personality types.
- describe your room, your belongings, and your living situation.
- count and use numbers beyond 60.
- learn the expressions used for renting an apartment in France.
- learn about the concept of sharing an apartment in France.

Structure 3.1	**Expressing relationship** *Les adjectifs possessifs*

| Structure 3.2 | **Talking about where people are from** *Le verbe **venir*** |

ABC/Photofest

Modern Family est très populaire en France et aux États-Unis.

C3-1 🎮 **Quel membre de *Modern Family*?**

Which member of the *Modern Family* clan is your instructor describing?

1. C'est la mère de Hayley, Alex et Luke, et la femme de Phil. Elle aime l'organisation.
2. C'est le frère de Claire.
3. C'est la belle-mère de Claire et la mère de Manny. Elle est jeune et belle.
4. C'est le mari de Claire. Il est amusant.
5. C'est le grand-père des enfants de Claire et de Phil. Il a une femme jeune.

C3-2 ⚛ **Vous connaissez *(know) Modern Family*?**

In small groups, answer the questions. The group that finishes first wins.

1. Combien d'enfants y a-t-il dans la famille de Claire et de Phil?
2. Qui est le fils?
3. Est-ce que Gloria est la mère de Claire ?
4. Qui est l'oncle des enfants de Claire et de Phil?
5. Est-ce que Lily est fille unique?
6. Qui est le cousin de Lily?

C3-3 🎮 **Signe ici!**

Find someone in the class who has these family members.

1. un frère ou une sœur
2. un neveu ou une nièce
3. un beau-père ou une belle-mère
4. des cousins ou des cousines
5. un oncle ou une tante
6. un chat ou un chien

C3-4 🔁 Les liens de parenté des gens célèbres

Ask your partner how these people are related to each other. Then create one item of your own.

Modèle: Kate Middleton (sœur) / Prince William

— *Est-ce que Kate Middleton est la sœur du Prince William?*
— *Non, c'est sa femme.*

1. Michelle Obama (tante) / Malia et Sasha
2. Bart et Maggie Simpson (enfants) / Marge et Homer Simpson
3. Kim Kardashian (mère) / Kanye West
4. Chris Hemsworth (frère) / Liam Hemsworth
5. Will Smith et Jada Pinkett Smith (parents) / Jaden et Willow Smith
6. Gloria Delgado-Pritchett (fille) / Jay Pritchett

C3-5 🔁 Ils sont d'où?

In pairs, take turns saying the correct form of **venir** and guessing the country these people are from.

Modèle: Moi, je suis canadien. Je *viens* du *Canada*.

Belgique   France   Russie
Chine   Mexique   Sénégal

1. Sasha et Sergei sont russes. Ils _____ de _____.
2. Deng est chinois. Il _____ de _____.
3. Natalie est française. Elle _____ de _____.
4. Miguel, tu es mexicain, non? Tu _____ du _____.
5. Toi et ton frère, vous êtes sénégalais, non? Vous _____ du _____.
6. Ma femme et moi, nous sommes belges. Nous _____ de _____.

C3-6 ♻ Les États-Unis, pays de mouvement

Many Americans come from somewhere else. In small groups, ask each other the following questions. Then share your answers with the class.

1. Tu viens de quelle ville? De quel État *(state)* américain? De quel pays *(country)*?
2. Tes parents viennent d'un autre pays? D'un autre État? D'une autre ville *(city)*?
3. Et tes grands-parents?
4. Est-ce qu'il y a des étudiants étrangers *(foreign)* sur le campus? Ils viennent de quels pays?

Les parents de Tam viennent du Viêt-Nam. Il est français, d'origine vietnamienne. D'où viennent vos parents? Et vos grands-parents?

La famille francophone sur trois continents

La famille est une **valeur**[1] importante pour les jeunes dans le monde. Mais la structure de la famille change.

La famille en France

En France, le divorce et le remariage **créent**[2] des familles **monoparentales**[3] et des familles **recomposées**[4].

Le PACS, une union civile **sans**[5] mariage, est une possibilité depuis **longtemps**[6]. En 2013, le mariage gay est devenu légal en France.

Beaucoup de jeunes habitent chez leurs parents **pendant qu'ils**[7] font leurs études supérieures.

Jacques Alexandre/Glow Images

[1]*value* [2]*create* [3]*single-parent* [4]*blended* [5]*without* [6]*a long time*
[7]*while they*

57 % des couples français se marient après la naissance *(birth)* de leur premier enfant.

La famille au Sénégal

Au Sénégal, comme dans beaucoup de pays africains, les membres âgés de la famille – les «vieux» – sont très respectés. La maman est **sacrée**[1].

Quand on parle de la famille en Afrique, c'est souvent de la famille **élargie**[2] – parents, enfants, oncles, tantes, cousins et grands-parents.

[1]*sacred* [2]*extended*

David Malan/Gallo Images/Alamy Stock Photo

Une mère et sa fille

La famille au Québec

David Young-Wolff/The Image Bank/Getty Images

Une famille canadienne traditionnelle des années 1960

Pendant[1] les années 1960 avec «la Révolution tranquille» au Québec, la société **est devenue**[2] plus **séculaire**[3]. Maintenant, le Québec a le plus grand nombre de bébés **nés hors mariage**[4] du Canada. Depuis 2005, le mariage gay est légal au Canada.

[1]*During* [2]*became* [3]*secular (non-religious)* [4]*born out of wedlock*

C3-7 Avez-vous compris?

1. Que créent le divorce et le remariage en France?
2. Comment est la famille traditionnelle en Afrique?
3. Quel événement *(event)* est responsable du changement de la société canadienne?

C3-8 ET VOUS?

Et vous? Bring your notes from the online activity to class.

1. Est-ce qu'il est préférable de vivre à la maison *(live at home)* quand on fait ses études universitaires? Expliquez.
2. Est-ce un tabou aux États-Unis d'avoir un bébé hors mariage? Expliquez.
3. Parmi *(Among)* les États-Unis, la France et le Canada, quel pays *(which country)* est le premier à avoir légalisé *(to have legalized)* le mariage homosexuel? Que pensez-vous de la situation aux États-Unis?

| Structure 3.3 | **Another way to express relationship and possession** *La possession **de** + nom* |

| Structure 3.4 | **Describing personalities** *Les adjectifs* (suite) |

C3-9 Qui est-ce? Qu'est-ce que c'est?

With a partner, complete, ask, and answer the following questions.

Modèle: Comment s'appelle la femme _____ premier président des États-Unis?

— *Comment s'appelle la femme du premier président des États-Unis?*

— *Martha Washington*

1. Qui est le fils aîné *(eldest)* _____ reine Élisabeth II? _____

2. Comment s'appelle la maison _____ président des États-Unis? _____

3. Quelle est la capitale _____ France? _____

4. Quel est le prénom _____ fille que Roméo aime? _____

5. Quels sont les prénoms _____ enfants de Claire et Phil dans *Modern Family*? _____

C3-10 Votre famille

In turns, create questions about your partner's family members using the cues provided. Then, answer your partner's question. Use **un peu, plutôt** *(rather)*, or **très** to add details.

Modèle: calme

— *Qui est calme dans ta famille?*

— *Mon père est plutôt calme. / Personne n'est (No one is) calme dans ma famille. / Tout le monde (Everyone) est très calme dans ma famille.*

1. sympathique
2. difficile
3. sportif / sportive
4. généreux / généreuse
5. égoïste
6. compréhensif / compréhensive
7. bien élevé(e)
8. réservé(e)

C3-11 Prononcez.

With a partner, pronounce one adjective of each pair. Your partner will identify whether the adjective describes Brad Pitt, Angelina Jolie, or both by listening to the pronunciation.

Modèle:

— *sportif*

— *C'est Brad Pitt.*

Brad Pitt	Angelina Jolie
1. grand	grande
2. riche	riche
3. important	importante
4. généreux	généreuse
5. travailleur	travailleuse
6. passionné	passionnée

C3-12 🔁 On est difficile!

Each time you describe someone, your partner will say the opposite. Then, switch roles.

Modèles:

— *Ta mère est pessimiste.*

— *Mais non, elle est optimiste!*

— *Ton oncle est gentil.*

— *Mais non, il est méchant!*

1. Comme tes grands-parents sont nerveux!
2. Ta cousine est moche!
3. Je trouve tes frères réservés.
4. Ton chien est méchant.
5. Ta mère est active.
6. Ton oncle est paresseux.

C3-13 🔁 Des détails

These sentences are not descriptive enough. With a partner, add adjectives.

Modèle: Ma sœur est une fille. (deux adjectifs)
Ma sœur est une *jeune* fille *sympathique*.

jeune	sympathique
vieux / vieille	moderne
petit(e)	bon(ne)
grand(e)	joli(e)
nouveau / nouvelle	

1. Ma grand-mère est une femme. (deux adjectifs)
2. Elle habite avec ses quatre chats dans une maison avec un jardin *(garden)*. (deux adjectifs)
3. Elle adore la musique. (un adjectif)
4. Elle a aussi beaucoup de CD de jazz. (un adjectif)

C3-14: Bring your notes from the online activity to class.

C3-14 🎲 C'est qui?

Everett Collection/Shutterstock.com

Describe in a few sentences a celebrity whom everyone is familiar with: nationality, looks, age, personality, why he/she is famous, and any other information you see relevant. Read your description. The class will guess who it is.

Modèle:

C'est une femme de 50 ans environ (about). *Elle vient de Chicago. Elle est très intelligente, sympathique et active. Elle aime aider les autres. Elle a deux filles, Sasha et Malia. Son mari s'appelle Barack.*

C3-15 🔁 Interaction

Ask your partner these questions, who will add one or two details in his/her answer.

Modèle:

— *Est-ce que tu viens d'une grande famille?*

— *Non, je viens d'une famille moyenne* (average size). *J'ai une sœur et un frère. Ma sœur a 15 ans et mon frère a 20 ans.*

1. Tu viens d'une grande famille?
2. D'où viennent tes parents? Où habitent-ils maintenant? Comment sont-ils?
3. Tu préfères les petites ou les grandes familles? Pourquoi?
4. Est-ce que tu as des grands-parents? Comment sont-ils?

Structure 3.5 **Describing where things are located** *Les prépositions de lieu*

C3-16 Chez Claudine

In pairs, indicate if the statements about the drawing are true (**vrai**) or false (**faux**). Correct the false statements.

Dans la chambre de Claudine, il y a…

1. une chaise devant la fenêtre.
2. un lit entre la table de nuit et le bureau.
3. un chat sous la chaise.
4. un poster sur le mur.
5. un tapis entre le placard et le lit.

C3-17 Dans ta chambre

Choose five objects that you have in your bedroom. Are the same objects in your partner's room? Then switch roles.

Modèle:
— *J'ai des photos de ma famille. Et toi?*
— *Moi aussi, j'ai des photos de ma famille. / Non, je n'ai pas de photos de ma famille. Et toi, tu as un poster?*
— *Oui, j'ai un poster de Beyoncé. / Non, je n'ai pas de poster.*

C3-18 Rangement *(Tidying up)*

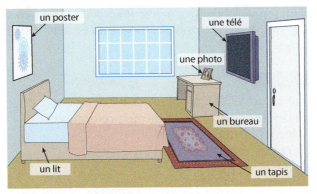

Première étape *(First step)*

Partenaires 1 & 2: Individually, arrange all the objects in the bedroom on a sheet of paper.

Deuxième étape *(Second step)*

Partenaire 2: Ask your partner questions to know where the objects are in his/her bedroom. Put a check on objects in your drawing that are in the same place as in your partner's room. Cross out objects that are arranged differently.

Questions: Où est le lit? Où est la table de nuit? Où se trouve *(is located)* le bureau?

Réponses: Il/Elle est… Il/Elle se trouve à côté de… / derrière…

Troisième étape *(Third step)*

With your partner, explain three differences between the two arrangements.

Modèle:

Partenaire 1 ou 2: *Dans ma chambre, la photo est sur le bureau. Dans ta chambre, la photo est sur l'étagère.*
À la classe: *Dans sa chambre, la guitare est sur le lit. Dans ma chambre, la guitare est sur le tapis.*

une étagère   une guitare

un chat   une table de nuit; une lampe

une chaise   une plante

C3-19 Impressions

In pairs, give your impressions of Bruno by looking at the objects in the room and where they are located. What is Bruno like? What does he do? What does he like to do? Is your bedroom like his? Explain.

Vocabulaire utile:

un amplificateur *an amplifier*	un ventilateur *a fan*
une guitare *a guitar*	par terre *on the floor*
un poster *a poster*	

Modèle:

— *Bruno aime jouer de la musique.*
— *Oui. Il a trois guitares.*

La vogue de la coloc

Il y a plus de 3 millions d'annonces de colocation dans le monde et plus de 42 500 en France.

Certains[1] jeunes viennent à Paris, Lyon, Marseille ou une autre grande ville pour étudier ou travailler. Avant, ils **se logeaient**[2] seul dans une chambre ou un studio. Mais, l'influence de la série américaine *Friends* a popularisé l'idée de partager un appartement avec d'autres colocataires. C'est plus sociable et **moins**[3] cher. La colocation a des avantages, mais aussi des **inconvénients**[4]. Et vous, vous êtes le colocataire idéal?

[1]*Some* [2]*stayed* [3]*less* [4]*disadvantages*

Sondage: Colocation et logement Vous avez peut-être complété des activités en ligne sur ce sujet *(topic)*. Maintenant, discutez: Quelles *(What)* sont les deux caractéristiques d'un(e) bon(ne) colocataire? Aimeriez-vous (ou pas) avoir un(e) colocataire? Pourquoi?

C3-20 **Avez-vous compris?**

1. Qu'est-ce qui est populaire parmi *(among)* les étudiants français depuis la série *Friends*?
2. Comment appelle-t-on les personnes qui habitent ensemble dans un appartement et partagent le loyer *(rent)*?

C3-21 **ET VOUS?**

1. Avez-vous un(e) colocataire? Est-il/elle sociable et ordonné(e)?
2. Pour vous, quel est le principal avantage de la colocation? Et le principal inconvénient *(disadvantage)*?
3. Décrivez votre colocataire idéal(e).

Et vous? Bring your notes from the online activity to class.

Vocabulaire utile:

ranger	propre *clean*
faire la cuisine *to cook*	sociable / réservé(e)
manger	sympathique; agréable
partager	tranquille; calme
ordonné(e) / désordonné(e)	moins / plus cher *less / more expensive*

VOIX EN DIRECT

La vie en colocation

Manon Garcia, 23 ans, étudiante à Paris

Vivre en colocation, en France, c'est partager un appartement avec d'autres gens. Mais on ne partage pas les chambres en France, on partage juste l'appartement.

C3-22

1. Selon *(According to)* Manon, qu'est-ce que les colocataires en France ne partagent pas?
2. Quelles sont les qualités d'un bon colocataire selon Manon? Et selon vous?
3. Hugo pense que c'est une bonne idée pour les étudiants de vivre *(live)* chez leurs parents. Pourquoi? Êtes-vous d'accord avec lui *(him)*?
4. Quels sont les deux défauts *(bad qualities)* principaux chez *(in)* un mauvais *(bad)* colocataire, selon vous?

Voix en direct: Bring your notes from the online activity to class. You can also supplement your answers with English, if necessary.

Les objets pratiques

Quelle marque *(brand)* de smartphone avez-vous?

Je préfère prendre des photos avec un vrai appareil photo.

Pour certains, un skateboard est un moyen de transport.

C3-23 **Sondage** *(Poll)*

In small groups, find four objects that everyone in the group has and one that no one has. The first group to finish wins!

Modèle: un sac à dos

— *Qui a un sac à dos?*
— *Moi.*
— *Et un roman français?*
— *Personne* (No one).

une montre
une tablette
un snowboard
un skateboard
un tapis de yoga
un appareil photo

un livre de JK Rowling
une console de jeux vidéo
un instrument de musique
un sac à dos
un smartphone
un vélo

C3-24 **Le professeur**

You have up to *eight* guesses to identify *four* objects your instructor doesn't have. Use **vous** in your questions.

Modèle:

— *Vous n'avez pas de skateboard, n'est-ce pas?*
— *Mais si, j'ai un skateboard!*

Les nombres de 60 à 1 000 000

275 €

deux cent soixante-quinze euros

1096 €

mille quatre-vingt-seize euros

60 soixante	**80 quatre-vingts**	**100 cent**
61 soixante et un	81 quatre-vingt-un	101 cent un
62 soixante-deux	82 quatre-vingt-deux	102 cent deux
70 soixante-dix	**90 quatre-vingt-dix**	**1000 mille**
71 soixante et onze	91 quatre-vingt-onze	2016 deux mille seize
72 soixante-douze	92 quatre-vingt-douze	1 000 000 un million

C3-25 Comptez!

1. Comptez *(Count)* de 70 à 100.
2. Donnez *(Give)* les multiples de 10 jusqu'à *(up to)* 120.
3. Donnez les multiples de 5 de 50 à 80.
4. Donnez les nombres impairs *(odd)* de 71 à 101.
5. Lisez *(Read):* 13, 15, 19, 25, 61, 71, 81, 93, 104, 14, 1000, 186, 1 000 000

C3-27 Ça coûte…

In pairs, identify the object according to its price.

Modèle:
— *Ça coûte 15,70 € (15 euros 70).*
— *C'est le ballon de foot.*

C3-26 Dates importantes

Your instructor will say an important event in history. Match it with the year it happened.

Modèle: la construction de la tour Eiffel
1889 *(mille huit cent quatre-vingt-neuf)*

1. le début de la Première Guerre mondiale *(WWI)*
2. la Révolution américaine
3. le Brexit
4. la Révolution française

a. 2016
b. 1914
c. 1789
d. 1776

Giancarlo Liguori/Shutterstock.com

1 095 €
11 975 €
270 €
15,70 €
892 €
589 €

All photos: Shutterstock.com

C3-28 🔆 L'appartement idéal

In small groups, indicate if each of the following aspects is **essentiel, important,** or **pas important.** Explain why. Your answers can be positive or negative.

Modèle: *Pour moi, un appartement meublé est essentiel. Je n'ai pas de meubles* (furniture).

Un appartement…
1. meublé
2. près de la fac
3. près du centre-ville
4. avec parking
5. clair *(bright)*
6. avec climatisation (clim)
7. pas très cher
8. avec terrasse ou balcon
9. avec piscine
10. …

Expressions utiles: parce que/qu'… j'ai des meubles; j'ai une voiture / je n'ai pas de voiture; j'aime la lumière; j'aime nager; je ne suis pas riche; il fait chaud *(it's hot)* ici; je n'aime pas rester à l'intérieur

C3-29 🔁 Je cherche un studio.

Complete the dialogue with a partner. Then act it out for the class.

le loyer	placard
bureau	lit
près de	la caution
étagère	interdits
louer	les charges
appartement	table de nuit

LOCATAIRE: Bonjour, madame. Vous avez un
_____ à _____ ?

PROPRIÉTAIRE: Oui, mademoiselle. Il y a le numéro 3 en face du jardin.

LOCATAIRE: En face du jardin? Bien. Il est meublé?

PROPRIÉTAIRE: Oui, il y a un _____ , une _____ , une _____ , un _____ et un _____ .

LOCATAIRE: Et on est _____ la fac?

PROPRIÉTAIRE: Oui, ici on est à 3 kilomètres de la fac.

LOCATAIRE: C'est combien, _____ ?

PROPRIÉTAIRE: C'est 650 euros par mois, plus
_____ .

LOCATAIRE: Il y a une caution?

PROPRIÉTAIRE: Oui, _____ est de 300 euros.

LOCATAIRE: J'ai un petit chat. Ça va?

PROPRIÉTAIRE: Un chat… oui. Mais les chiens sont
_____ .

LOCATAIRE: Bien. Je vais réfléchir un peu. / J'aimerais le prendre.

C3-30 ♻ **J'offre une colocation / Je cherche.**

In this activity, apartment seekers and people with rooms to rent try to find the best match. Read your situation card carefully to find out about your situation.

Organisation: Apartment / Room seekers line up facing people seeking someone to rent a room.

Modèle:
— *Bonjour, ça va?*
— *Oui, ça va bien.*
— *Vous avez une chambre à louer?…*

© Robert Paul van Beets / Alamy Stock Photo

J'offre une colocation:

- **Loyer:** 450 et 300 euros (2 chambres) avec charges
- Appartement
- **Chambres disponibles (*available*):** 2 (une double et une simple)
- **Aménagements:** grand appart près d'une ligne de métro; wifi et télé
- **À propos de (*About*) la colocation:** 3 jeunes artistes mixtes 22–27 ans: Nous aimons la vie bohème (*bohemian life*).
- **Mois minimum:** 2
- **Colocataires recherchés:** des gens un peu bohèmes comme nous, créatifs, ouverts, pas trop sérieux mais responsables. Nous aimons l'ordre aussi.
- **Fumeurs:** pas dans l'appart
- **Animaux:** non

Je cherche une colocation:

- **Loyer maximum:** 575 euros
- Femme 30 ans, salariée (*employed*)
- **Chambres:** 1 chambre meublée avec salle de bains privée
- **Aménagements recherchés:** jardin ou terrasse / balcon, wifi, télé, parking
- **Durée (*Duration*):** septembre–décembre
- **Cherche:** une situation calme et tranquille

C3-31 Vidéo: Les copains

Now it's your turn to talk to a friend about his/her roommate situation. Write your own **Les copains** episode, based on the responses you provided to your partner online. Be prepared to perform your skit in class.

Modèle:

— *Tu as un nouveau / une nouvelle colocataire?*

— *Oui.*

— *Il/Elle est bien?*

— *Ça va…*

Expressions utiles:

- (+) Ça va. Il/Elle est sympa; facile à vivre; ordonné(e); gentil(le); calme; poli(e); drôle *(funny)*; sérieux / sérieuse; on s'amuse bien *(we have fun)*; on fait la fête *(we party)*; Il/Elle aime ranger.
- (−) Ça ne va pas. Il/Elle est désordonné(e); difficile à vivre; super réservé(e); on ne parle pratiquement pas; il/elle n'est pas gentil(le); il/elle est égoïste; il/elle ne range pas; il/elle fait la fête avec ses amis; il/elle fait trop de bruit *(makes too much noise)*.

Réponses possibles:

- Ah oui? / Ah non?
- C'est vrai?
- Je comprends *(understand)*.
- Mon/Ma pauvre! *(Poor you!)*

Situations à jouer and **Explorez en ligne:** Bring your notes from the online activity(ies) to class.

C3-32 Situations à jouer

1. As a landlord / landlady, you've had bad experiences with renters in the past. Interview a potential renter to decide whether or not you will accept him/her as a tenant. Find out about:
   - what he/she studies
   - his/her likes and dislikes
   - whether he/she smokes
   - if he/she has pets, and so on
2. You and several of your friends decide to look for a house to share. Discuss what you will require. Go visit the house and ask the landlord / landlady your questions in order to decide whether to rent the house or not.

C3-33 Explorez en ligne.

La colocation

Use the notes you took exploring accommodation sharing to talk about the apartment and roommate you selected. Once everyone has shared their choice, the group can vote for the best living situation.

Synthèse

Lecture

C3-34 **Avant de lire**

Degas, whose painting *La famille Bellelli* is reproduced here, is just one of the famous artists whose works are found in the Musée d'Orsay, the former Parisian train station that now contains one of the world's finest collections of mid- to late-19th-century art.

Stratégie de lecture: Using prior knowledge to anticipate content

You can often use knowledge you already have to help you understand the content of authentic language. This description of Degas' painting is excerpted from an official museum guide. Which topics do you expect the guidebook to mention?

Stratégie de lecture: Using cognates

Cognates are words that look similar in both French and English but are pronounced differently. They can expand your vocabulary and help you read material that includes words you haven't learned yet. These are called **mots apparentés** in French. Scan the text to find cognates.

Erich Lessing/Art Resource, NY

> **Avant de lire:** Bring your notes from the online activity to class.

La famille Bellelli

during

painting

with the help

is taking place

taste

La famille Bellelli a été commencé par Degas **lors**° d'un séjour à Florence chez sa tante, la baronne Bellelli. Ce **tableau**° monumental de portraits dans un intérieur, à la composition simple mais enrichie **à l'aide**° gloss bubble de perspectives ouvertes par une porte ou un miroir, aux couleurs sobres mais raffinées (jeu des blancs et des noirs), est aussi la peinture d'un drame familial qui **se joue**° entre Laure Bellelli et son mari, et dans lequel on reconnaît le **goût**° de Degas pour l'étude psychologique.

© Réunion des musées nationaux

C3-35 **À VOUS!**

1. Qui regarde qui dans le tableau?
2. Comment est l'atmosphère? Animée *(Lively)*, calme, tranquille, joyeuse, décontractée, tendue *(tense)*?
3. Quelles sont les caractéristiques universelles de cette famille? Quels aspects de la famille trouvez-vous démodés *(do you find outdated)*?
4. Écrivez *(Write)* un petit portrait de 3 ou 4 phrases de la famille Bellelli.

C3-36 **Expression écrite**

MOI ET MA CHAMBRE

In this essay, you will be writing a description of your room and how it reflects – or not – your personality.

■ **Première étape:** What do our rooms say about us? Imagine that someone had to get to know you, relying exclusively on a photograph of your room in its "normal" state. What would they learn about you: your personality, interests, likes, and dislikes?

The first step in writing a description is to get the information about your subject – your room. To do so, make a list of all the items in your room, their design and color.

• Quels meubles *(furniture)* avez-vous?
• Quels objets de décoration avez-vous?
• Quels objets personnels avez-vous? Quels objets sont technologiques? Non-technologiques?

Now, make a list of words that describe your room and its location.

• De quelle(s) couleur(s) est votre chambre?
• Votre chambre est-elle lumineuse *(bright)* ou sombre *(dark)*?
• Dans quel état *(state)* est-elle?
• Quel genre de logement *(housing)* est-ce?
• Comment les meubles et les objets sont-ils disposés?

Vocabulaire utile:

le côté droit de la chambre   *the right side of the bedroom*
le côté gauche   *the left side*
par terre   *on the floor*

Refer to online for **Deuxième étape,** **Troisième étape,** and **Quatrième étape.**

Structures

Structure 3.1

Expressing relationship *Les adjectifs possessifs*

subject	possessive adjectives			
	masculine	feminine	plural	English equivalent
je	mon	ma	mes	*my*
tu	ton	ta	tes	*your*
il/elle/on	son	sa	ses	*his/her/its*
nous	notre		nos	*our*
vous	votre		vos	*your*
ils/elles	leur		leurs	*their*

Regardez M. Lerlerc. Il est avec **sa** femme et **ses** enfants.
*Look at Mr. Leclerc. He is with **his** wife and **his** children.*

The masculine form **(mon, ton, son)** is used before singular feminine nouns beginning with a vowel or a mute **h.**

Mon oncle et **son** amie Lise habitent à New York.
My uncle and his friend Lise live in New York.

J'aime cette ville. **Son** histoire *(f)* est fascinante!
*I like this city. **Its** history is fascinating!*

Structure 3.2

Talking about where people are from *Le verbe* **venir**

venir *(to come)*	
je viens	nous venons
tu viens	vous venez
il/elle/on vient	ils/elles viennent

Je suis Canadienne. Je **viens** du Québec.
I'm Canadian. I come from Quebec.

Elle est fatiguée. Elle **vient** de la gym.
She's tired. She's coming from the gym.

Structure 3.3

Another way to express relationship and possession *La possession* **de** + *nom*

The preposition **de/d'** *(of)* used with nouns expresses possession and relationship. It is used in place of the possessive *'s* in English.

Voici la mère **de** Charles.   *Here is Charles's mother.*
Quel est le numéro **de**   *What is the apartment number?*
  l'appartement?

The preposition **de** contracts with the definite articles **le** and **les.**

de + le = du	C'est le chien **du** petit garçon.
de + les = des	Je n'ai pas l'adresse **des** parents de Serge.
de + la = *unchanged*	Les clés **de la** voiture sont dans mon sac.
de + l' = *unchanged*	C'est la mère **de l'**enfant.

Structure 3.4

Describing personalities *Les adjectifs (suite)*

Most feminine adjectives are formed by adding an **e** to the masculine ending.

Marcus est petit. Sa sœur est petit**e** aussi.
Marcus is small. His sister is small too.

Several other common regular endings are shown in this chart.

masculine ending	feminine ending	examples
-é	-ée	stressé / stressée
-if	-ive	sportif / sportive
-eux	-euse	nerveux / nerveuse
-eur	-euse	travailleur / travailleuse
-ien	-ienne	parisien / parisienne
-on	-onne	bon / bonne; mignon / mignonne
-os	-osse	gros / grosse

Placement of adjectives in a sentence

As a general rule, adjectives in French follow the noun they modify.

Est-ce que tu aimes les gens **actifs**?
Do you like active people?

However, a small number of adjectives precede the noun. The mnemonic device **BAGS** (beauty, age, goodness, size) may help you remember them.

Beauty	**A**ge	**G**oodness	**S**ize
beau / belle	vieux / vieille	bon / bonne	petit / petite
joli / jolie	jeune	mauvais / mauvaise	grand / grande
	nouveau / nouvelle		gros / grosse
			long / longue

La **jeune** femme porte une **longue** robe **noire**.
The young woman is wearing a long black dress.

Adjectives with three forms

The adjectives **beau, vieux,** and **nouveau** have a special form used when they precede a masculine singular noun beginning with a vowel or a mute **h.**

un **beau** garçon	un **bel** homme	une **belle** maison
un **vieux** livre	un **vieil** ami	une **vieille** maison
un **nouveau** film	un **nouvel** acteur	une **nouvelle** voiture

Structure 3.5

Describing where things are located   *Les prépositions de lieu*

Prepositions are used to describe the location of people and things. Here is a list of common prepositions.

dans	*in*	derrière	*behind*
devant	*in front of*	loin de	*far from*
sur	*on*	près de	*near*
sous	*under*	en face de	*facing*
entre	*between*	à côté de	*next to*

Prepositions that end in **de** contract with **le** and **les.**

de + le: La table est à côté **du** mur.
de + les: La porte est près **des** fenêtres.

Vocabulaire

Vocabulaire actif

NOMS

La famille   *Family*

un beau-frère   *brother-in-law*
un beau-père   *father-in-law; stepfather*
une belle-mère   *mother-in-law; stepmother*
une belle-sœur   *sister-in-law*
un(e) enfant   *child*
une femme   *woman; wife*
une fille (unique)   *girl; daughter (only child)*
un fils (unique)   *son (only child)*
un frère   *brother*
une grand-mère   *grandmother*
un grand-père   *grandfather*
un mari   *husband*
une mère   *mother*
un neveu   *nephew*
une nièce   *niece*
un oncle   *uncle*
un père   *father*
des petits-enfants *(m pl)*   *grandchildren*
une sœur   *sister*
une tante   *aunt*

La chambre   *Bedroom*

un couvre-lit   *bedspread*
une étagère   *(book)shelf*
un lit   *bed*
un oreiller   *pillow*
un placard   *closet*
un rideau (des rideaux)   *curtain(s)*
une table de nuit   *nightstand*
un tapis   *rug*

> **Mots apparentés:** un balcon, une lampe, un miroir

Les objets   *Objects*

un appareil photo   *camera*
un ballon (de foot)   *(soccer) ball*
une calculatrice   *calculator*
une montre (cardio)   *(cardio) watch*
une moto   *motorcycle*
un ordinateur portable   *laptop*
un réveil   *alarm clock*
un sac   *bag*
un tapis de yoga   *yoga mat*
un (téléphone) portable   *cell phone*
un vélo   *bicycle*
une voiture   *car*

> **Mots apparentés:** un(e) cousin(e), des grands-parents *(m pl)*, des parents *(m pl)*

> **Mots apparentés:** un skateboard, un smartphone, une tablette

Le logement   *Housing*

une caution   *deposit*
les charges *(f pl)*   *utility charges*
la climatisation (clim, *fam*)   *air conditioning (AC)*
un(e) colocataire (coloc, *fam*)   *roommate*
la colocation   *apartment sharing*
un immeuble   *building*
un jardin   *garden*
un loyer   *rent*
une maison   *house*
une piscine   *swimming pool*
une résidence (universitaire)   *(university) residence*
une salle de gym   *gym, workout room*

> **Mots apparentés:** un appartement (un appart, *fam*), un garage, un studio

VERBES

chercher   *to look for*
coûter   *to cost*
faire* la fête   *to party*
habiter   *to live (in a place)*
louer   *to rent*
partager*   *to share*
ranger*   *to straighten, to tidy up*
venir   *to come*

You are responsible only for the infinitive form of this verb.

ADJECTIFS

agréable   *likeable, pleasant*
bête *(fam)*   *stupid*
bien élevé(e)   *well-behaved*
bon(ne)   *good*
cher / chère   *expensive*
content(e)   *happy, glad*
désordonné(e)   *disorganized, messy*
difficile   *difficult*
égoïste   *selfish, egotistical*
en désordre   *messy*
ennuyeux / ennuyeuse   *annoying; boring*
en ordre   *tidy, in order*
facile à vivre   *easy to get along with*
gentil(le)   *nice*
gros(se)   *large, fat*
(mal)heureux / heureuse   *(un)happy*
interdit(e)   *prohibited*
mal élevé(e)   *ill-mannered*
marié(e)   *married*
mauvais(e)   *bad*
méchant(e)   *mean*
(non) meublé(e)   *(un)furnished*
nouveau / nouvelle   *new*
ordonné(e)   *organized, tidy*
paresseux / paresseuse   *lazy*
seul(e)   *alone*
sportif / sportive   *athletic*

sympathique (sympa, *fam*)   *nice*
timide   *shy*
travailleur / travailleuse   *hardworking*
triste   *sad*

Mots apparentés: actif / active, calme, conformiste, généreux / généreuse, indépendant(e), intelligent(e), intéressant(e), long(ue), nerveux / nerveuse, optimiste, pessimiste, réservé(e), sociable, stressé(e), strict(e), stupide

ADJECTIFS POSSESSIFS

mon, ma, mes   *my*
ton, ta, tes   *your (sing, fam)*
son, sa, ses   *his, hers, its*
notre, nos   *our*

votre, vos   *your (pl, form)*
leur, leurs   *their*

ADVERBE

cher   *expensive*

PRÉPOSITIONS

à côté de   *next to*
chez   *at the home (place) of*
dans   *in*
derrière   *behind*
devant   *in front of*
en face de   *facing*
entre   *between*
loin de   *far from*
près de   *near*
sous   *under*
sur   *on*

EXPRESSIONS

Il est bien.   *He is okay.*
ouais   *yeah*
Ça coûte cher?   *Is it expensive?*
Est-ce que vous avez une chambre à louer?   *Do you have a room to rent?*
Je cherche un studio à louer.   *I'm looking for a studio to rent.*
C'est combien, le loyer?   *How much is the rent?*
Je peux fumer?   *Can I smoke?*
Je peux avoir un chat?   *Can I have a cat?*
Les animaux sont interdits.   *Animals are prohibited.*
Je voudrais le prendre.   *I'd like to take it.*
Je voudrais réfléchir.   *I'd like to think it over.*

DIVERS

See p. 52 for numbers above 60.

Vocabulaire passif

NOMS

La famille   *Family*

un bébé   *baby*
un(e) époux / épouse   *spouse*
un(e) fiancé(e)   *fiancé(e)*
un(e) frère / sœur aîné(e)   *older brother / sister*
un(e) jumeau / jumelle (*pl* des jumeaux)   *male / female twin (twins)*
un(e) petit-fils/-fille   *grandson / granddaughter*

La chambre et le logement   *Bedroom and housing*

le bruit   *noise*
une chose   *thing*
une fleur   *flower*
un frigo   *fridge*
un parking   *parking garage; parking lot*

un poster   *poster*
le/la propriétaire   *landlord/landlady*
une salle de bains   *bathroom*

Les objets   *Objects*

une appli   *app*
un casque   *headset*
des meubles (*m pl*)   *furniture*
une sacoche   *messenger bag*
un tableau   *painting*

Mots apparentés: un aquarium, une guitare, un instrument de musique, une photo, une plante, une radio, une raquette de tennis, un vase

VERBE

payer   *to pay*

ADJECTIFS

célibataire   *unmarried, single*
clair(e)   *bright*
décontracté(e)   *relaxed, easy going*
mort(e)   *dead*

Mots apparentés: courageux / courageuse, enthousiaste, important, individualiste, super (*fam*)

PRÉPOSITIONS

à droite (de)   *on the right side (of)*
à gauche (de)   *on the left side (of)*

ADVERBE

par terre   *on the floor*

Travail et loisirs

In this module, you will learn:

- job names and places of work.
- to tell time.
- to talk about work and leisure activities.

- to talk about your plans.
- how young French people view work.
- about France's largest companies.

Structure 4.1 **Talking about jobs and nationalities** *Il/Elle est* ou *C'est* + *métier / nationalité*

C4-1 ♻ Prononcez.

A. À tour de rôles *(Taking turns)*, contrastez la forme masculine et la forme féminine de ces *(these)* professions et nationalités.

1. vendeur / vendeuse
2. avocat / avocate
3. serveur / serveuse
4. client / cliente
5. mécanicien / mécanicienne
6. infirmier / infirmière
7. anglais / anglaise
8. canadien / canadienne

B. Complétez et prononcez ces phrases.

1. _____ est un acteur anglais.
2. _____ est une chanteuse populaire.
3. _____ est un artiste français.
4. _____ est une femme politique allemande.
5. _____ est une joueuse de tennis américaine.

C4-2 ♻ Quel métier?

Avec un(e) partenaire, associez chaque activité à un métier.

Modèles:

Il travaille avec ses mains *(hands)*. **Elle travaille avec ses mains.**
C'est un ouvrier. *C'est une ouvrière.*

Activités
Il répare les voitures.
Il répond au téléphone.
Il dirige *(manages)* la construction des bâtiments.
Il cultive la terre *(earth)*.
Elle défend ses clients devant le juge.
Il reste à la maison et s'occupe des enfants.
Elle arrête les criminels et protège les citoyens.
Il enseigne *(teaches)* aux enfants de 5 ans.

Métiers
un agent de police
un agriculteur / une agricultrice
un mécanicien / une mécanicienne
un homme / une femme au foyer
un(e) avocat(e)
un instituteur / une institutrice
un(e) secrétaire
un ingénieur

C4-3 ♻ Jouons à *Jeopardy!*®

Jouez à *Jeopardy!*®. Votre partenaire doit *(must)* poser la question correspondant à votre réponse.

Modèle: un vieil acteur

— *C'est un vieil acteur.*
— *Qui est Clint Eastwood?*

C'est / Ce sont…
1. un(e) juge célèbre.
2. des hommes d'affaires célèbres.
3. un médecin à la télé.
4. des journalistes célèbres.
5. une infirmière à la télé.

C4-4 ♻ Les métiers par catégorie

Avec un(e) partenaire, trouvez des métiers où…
1. on a besoin *(need)* d'un diplôme universitaire.
2. on emploie beaucoup de jeunes.
3. on gagne beaucoup d'argent.
4. on emploie traditionnellement beaucoup de femmes.
5. on voyage beaucoup.
6. on aide les autres *(help others)*.

Structure 4.2 Telling where people go to work *Le verbe **aller** et la préposition **à***

C4-5 ♻ La ville près du campus

A. Écrivez *(Write)* trois phrases, deux vraies et une fausse, pour décrire *(describe)* la ville près de votre campus.

Modèle:

Il y a un restaurant.
Pour acheter des livres, on va à la librairie Barnes & Noble.
Il y a une bibliothèque.

B. Lisez *(Read)* vos phrases. Vos partenaires vont indiquer si *(if)* votre description est vraie ou fausse.

Modèles:

— *Il y a un restaurant.*
— *C'est vrai.*
— *Pour acheter des livres, on va à la librairie Barnes & Noble.*
— *C'est vrai.*
— *Il y a une bibliothèque.*
— *C'est faux.*

C4-6 ✐ Où…?

Demandez à un(e) partenaire où il/elle va d'habitude *(usually)* dans les situations indiquées.

Modèle: le samedi soir

— *Où est-ce que tu vas le samedi soir?*
— *D'habitude, je vais au cinéma.*

1. après le cours de français
2. pour travailler
3. le dimanche matin
4. pour étudier
5. pour déjeuner
6. le vendredi soir

C4-7 Quelle heure est-il?

Sur une feuille de papier, dessinez une horloge avec une heure de votre choix. Montrez votre papier à votre partenaire et demandez-lui l'heure.

Ivan Galashchuk/Shutterstock.com

Modèle:
— *Quelle heure est-il?*
— *Il est 10h10.*

C4-8 Au cinéma

Regardez la photo et répondez aux questions.

*Nantes, the sixth largest city in France, was named **Capitale verte de l'Europe** in 2013. It promotes sustainable growth and encourages the use of its public tramways and bike lanes.

1. Il est 3h00 de l'après-midi. Quel film est-ce que vous allez voir? À quelle heure est-ce que le film commence?
2. Vous voulez voir (*want to see*) un film qui commence vers (*around*) midi. Quel film choisissez-vous (*do you choose*)? À quelle heure est-ce que le film commence?
3. Quel film est-ce qu'on peut voir (*can see*) en 3D?
4. Quel film est en français? Quel film est en version originale avec sous-titres (*subtitles*)?
5. Quel film préférez-vous?

C4-9 Une journée avec Gaspard

8h00: Gaspard **se lève**.

8h30: Il préfère aller au bureau à vélo.

9h00: Il arrive au bureau. Il prépare un dossier.

10h30: Il présente son projet écologique.

13h00: Il **se dépêche** pour aller au bar à soupes.

14h30: Il a rendez-vous dans les jardins partagés de Nantes.*

19h00: Il rentre chez lui, **se douche** et prépare son dîner.

21h30: Pour **se relaxer**, il va sur Facebook.

23h30: Il **se couche**.

Quelle heure est-il quand Gaspard fait ces (*these*) activités? À tour de rôles (*In turns*), donnez l'heure officielle. Votre partenaire va donner l'heure non-officielle.

1. Il se lève.
2. Il va au bureau à vélo.
3. Il arrive au bureau.
4. Il présente son projet.
5. Il se couche.
6. Il se dépêche pour aller au bar à soupes.
7. Il arrive aux jardins partagés.
8. Il se douche.
9. Il va sur Facebook.

C4-10 ⚡ **Comparons.**

Travaillez avec un(e) partenaire pour comparer l'emploi du temps de Gaspard avec votre emploi du temps.

Modèle:

— *Gaspard se lève tôt le matin. Moi, je me lève tard, à 10h00. Et toi?*

— *Moi, je suis comme Gaspard. Je me lève tôt, à 7h30.*

1. Gaspard arrive au bureau à 9h00. Moi, j'arrive au campus…
2. Il déjeune à 13h00. Moi, je déjeune…
3. À 14h30, il va aux jardins partagés. Moi, l'après-midi, je…
4. Le soir, Gaspard va sur Facebook. Moi, pour me relaxer, je…
5. Il se couche vers minuit. Moi, je…

C4-11 ⚡ **Et votre journée?**

A. À tour de rôles, posez des questions sur la journée typique de votre partenaire.

Modèle: se lever *avant* ou *après* 8h00

— *Est-ce que tu te lèves avant ou après 8h00?*

— *Je me lève après 8h00.*

— *Moi aussi. / Moi, je me lève avant 8h00.*

1. s'habiller *avant* ou *après* le petit déjeuner *(breakfast)*
2. se dépêcher pour aller *en cours* ou *au travail*
3. déjeuner *sur le campus* ou *en ville*
4. étudier *avant* ou *après* les cours
5. se relaxer devant *la télé* ou *l'ordi* le soir
6. se coucher *avant* ou *après* minuit

B. À quelle heure est-ce que votre partenaire fait ces activités? Demandez-lui *(him/her).*

Modèle: se lever

— *À quelle heure est-ce que tu te lèves le matin?*

— *D'habitude* (Usually), *je me lève vers 8h30.*

1. s'habiller
2. aller en cours ou au travail
3. déjeuner
4. étudier
5. se relaxer
6. se coucher

Monkey Business Images/Shutterstock.com

Le travail moins traditionnel

En France, la conception du travail, surtout chez les jeunes, est en évolution. Un bon salaire *(salary)* est important, mais on accorde une importance prioritaire aux relations humaines dans le travail et on recherche le développement personnel. Beaucoup de jeunes envisagent *(see)* le travail comme une aventure personnelle.

Profils

À 30 ans, Alain Ginot **fait partie de**[1] la nouvelle génération des producteurs de cinéma. **Pendant**[2] sa première année à l'université, il **crée**[3] Fidélité Productions avec un autre étudiant, Marc Mouger, et ils **produisent**[4] leur premier film.

[1]*is part of* [2]*During* [3]*creates* [4]*produce*

Radius Images/Getty Images

À 22 ans, Sara Marceau est un «trekker» de choc… «Je guide les touristes, je **les rassure**[1].» Une grande responsabilité, mais parfaitement adaptée à Sara qui adore les voyages.

[1]*reassure them*

Mat Jacob/The Image Works

Adapté de «Ils ont fait de leur passion leur métier» dans *L'Étudiant*, juillet et août 1999

C4-12 Avez-vous compris?

1. Pour les jeunes, quelle *(what)* est la priorité dans un travail?
2. Que crée Alain pendant sa première année à l'université?
3. Quelle est la passion de Sara?

C4-13 ET VOUS?

Et vous? Bring your notes from the online activity to class.

1. Quand vous cherchez un emploi, qu'est-ce qui compte le plus *(what matters most)* pour vous: un bon salaire, le développement personnel, les relations humaines, la flexibilité des horaires ou autre chose? Expliquez.
2. Est-ce que vous considérez le travail comme une aventure personnelle? Pourquoi?
3. Que comptez-vous faire *(What are you planning to do)* après vos études? Pensez-vous rester où vous êtes ou explorer une autre région? Pourquoi?

VOIX EN DIRECT

Que pensez-vous du travail? Quel est votre travail?

Je suis biologiste. Je travaille surtout en conservation. Donc j'étudie la protection des espaces naturels et la protection des **espèces**[1] et puis le **lien**[2] qu'il y a entre les espèces, la biodiversité, et puis les activités humaines. Donc, les impacts des activités humaines sur la nature, en gros.

Delphin Ruché

[1]*species* [2]*connection*

C4-14

1. Est-ce que Delphin aime son travail? Qu'est-ce qui vous donne cette impression?
2. Delphin, Vanessa et Laëtitia présentent des perspectives différentes sur le travail. Qui des trois est plutôt *(Who of the three is rather)* orienté vers le travail? Vers les relations humaines? Vers la satisfaction personnelle?
3. Et vous, quelle valeur vous semble la plus *(seems the most … to you)* importante? Pourquoi?

Voix en direct: Bring your notes from the online activity to class.

C4-15 🔄 Entre copains

A. Avec un(e) partenaire, complétez ce dialogue entre deux amis.

aimes	des études	quoi
à mi-temps	l'idéal	sympathiques
à plein temps	par semaine	un stage

— Tu fais _____ en ce moment?

— Je travaille _____ chez McDo, 10 heures _____.

— Ah oui? Tu _____ ce travail?

— Ce n'est pas _____, mais les gens sont _____. Et toi?

— Je fais _____ chez Orange, le groupe de télécommunications. Je m'occupe des marchandises.

— C'est pas mal! Tu fais _____ de marketing, n'est-ce pas?

— C'est ça. Après mes études, j'aimerais *(would like to)* travailler _____ dans les télécommunications. Alors, ce stage va m'apprendre beaucoup de choses.

B. Maintenant, créez votre propre dialogue sur le travail. Si vous ne travaillez pas, soyez *(be)* créatif / créative! Jouez la scène devant la classe.

C4-16 🔄 Le travail et vous

Posez les questions à un(e) partenaire.

1. Est-ce que tu travailles à mi-temps ou à plein temps en ce moment? Et en été?
2. Qu'est-ce que tu étudies? Est-ce que tu vas chercher un travail dans ce domaine?
3. Est-ce que faire un stage est une bonne idée? Tu fais un stage maintenant?
4. Quelles *(What)* sont tes priorités quand tu cherches un travail?

Exemples: un bon salaire, des horaires flexibles, un travail créatif, les relations avec les gens, travailler en équipe, venir en aide aux populations, l'écologie, la satisfaction personnelle, l'expérience professionnelle

C4-16: Bring your notes about job search on Lesmetiers.net to class for a follow-up in-class discussion.

Structure 4.4   **Talking about activities** *Les verbes **faire** et **jouer** pour parler des activités*

Les activités de loisir

faire du vélo

jouer au foot(ball), faire du foot(ball)

jouer du piano, faire du piano

Les autres activités

faire le ménage

faire les courses

faire du travail bénévole

Qu'est-ce que vous faites après les cours ou après le travail? Et le week-end?

C4-17 Associations

Avec un(e) partenaire, trouvez *(find)* le mot qui ne va pas avec les autres. Puis identifiez l'activité que vous associez à chaque liste.

1. un livre / un vélo / des notes / un cahier / un ordinateur
2. la piscine / l'été / la plage / une balle / un maillot de bain
3. le printemps / l'argent / un sac / une liste / le supermarché
4. un match / un footballeur / un ballon / un stade / une église
5. un train / les bagages / un film / une réservation / un passeport

C4-18 Qu'est-ce que vous faites?

À tour de rôles, posez ces questions à un(e) partenaire. Utilisez une expression avec **faire** dans vos réponses.

Modèle:
— *Tu aimes les activités sportives?*
— *Oui, j'aime faire du sport. / Non, je n'aime pas faire de sport.*

1. Tu voyages ce *(this)* week-end?
2. Tu joues au tennis?
3. Tu prépares quelque chose à manger *(something to eat)*?
4. Tu aimes rester *(stay)* au lit tard le dimanche?
5. Tu joues du piano?
6. Tu skies?

C4-19 Les athlètes

Nommez un(e) athlète célèbre. Votre partenaire va utiliser une expression avec **faire** ou **jouer** pour identifier ce que cette *(what this)* personne fait.

Modèle:
— *Lionel Messi*
— *Messi fait du football.*

C4-20 🎲 Signe ici!

Qui, dans la classe, fait ces activités? Préparez une feuille de papier avec les nombres de 1 à 8. Circulez dans la classe. Posez les questions appropriées pour trouver *(to find)* une réponse affirmative à chaque question. La personne qui répond **oui** doit signer sur votre feuille.

Modèle: jouer du piano

— *Est-ce que tu joues du piano?*
— *Oui, je joue du piano. (Cette personne signe.)*
ou — *Non, je ne joue pas de piano.*

1. jouer de la guitare
2. faire du ski sur des pistes *(slopes)* difficiles
3. jouer dans une équipe *(team)* de sport à l'université
4. faire un stage *(internship)*
5. faire du yoga
6. faire du travail bénévole
7. faire souvent des voyages
8. jouer au basket avec des amis

Africa Studio/Shutterstock.com

C4-21 Sondage: Les activités

A. 🔄 Interviewez votre partenaire.

1. Quelle est ton activité sportive préférée?
2. Quelle autre activité est-ce que tu aimes faire pendant *(during)* ton temps libre?

B. 🎲 Analysez les résultats du sondage.

1. Quelle est l'activité sportive préférée de la classe?
2. Quelle autre activité est-ce que vous aimez faire pendant votre temps libre?

C4-22 🔄 Interaction

Posez ces questions à un(e) partenaire.

1. Quel sport est-ce que tu pratiques? Est-ce que tu préfères les sports d'équipe ou les sports individuels?
2. Est-ce que tu fais du travail bénévole? Quand? Où?
3. Chez toi, qui fait le ménage? Qui fait les courses?
4. Est-ce que tu aimes faire la cuisine?
5. Jusqu'à *(Until)* quelle heure est-ce que tu restes au lit quand tu fais la grasse matinée?
6. Est-ce que ton emploi du temps est très chargé cette semaine? Pourquoi?

Structure 4.5 **Making plans** *Le futur proche*

C4-23 ✍ Projets des célébrités

Avec un(e) partenaire, écrivez *(write)* deux activités que ces personnes célèbres vont probablement faire aujourd'hui. Après, comparez votre liste avec un autre groupe. Êtes-vous d'accord?

Modèle: Michelle Obama
Elle va aider des enfants. Elle va parler à Barack Obama.

DOD Photo/Alamy

1. Serena Williams
2. Rachael Ray
3. Sheldon Cooper *(Big Bang Theory)*
4. Stephen Curry *(Golden State Warriors)*
5. Bruno Mars
6. Kim Kardashian
7. le Prince Harry

C4-24 🖼 Projets du week-end

Écrivez *(Write)* trois activités que vous allez faire ce week-end, deux vraies et une fausse. Lisez votre liste à la classe qui va deviner quelle activité est fausse.

Modèle:
— *Je vais jouer du piano dans un bar vendredi soir. Je vais faire une randonnée samedi matin. Je vais jouer au basket-ball avec mes copains dimanche matin.*
— *Tu vas faire une randonnée samedi matin et tu vas jouer au basket dimanche matin. Tu ne vas pas jouer du piano dans un bar vendredi soir.*

C4-25 Organisez-vous!

A. Sur une feuille de papier, faites une liste de sept activités que vous allez faire aujourd'hui.

Modèle:
Je vais aller au cours de maths. Je vais faire la cuisine.

B. 🖼 Ensuite, circulez dans la classe pour trouver quelqu'un qui va faire les mêmes choses *(same things)* et qui va signer votre liste.

Modèle:
— *Est-ce que tu vas aller au cours de maths?*
— *Oui, je vais aller au cours de maths cet après-midi.*
— *Signe ici, s'il te plaît.*

Les grands groupes français

Beaucoup de grandes entreprises françaises sont connues *(known)* dans le monde *(world)*.

Louis Vuitton est une marque prestigieuse de sacs et de bagages.

Vous ne **connaissez**[1] peut-être pas le nom LVMH, mais vous connaissez sans doute ses **produits de luxe**[2]: les parfums Dior et les magasins Sephora, les sacs Louis Vuitton, le champagne Moët & Chandon. Le grand groupe LVMH et l'entreprise L'Oréal sont **connus partout**[3] dans le monde.

[1]*know; have heard of* [2]*luxury products* [3]*known everywhere*

Le **géant**[1] de l'agroalimentaire Danone **vend**[2] ses produits dans plus de 120 pays.

Le classement *Forbes* distingue 17 entreprises françaises parmi les 200 plus grandes entreprises du monde: Total et GDF Suez (énergie), BNP Paribas et Société Générale (finance), Michelin (**pneus**[3]), Danone (**alimentation**[4]).

[1]*giant* [2]*sells* [3]*tires* [4]*food*

C4-26 **Avez-vous compris?**

Associez le groupe français à ses produits.

1. LVMH
2. L'Oréal
3. Total
4. BNP Paribas
5. Michelin
6. Danone
7. Arianespace

a. des pneus
b. des banques
c. des produits de luxe, comme Louis Vuitton
d. des yaourts, des produits laitiers *(dairy)*
e. des cosmétiques
f. des satellites
g. des stations-service, des carburants *(fuels)*

C4-27 **ET VOUS?** **Et vous?:** Bring your notes from the online activity to class.

1. Quels produits français est-ce que vous connaissez *(know)*? Quels produits français est-ce que vous achetez?
2. Préféreriez-vous *(Would you rather)* faire un stage dans une entreprise française ou américaine? Laquelle *(Which one)*? Pourquoi?

Arianespace détient *(owns)* plus de 60 % du marché mondial *(world market)* des lancements *(launches)* de satellites commerciaux.

C4-28 Vidéo: Les copains

Maintenant, c'est à vous d'écrire *(to write)* votre propre *(own)* conversation. Suivez *(Follow)* ces étapes pour créer votre dialogue:

- Trois amis se retrouvent pour un café.
- Ils demandent s'ils ont un travail ou un stage.
- Ils demandent s'ils aiment leur travail.
- Ils discutent de leur boulot idéal.

Incluez *(Include)* des indications dans votre script pour les salutations. Soyez prêt(e)s à *(Be prepared to)* jouer la conversation devant la classe.

C4-29 Situations à jouer

1. Talk to several classmates to find out what profession they would like to practice after college and why they find it interesting.

Modèle:

J'aimerais être (I would like to be) _____ *parce que je voudrais (gagner beaucoup d'argent, aider les gens, voyager, avoir beaucoup de vacances / des horaires flexibles / un travail intéressant).*

2. You need to go to the school bookstore. Ask your friend what time it opens / closes.

3. Who likes the same free time activities as you? Interview classmates for 30 seconds each (speed-dating style) to find the person you are most compatible with.

Synthèse

Lecture

C4-30 **Avant de lire** ♧

Le Cirque du Soleil n'est pas un cirque traditionnel. Qu'est-ce qu'il y a dans ce *(this)* cirque contemporain? Qu'est-ce qu'il n'y a pas? Sélectionnez le/les mot(s) que vous n'associez pas au Cirque du Soleil.

- les jongleurs
- la créativité
- les musiciens
- les clowns
- les acrobates
- les costumes
- les animaux
- les magiciens
- les mimes
- les lumières et la musique
- l'imagination

Stratégie de lecture: Using background knowledge

Once you know the basic topic for a reading, you will use your previous knowledge to identify words that are associated with that theme. Linking together words that have related meanings is a useful strategy for expanding your vocabulary. For example, if you read about a sport, you might find words related to teams, players, equipment, and games. As you read about the **Cirque du Soleil,** use your knowledge of circuses to help you figure out new words.

Le Cirque du Soleil: le grand spectacle

It all began   1 **Tout a commencé°** à Baie-Saint-Paul, une petite municipalité située près de la ville de Québec au début des années 1980. Des personnages colorés marchent sur des

stilts / eat fire   5 **échasses°**, jonglent, dansent, **crachent du feu°** et jouent de la musique. C'est une troupe de théâtre de rue, qui intrigue et impressionne les résidents de Baie-Saint-Paul et amuse les

vacationers   **vacanciers°**. En 1984, la troupe, rebaptisée

10 Cirque du Soleil, donne des spectacles dans toute la province québécoise **pendant un an°**,

for a year   puis elle commence un voyage **autour du monde°** qui ne **s'est jamais arrêté°**.

around the world / never stopped   Aujourd'hui, le Cirque du Soleil fait sensation

about a hundred   15 dans **une centaine de°** villes autour du monde, de Tokyo à Dubaï. Les artistes représentent 55 nationalités et plus de 25 langues différentes.

percent	Trente-cinq **pour cent**° des membres de la troupe viennent de sports de
20	compétition: la gymnastique artistique, le tumbling et le trampoline. Alors, le
challenge	**défi**° est de transformer ces athlètes en artistes. Ils doivent tous faire un stage de
training	**formation**° dans un studio à Montréal.
learn 25	C'est là qu'ils **apprennent**° à danser, chanter et jouer d'un instrument de musique.
	La mission du Cirque est de provoquer les **sens**° et l'émotion et de
senses	
power 30	montrer le **pouvoir**° de la créativité et de l'imagination. Le résultat est un
masterpiece	**chef-d'œuvre**° théâtral. Le Cirque du Soleil offre les plus beaux spectacles du monde. Mais, pour les artistes,
more than this 35	c'est beaucoup **plus que cela**°. «Nous travaillons et jouons ensemble», explique un membre de la troupe.
eat	«Nous **mangeons**° ensemble en parlant du spectacle. Et la nuit, nous **en rêvons**°.
dream about it	
life 40	Le Cirque du Soleil est notre **vie**°!»

Adapted from www.cirquedusoleil.com and "Dans les coulisses du Cirque du Soleil" by Line Abrahamian

C4-32 Expression écrite

LE MÉTIER POUR MOI

In this essay, you will write about your ideal job and how you will prepare for it.

- **Troisième étape:** Divide into large groups (10 to 12 students). Pair up and, at the signal, make a **quick** case for yourself explaining what career you want to have and why, and how you are preparing for it. You have only 30 seconds! Rotate until you have heard from everyone in your group. Then vote on who is "the most likely to get hired", i.e., who is the best prepared for his/her chosen job. Pick a runner-up as well.

Refer to online for **Première étape, Deuxième étape**, and Part A of **Troisième étape**.

C4-33 Explorez en ligne.

Le Cirque du Soleil

Share your discoveries about le **Cirque du Soleil** with the class. What did you find interesting on the website?

Et vous? Bring your notes from the online activity to class.

C4-31 ET VOUS?

1. Le Cirque du Soleil n'a pas d'animaux comme *(like)* dans les cirques traditionnels. Pour vous, cette *(this)* différence est-elle positive ou négative? Expliquez.
2. Vous êtes journaliste et vous interviewez Guy Laliberté, le directeur du Cirque. Écrivez *(Write)* quatre questions de type oui/non à lui poser.

Structures

Structure 4.1

Talking about jobs and nationalities   *Il/Elle est ou C'est* + *métier / nationalité*

Masculine and feminine job and nationality forms

Most professions and nationalities in French have a masculine and a feminine form.

ending		profession / nationality		
masculine	feminine	masculine	feminine	
–	-e	un avocat	une avocate	*a lawyer*
		français	française	*French*
-ien	-ienne	un musicien	une musicienne	*a musician*
		italien	italienne	*Italian*
-ier	-ière	un infirmier	une infirmière	*a nurse*
-eur	-euse	un serveur	une serveuse	*a waiter / waitress*
-eur	-rice	un acteur	une actrice	*an actor / actress*

If the masculine form ends in **e**, the article or pronoun indicates the gender.

un architecte / une architecte	*an architect*
Il est suisse. / Elle est suisse.	*He is Swiss. / She is Swiss.*

The word **homme** or **femme** is included in some titles.

un homme d'affaires / une femme d'affaires	*a businessman /-woman*

The following traditionally masculine professions only have a masculine form. Use masculine adjectives to describe them.

Il/Elle est médecin.	*He/She is a doctor.*
Mme Vivier est un excellent professeur.	*Mrs. Vivier is an excellent professor.*

Some nationalities are:

algérien / algérienne	*Algerian*	espagnol(e)	*Spanish*
allemand(e)	*German*	haïtien(ne)	*Haitian*
américain(e)	*American*	italien(ne)	*Italian*
anglais(e)	*English*	mexicain(e)	*Mexican*
belge	*Belgian*	russe	*Russian*
canadien(nne)	*Canadian*	sénégalais(e)	*Senegalese*
chinois(e)	*Chinese*	suisse	*Swiss*

Selecting *Il/Elle est* or *C'est*

There are two ways to state a person's profession or nationality in French.

- Like adjectives, without an article: subject + **être** + job / nationality. Adjectives of nationality begin with a lowercase letter.

Marc est travailleur.	*Marc is hardworking.*
Il est avocat.	*He is a lawyer.*
Il est canadien.	*He is Canadian.*

- As nouns with **c'est** or **ce sont** and the appropriate indefinite article **(un, une, des)**. Nouns of nationality are capitalized.

C'est une avocate.	*She is a lawyer.*
Ce sont des étudiants.	*They are students.*
C'est une Belge.	*She's a Belgian.*

Always use **c'est** or **ce sont** if you modify the profession or nationality with an adjective or a phrase.

Il est médecin.	*He is a doctor.*
C'est un bon médecin.	*He is a good doctor.*

Structure 4.2

Telling where people go to work *Le verbe **aller** et la préposition **à***

aller *(to go)*

je vais	nous allons
tu vas	vous allez
il/elle/on va	ils/elles vont

Ils vont à Paris.	*They are going to Paris.*

Aller is also used to talk about how someone is feeling.

Comment allez-vous?	*How are you?*
Ça va bien.	*I'm fine.*

The preposition **à** *(to, at, in)* is frequently used after verbs such as **aller** and **être**. When **à** is followed by the definite article **le** or **les**, a contraction is formed.

à + le → **au**	Mon père travaille **au** commissariat de police.
à + la → **à la**	Vous allez **à la** banque?
à + l' → **à l'**	L'institutrice est **à l'**école.
à + les → **aux**	Nous travaillons **aux** champs.

Structure 4.3

Talking about daily activities *Les verbes pronominaux (introduction)*

Some daily activities like getting up, getting dressed, or going to bed are expressed in French with pronominal verbs. These verbs are conjugated like others but are accompanied by a reflexive pronoun.

The infinitive form includes the pronoun **se**, for example **se coucher**. The reflexive pronoun varies according to the subject. Note that **me, te,** and **se** become **m', t',** and **s'** before a vowel sound.

se coucher *(to go to bed [put oneself to bed])*

je **me** couche	nous **nous** couchons
tu **te** couches	vous **vous** couchez
il/elle/on **se** couche	ils/elles **se** couchent

Nous **nous** couchons avant minuit.	*We go to bed before midnight.*
Je **m'**habille.	*I am getting dressed (dressing myself).*

Common pronominal verbs related to daily activities

se dépêcher	*to hurry up*	se préparer	*to prepare oneself*
s'habiller	*to get dressed*	se relaxer	*to relax*
se lever	*to get up*	se retrouver	*to meet up with*

Se lever has regular **-er** verb endings but an **accent grave** is added in all but the **nous** and **vous** forms.

se lever *(to get up)*

je me l**è**ve	nous nous levons
tu te l**è**ves	vous vous levez
il/elle/on se l**è**ve	ils/elles se l**è**vent

Forming the negative

In the negative, **ne** precedes the reflexive pronoun; **pas** follows the conjugated verb.

Il **ne** se lève **pas** avant midi.	*He doesn't get up before noon.*

Structures

Structure 4.4

Talking about activities   *Les verbes **faire** et **jouer** pour parler des activités*

The verb *faire*

The irregular verb **faire** *(to do; to make)* is one of the most commonly used verbs in French.

faire *(to do; to make)*

je fais	nous faisons
tu fais	vous faites
il/elle/on fait	ils/elles font

Here are some of the expressions for talking about work and leisure activities that use **faire.**

faire le ménage	*to do household chores*
faire les courses	*to do grocery shopping*
faire de la natation	*to swim*
faire du travail bénévole	*to do volunteer work*
faire du shopping	*to go shopping*
faire du ski	*to ski*
faire un voyage	*to travel*
faire la grasse matinée	*to sleep in*

Note that the question **Qu'est-ce que tu fais?** can be answered with a variety of verbs.

— Qu'est-ce que tu fais cet après-midi?
— *What are you doing this afternoon?*

— J'étudie, puis je fais du vélo.
— *I'm studying, then I'm going for a bike ride.*

The verb *jouer*

Another way to talk about sports activities and games you play is with the regular **-er** verb **jouer** *(to play)*. Use the following structure:

jouer + **à** + definite article + sport

Je joue au tennis.	*I play tennis.*
Vous jouez au foot.	*You play soccer.*

In most cases, either a **faire de** expression or **jouer à** can be used. Compare the following:

Tony Parker **fait du** basket.	*Tony Parker plays basketball.*
Tony Parker **joue au** basket.	

To talk about playing a musical instrument, use either a **faire** expression or the following construction:

jouer + **de** + definite article + instrument

Il **fait de la** guitare.	*He plays the guitar.*
Il **joue de la** guitare.	

Structure 4.5

Making plans   *Le futur proche*

Aller + **infinitif** is used to express an action in the near future. This construction is known as the **futur proche.**

Nous **allons faire** du ski.   *We're going to go skiing.*

To form the negative of the **futur proche,** put **ne… pas** around the conjugated form of **aller.**

Il **ne** va **pas** travailler.   *He is not going to work.*

The following time expressions are often used with the future.

ce soir	*this evening*
la semaine prochaine	*next week*
demain	*tomorrow*
demain matin	*tomorrow morning*

Vocabulaire

Vocabulaire actif

NOMS

Les métiers   *Professions*

un agent de police   *police officer*
un agriculteur / une agricultrice   *farmer*
un(e) avocat(e)   *lawyer*
un(e) cadre   *manager, executive*
un cuisinier / une cuisinière   *cook*
**un homme / une femme
   d'affaires**   *businessman / -woman*
un homme / une femme au foyer   *stay-at-home
   dad/mom*
un infirmier / une infirmière   *nurse*
un instituteur / une institutrice   *school teacher*
un mécanicien / une mécanicienne   *mechanic*
un médecin   *doctor*
un ouvrier / une ouvrière   *factory worker*
un pompier / une femme pompier   *firefighter*
un serveur / une serveuse   *waiter / waitress*
un stage   *internship*
un vendeur / une vendeuse   *a salesperson*

Mots apparentés: un(e) acteur / actrice,
un(e) architecte, un(e) client(e), un
ingénieur, un(e) juge, un(e) musicien(ne),
un(e) patient(e), un(e) secrétaire

Les lieux   *Places*

l'aéroport   *airport*
la poste   *post office*
le commissariat de police   *police station*
l'église (f)   *church*
la ferme   *farm*
la mairie   *town hall / city hall*
le supermarché   *supermarket*
l'usine (f)   *factory*

Mots apparentés: la banque, le café, le
cinéma, l'hôpital (m), la pharmacie, le restaurant

L'heure   *Time*

les horaires de trains   *train schedules*
les horaires d'avions   *flight schedules*
les séances de cinéma   *movie showings*

VERBES

aller   *to go*
se coucher   *to go to bed*
se dépêcher   *to hurry*
se doucher   *to take a shower*
emmener   *to take (a person)*
faire   *to do; to make*
s'habiller   *to get dressed*
jouer   *to play*
se lever   *to get up*
s'occuper de   *to take care of*
se relaxer   *to relax*
se réveiller   *to wake up*

EXPRESSIONS

L'heure   *Time*

Quelle heure est-il?   *What time is it?*
Il est quelle heure?   *What's the time?*
Tu as l'heure?   *Do you have the time?*
À quelle heure commence le film?   *At what time
   does the movie start?*
Il commence à…   *It starts at …*
l'heure non-officielle   *non-official time*
l'heure officielle   *official time*
Il est six heures vingt du matin.   *It's 6:20 AM.*
   sept heures et quart   *7:15 AM*
   midi / minuit   *noon / midnight*
   treize heures trente   *1:30 PM*
   deux heures de l'après-midi   *2 PM*
   deux heures et demie   *2:30 PM*
   trois heures moins le quart   *2:45 PM*
   quatre heures moins dix   *3:50 PM*
   dix-sept heures quinze   *5:15 PM*
   huit heures du soir   *8 PM*
du matin   *in the morning*
de l'après-midi (m)   *in the afternoon*
du soir   *in the evening*

L'emploi du temps   *Schedules*

avoir le temps de (+ infinitif)   *to have the time to*
être occupé(e)   *to be busy*
être en retard   *to be late*
un emploi du temps chargé   *a busy schedule*
le jeudi matin   *Thursday mornings*
le vendredi après-midi   *Friday afternoons*
à plein temps   *full time*
à mi-temps   *part time*
à l'heure   *on time*
c'est l'heure de…   *it's time to …*

Le travail   *Work*

être au chômage   *to be unemployed*
faire des études de journalisme   *to study
   journalism*
Tu fais quoi comme boulot?   *What is your job?*
Tu travailles toujours à… ?   *You're still working at … ?*
Je travaille à mi-temps comme assistante sociale.
   I work part time as a social worker.
Je travaille à plein temps comme architecte.
   I work full time as an architect.
Je cherche un travail dans le journalisme.   *I'm
   looking for a job in journalism.*
C'est quoi pour lui le boulot idéal?   *What is the
   ideal job for him?*
Pour lui, c'est un travail créatif.   *For him, the ideal
   job is a creative one.*
C'est être dans une bonne équipe.   *It's to be on a
   good team.*

Vocabulaire

Les activités de loisir *Leisure activities*

faire les courses *to do grocery shopping*
faire la cuisine *to cook*
faire ses devoirs *to do homework*
faire de l'escalade *to go climbing*
faire du foot(ball) / jouer au foot(ball) *to play soccer*
faire la grasse matinée *to sleep in*
faire du jogging *to jog*
faire le ménage *to do household chores*
faire de la natation *to swim*
faire du piano / jouer du piano *to play piano*
faire une promenade *to go for a walk*
faire du shopping *to go shopping*

faire du ski *to ski*
faire du snowboard *to snowboard*
faire du tennis / jouer au tennis *to play tennis*
faire du travail bénévole *to do volunteer work*
faire du vélo *to ride a bike*
faire un voyage *to travel*
faire du yoga *to do yoga*

ADJECTIFS

Nationalités *Nationalities*

allemande(e) *German*
belge *Belgian*
français(e) *French*

Mots apparentés: américain(e), canadien(ne), chinois(e), suisse

ADVERBES

après *after*
avant *before*
tard *late*
tôt *early*
vers *around*

Vocabulaire passif

NOMS

Les métiers et le travail *Professions and work*

un chef d'entreprise *head of a company*
un(e) informaticien(ne) *computer specialist*
un poste *position (job)*
la recherche d'un emploi *job hunting*

Mots apparentés: un(e) artiste, un(e) assistant(e), un(e) athlète, un(e) baby-sitter, un(e) employé(e), un(e) journaliste, un(e) pharmacien(ne), un salaire

Les lieux *Places*

un bureau *office*
une boutique *shop*
une école *school*
une entreprise *company*
un lycée *high school*
une ville *city, town*

Sports et instruments *Sports and instruments*

le football américain *football*
une randonnée *hike*

Mots apparentés: le baseball, le basket (-ball), la guitare, le roller

VERBES

aider *to help*
faire un stage *to do an internship*
jouer aux cartes *to play cards*
jouer de la guitare *to play the guitar*
rentrer *to return (home)*

ADJECTIFS

anglais(e) *English*
espagnol(e) *Spanish*

Mots apparentés: algérien(ne), européen(ne), haïtien(ne), italien(ne), mexicain(e), russe, sénégalais(e)

DIVERS

déjà *already*
fatigué(e) *tired*
fermé(e) *closed*
maintenant *now*
ouvert(e) *open*
prochain(e) *next*
un rendez-vous *meeting; date; appointment*
la semaine prochaine *next week*

Allons au café

In this module, you will learn:

- to extend and respond to invitations and talk about what you can and can't do.
- to text in French and talk about going out.
- to order in a café.
- to make a new acquaintance.

- to talk about the weather in various parts of the French-speaking world.
- about changes in telephone communication in the francophone world.
- about the café as a social institution.

Alex Segre/Alamy Stock Photo

Structure 5.1 Talking about what you want to do, what you can do, and what you have to do *Les verbes **vouloir, pouvoir, devoir***

Expressions

Tu veux sortir ce soir?

Tu es (T'es) libre ce week-end?

Tu aimerais faire quelque chose?

Tu aimerais aller voir le nouveau film avec Jennifer Lawrence?

Tu es motivé(e) pour faire du jogging cet après-midi?

Tu veux faire quelque chose samedi?

Ça te dit d'aller prendre un café / un verre?

Pour accepter

D'accord.

Oui, j'aimerais bien.

Oui, à quelle heure?

Oui, cool!

On se retrouve où?

Ça a l'air génial!

Pour hésiter

Euh... Je ne sais pas.

Je t'envoie un texto pour confirmer.

Peut-être, mais je dois regarder mon calendrier / mon agenda.

Pour refuser

Non, ce n'est pas possible samedi.

Je ne suis pas sûr(e) d'être disponible ce week-end.

Je dois travailler / étudier.

C5-1 ⚄ Projets de week-end

Par groupes de 3, utilisez les verbes pour créer un dialogue, puis jouez-le.

activités proposées	excuses
aller à la gym	travailler
aller au match de foot	étudier
faire du vélo	rentrer chez moi
faire une promenade	aider *(help)* ma famille
aller à un concert	faire du baby-sitting
travailler sur notre présentation	
aller au cinéma	
aller au café	

©Maxisport/Shutterstock.com

Modèle:

— *Ce week-end, je vais au match de foot. Tu veux venir?*

— *J'aimerais bien, mais je dois rentrer chez moi ce week-end.*

— *Et toi, Dylan, tu viens?*

— *Désolé. Je ne peux pas. Je dois travailler ce week-end.*

C5-2 À la fête

Vous êtes à une fête où on propose des activités à faire ensemble plus tard. Votre instructeur va diviser la classe en trois groupes.

Groupe 1: Vous proposez l'activité à quelqu'un *(someone)*.

Groupe 2: Vous acceptez et posez une question pour avoir plus d'informations.

Groupe 3: Vous hésitez ou refusez la proposition.

Circulez dans la classe. Combien de propositions pouvez-vous faire?

C5-3 À chacun ses goûts *(tastes)*

1. Écrivez *(Write)* trois activités que vous aimeriez *(would like to)* faire avec une autre personne.

2. Par groupes de cinq, essayez de trouver *(try to find)* une personne qui aimerait faire la même activité que vous. Si *(If)* vous n'aimez pas faire une activité, donnez *(give)* une excuse.

Modèle:
— *Qui veut aller manger du sushi avec moi?*
— *Moi, j'aimerais bien.*
— *Et toi, Zach?*
— *Désolé. Je ne peux pas. Je dois rentrer.*

C5-5: Bring your notes from the online activity to class.

C5-4 Invitations

En petits groupes, créez *(create)* des mini-dialogues où vous invitez vos camarades à faire ces activités.

1. faire du vélo
2. aller dans un restaurant chinois
3. aller voir *(see)* un film
4. aller au musée
5. aller au café ensemble
6. aller écouter de la musique
7. (votre invitation)

©saaton / Shutterstock.com

C5-5 Il y a invitation et invitation.

Dans la vidéo, Élodie montre *(shows)* deux invitations. La première se passe entre les trois amis. La seconde montre Paul demander à Manu de sortir avec lui *(to go out with him)*. En petits groupes, discutez de ce que vous remarquez *(notice)* entre les deux versions.

Quelles applis aimes-tu utiliser le plus *(the most)*?

— Allô?
— Bonjour. C'est Marc. On sort au restaurant ce soir?
— Oui. À quelle heure? Tu peux m'envoyer *(send)* un texto?

C5-6 Toi et ton portable

A. ⚡ Avec un(e) partenaire, discutez et comparez tout ce que *(all that)* vous faites avec votre portable et vos préférences d'applis. Est-ce que vous faites quelque chose *(something)* qui n'est pas dans la liste? Recommandez vos applis préférées.

Modèle:

— *Moi, je téléphone, mais pas beaucoup. Je préfère envoyer des textos. Et toi?*
— *Moi aussi. Tu écoutes de la musique? Tu utilises Spotify? Pandora?...*

Activités

- téléphoner
- prendre et regarder des photos
- regarder des vidéos
- lire et écrire des e-mails
- regarder la météo *(weather report)*
- surfer sur Internet
- regarder Facebook, Instagram…
- envoyer des textos
- écouter de la musique
- jouer à Words with friends / Candy Crush…
- regarder les infos *(news)*

B. 🖥 Quelles sont les trois activités que vous faites le plus *(the most)* sur votre portable? Partagez votre réponse avec la classe.

Modèle: *Je passe beaucoup de temps sur mon smartphone. Mes applis préférées sont…*

C5-7 🔁 Interactions

Posez les questions à un(e) partenaire.

1. Tu sors souvent avec tes amis? Où est-ce que vous allez d'habitude?
2. Quel *(Which)* film est-ce que tu veux voir *(see)* en ce moment? Quel groupe / chanteur aimerais-tu voir en concert? Avec qui?
3. Quand on sort avec son copain / sa copine, qui devrait *(should)* payer?
4. Est-ce que tu pars en voyage bientôt? Tu vas où?
5. Quand tu sors le week-end, tu dors jusqu'à *(until)* quelle heure le lendemain *(the next day)*?

C5-8 🔁 À la réception

On téléphone à la réception pour joindre *(reach)* un résident. Hélas, tous les résidents sont occupés. Avec un(e) partenaire, posez des questions et répondez pour dire ce qu'ils *(to say what they)* font.

Modèle:

— *Bernard, qu'est-ce qu'il fait?*
— *Bernard fait ses devoirs.*

1. Suzanne
2. Étienne
3. Mohammed
4. Maria
5. Didier
6. Marthe
7. Diane
8. Chang

C5-9 ♻ Est-ce que Jacques est là?

Vous appelez la résidence universitaire pour demander à vos copains s'ils peuvent sortir. Utilisez l'image de C5-8 pour créer des conversations téléphoniques.

Modèle:

— *Allô, ici _____. Je peux parler à ___?*
— *Non, il/elle _____.*
— *Bon, alors, est-ce que je peux parler à _____?*
— *À ___? Non, il/elle _____.*
— *Eh bien, tu es là, toi. Qu'est-ce que tu fais?*
— *Moi, je _____.*
— *Tu veux _____?*
— *…*

C5-10 🔁 Bribes de conversation

Vous entendez par hasard *(overhear)* des bribes *(fragments)* de conversation au restaurant. Vous pouvez entendre les questions, mais pas les réponses. Avec un(e) partenaire, imaginez les réponses. Utilisez le verbe entre parenthèses.

1. —Alors, Jean-Pierre est le nouveau copain de Clarisse?
   — Oui, ils… (sortir)
2. — Toi et Paul, quand est-ce que vous partez en voyage?
   — Nous… (partir)
3. — Tu vois le menu?
   — Oui. On… (servir)
4. — Tu as l'air fatigué. Tu ne dors pas?
   — En fait *(In fact)*, je… (dormir)

L'évolution du téléphone

Un téléphone portable classique

D'abord, les téléphones portables remplacent les lignes fixes. Puis ce sont les smartphones qui remplacent les portables classiques. Les Français utilisent les **réseaux sociaux**[1] comme Twitter, Instagram et Facebook sur leurs portables.

[1]*social media*

Les portables, essentiels pour le commerce en Afrique

En Afrique francophone, les téléphones portables sont même plus importants! Les lignes fixes sont assez rares, alors les portables représentent une révolution en communication. Ils sont essentiels pour le commerce et la vie sociale.

Des jeunes avec leurs smartphones

Les jeunes **préfèrent souvent envoyer**[1] des textos ou des SMS pour **fixer des rendez-vous**[2]. C'est moins cher et plus rapide! Mais attention! Les textos sont courts. Il faut apprendre les abréviations.

[1]*often prefer to send*   [2]*make plans*

Le langage SMS

bonjour / salut = slt	j'ai = g	très drôle = lol *(ang)* / mdr (mort de rire)
au revoir = biz (**bisous**[1])	tu es = t	**trop**[2] = tp
à plus tard = A+	vous = vs	rendez-vous = rdv
beaucoup = bcp	nous = ns	pourquoi = pq
c'est = c		

[1]*kisses*   [2]*too much / too many*

C5-11 **Avez-vous compris?**

1. Les téléphones portables sont très _____ en Afrique.
2. C'est plus _____ d'envoyer des textos.
3. 🔁 Écrivez *(Write)* un texto à votre partenaire. Il/Elle lit à haute voix *(reads out loud)* le texto, puis y *(to it)* répond avec un texto. Lisez *(Read)* sa réponse.

C5-12 **ET VOUS?** ♻

En petits groupes, discutez de vos réponses à ces questions.

1. Vous préférez envoyer *(to send)* des textos ou parler au téléphone? Pourquoi?
2. Quelles sont vos abréviations préférées quand vous envoyez des textos?

Et vous? Bring your notes from the online activity to class.

Sondage: Applis
Vous avez peut-être complété une activité en ligne sur ce sujet *(topic)*. Maintenant, discutez: Pensez aux *(Think about)* applis que vous utilisez le plus souvent. Pourquoi les *(them)* utilisez-vous le plus? Quelle est la caractéristique de votre appli préférée?

Structure 5.3 **Using pronouns to give emphasis** *Les pronoms accentués*

Structure 5.4 **Talking about eating and drinking** ***Prendre, boire*** *et les verbes réguliers en **-re***

une bière/un demi   une eau minérale
un café/un expresso   un rouge
un Orangina   une limonade   un coca
un sandwich jambon-fromage
un thé citron   un café crème/un crème   un jus d'orange
des croissants   un citron pressé   un chocolat chaud

C5-13 ⚡ Passez la commande!

Avec un(e) partenaire, passez la commande au serveur. Ensuite, changez de rôle.

Modèle: Fabien veut un jus d'orange.

Pour lui, un jus d'orange, s'il vous plaît.

1. Marie veut une eau minérale.
2. Suzanne et Mélanie prennent un coca light.
3. David et Jennifer veulent un café crème.
4. Toi et moi, nous voulons chacun *(each)* un sandwich au fromage.
5. Je prends aussi un thé au citron.

C5-14 ⚡ Quelque chose à boire

Avec un(e) partenaire, dites ce que *(say what)* vous prenez dans ces situations.

Modèle: un après-midi gris de novembre

— *Je prends un thé au lait. Et toi?*
— *Moi, je bois un chocolat chaud.*

1. à la terrasse d'un café en juillet
2. au café dans une station de ski *(ski resort)*
3. à six heures du matin à la gare *(train station)*
4. au cinéma
5. après un film un samedi soir
6. à une fête

> **Sondage: Au café**
> Vous avez peut-être complété une activité en ligne sur ce sujet *(topic)*. Maintenant, discutez: Quelle est la raison principale pour laquelle *(for which)* vous allez au café, outre *(besides)* les boissons? Qu'est-ce qui rend *(makes)* votre boisson préférée spéciale? À quelle fréquence *(How often)* utilisez-vous la connexion wifi au café?

C5-15 ♻ Vous commandez?

Vous êtes au café avec deux amis. Vous regardez la carte *(menu)* et discutez de ce que vous voulez commander. Une personne appelle le serveur / la serveuse et passe la commande pour le groupe.

Modèle:

— *Moi, je prends un thé citron.*
— *Un café pour moi.*
— *Monsieur, s'il vous plaît....*
— *Oui, monsieur/mademoiselle. Un instant, s'il vous plaît... Oui, messieurs-dames. Vous désirez?*
— *Un thé citron pour elle, un café pour lui et un chocolat chaud pour moi.*
— *Alors, un thé citron, un café et un chocolat chaud.*
— *Et un sandwich jambon-fromage avec des frites pour moi.*
— *Oui, c'est tout, merci.*

Le café, une institution culturelle

Une femme **écrit**[1] au café.

On peut acheter un café et le serveur **ne vous dérangera pas**[2]. On peut écrire, **lire**[3] ou regarder les gens. On **voit**[4] moins de gens devant un ordinateur dans un café français.

[1]writes   [2]won't bother you   [3]read   [4]sees

Un habitué du «zinc» (counter)

Au **comptoir**[1], les boissons sont **moins chères**[2] et on peut parler avec le patron.

[1]counter   [2]less expensive

Un Starbucks à Paris

Des clients viennent à Starbucks pour le wifi. Mais en général, on ne va pas au café pour aller sur Internet. C'est pour la conversation.

C5-16 Avez-vous compris?

1. Qu'est-ce qu'on doit faire pour rester longtemps (*a long time*) dans un café?
2. Qu'est-ce qu'on fait dans un café?

Voix en direct: Bring your notes from the online activity to class.

VOIX EN DIRECT

Vous passez du temps au café?

Vanessa Vudo

Vanessa, vous allez souvent au café?

Le plus souvent possible. C'est très parisien. Pendant les **vacances**[1], tous les jours si je **pouvais**[2].

Il vous arrive d'y aller seule?

Oui, pour étudier seule. Et puis, on n'est jamais seul dans un café, donc on regarde toujours les gens autour, on contemple, on écoute de la musique, on regarde les gens qui passent quand on est **assis**[3] à une terrasse.

[1]vacation   [2]could   [3]sitting

C5-17

1. Est-ce que vous avez des habitudes de café comme Nicolas ou Vanessa?
2. Est-ce que vous avez un café préféré? Qu'aimez-vous commander? Expliquez.

C5-18 **Quel temps fait-il?**

À tour de rôle (In turns), demandez à votre partenaire quel temps il fait dans la ville indiquée.

1. Grenoble
2. Biarritz
3. Marseille
4. Lille
5. Perpignan
6. Nantes

C5-19 **Faites votre valise!**

Vous allez faire un voyage! Quel temps fait-il où vous allez? À tour de rôle avec un(e) partenaire, nommez (name) trois vêtements que vous allez mettre (put) dans votre valise (suitcase).

Modèle: à Chicago en mai
À Chicago en mai, il fait frais et il pleut. Je vais mettre une veste, un parapluie et un pull dans ma valise.

un short
des gants (gloves)
un jean
un maillot de bain (bathing suit)
des lunettes de soleil

un manteau
un T-shirt
des bottes
des sandales
un parapluie

1. dans les Alpes en janvier
2. aux Antilles (West Indies) en mars
3. à La Nouvelle-Orléans en juin
4. à San Franciso au printemps

C5-20 **C'est logique?**

Écrivez (Write) une phrase logique et une phrase illogique pour décrire (describe) les vêtements que vous portez selon le temps. Ensuite, mettez-vous en groupes. Lisez (Read) vos phrases aux autres. Ils vont décider si c'est logique ou pas logique.

Modèles:
— Quand il fait froid, je porte un manteau et un chapeau.
— C'est logique.

— Quand il pleut et fait froid, je fais une promenade en short.
— Ce n'est pas logique.

C5-21 **Vous préférez quelle saison?**

Voici des réponses à cette question trouvées sur Internet. Et vous, vous préférez quel temps? Qui, dans votre groupe, aime le même temps que vous?

«Moi, c'est l'été, car j'aime le soleil, la mer (sea) et la piscine! Quand il fait chaud, je suis content.»	«Moi, je préfère le printemps et l'automne. L'été, il fait trop chaud et trop humide!»	«Là où j'habite, au Sénégal, le temps est pratiquement le même toute l'année.»

Modèle: Sam et moi, nous aimons l'été. Nous aimons le soleil et le beau temps. Mais Trevor aime l'automne. Il aime la pluie.

Structure 5.5 **Asking questions** *L'interrogatif*

Peter Phipp/Travelshots.com/Alamy Stock Photo

Expressions

Pour commencer la conversation

Pardon, est-ce que cette chaise est libre / prise?
Oui / Non, allez-y / vas-y. / Je vous en / t'en prie.
On se connaît?
Vous attendez / Tu attends quelqu'un?
Il fait beau aujourd'hui.
Quelle neige! Quelle pluie!

Pour continuer la conversation

Vous êtes / Tu es étudiant(e)?
Vous venez / Tu viens d'où?
Qu'est-ce que vous faites / tu fais ici?
Tu aimes cette musique?
Moi, je m'appelle / Je suis...
Comment est-ce que tu connais Jean?

C5-22 **Conversations au café**

A. Complétez ce dialogue entre un homme et une femme.

— _____, mademoiselle. Est-ce que cette chaise est _____?
— Oui, oui. _____ -y!
— _____ mauvais temps!
— Oui. Cette pluie!

B. Complétez ce dialogue entre deux étudiants.

— On se _____?
— Oui, je crois que tu es dans _____ d'anglais.
— Oui!
— Tu _____ quelqu'un? Cette chaise est prise?

— Non, non. Je _____ prie.
— Moi, je _____ Audrey.
— Moi, c'est _____.

C5-23 **Quelle persistance!**

Par groupes de 5, posez des questions à tour de rôle. Suivez *(Follow)* l'ordre.

Ordre: (1) intonation (2) hein?/non?/n'est-ce pas? (3) est-ce que (4) inversion (5) réponse. Vous allez jouer le dialogue devant la classe.

Modèle:

— *(1) On va au cinéma? (2) On va au cinéma, non? (3) Est-ce qu'on va cinéma? (4) Va-t-on au cinéma?*
— *(5) Non, on ne va pas au cinéma. Nous avons beaucoup de travail.*

C5-24 **Questions formelles**

Créez des mini-dialogues avec les mots interrogatifs donnés. Utilisez l'inversion dans vos questions. Puis, échangez les rôles.

Modèle: à quelle heure

— *À quelle heure allez-vous manger?*
— *Nous allons manger à midi après le cours.*

- quel temps
- quand
- à quelle heure
- comment
- où
- avec qui

Vidéo: Les copains

C5-26 **À VOUS!**

Maintenant, à vous de jouer la scène avec vos deux partenaires. Une personne va proposer une activité (des concerts, des films, des matchs de sport, etc.) près de votre université. Les deux autres personnes vont poser des questions, puis décider.

Expressions utiles:

- Tu es libre ce week-end?
- Tu aimes (ce groupe, cet acteur, etc.)?
- Ça te dit de faire quelque chose samedi?

Questions / Réponses:

- Où?
- À quelle heure est-ce qu'il commence?
- On va y aller en voiture?
- Ça coûte combien?

> **Et vous?:** Bring your notes from the online activity to class.

- Euh… je ne sais pas. Je dois regarder mon agenda.
- Ah oui! Super! Cool!
- Je ne peux pas. Je dois…

C5-25 **ET VOUS?**

Vous venez de voir *(just watched)* deux versions de l'invitation de Paul au concert, la première avec les deux filles et la deuxième avec Manu. Pourquoi la deuxième invitation est-elle plus romantique?

C5-27 Situations à jouer

1. You are at a party and you strike up a conversation with another guest. Use these questions and come up with answers. Each person will ask a question, then reply to the other person's question.
   Greet the other person. Make a comment about the weather. Then find out:
   - where he/she's from
   - how he/she knows **(tu connais)** Jean (the host)
   - what he/she does
   - what he/she's going to do this weekend
   - if he/she wants to look for something to drink **(chercher quelque chose à boire)**
   Then let the other person know you have to work tomorrow so you're going to leave.
2. In groups of 5, conduct a survey of students' study habits. Prepare five questions to find out when, where, how many hours a week etc., students study. Then interview 5 classmates. Each person will ask at least one question.

C5-28 Explorez en ligne.

Le cinéma

Discuss the information you found while exploring **Allociné.fr**. What are the top 10 films in France this week? Are they similar to the top 10 films in the United States? What genres are they? What did you learn about French movie viewing habits from this site? Share two things you noticed and two things you learned.

Synthèse

Lecture

C5-29 **Avant de lire** ⬒

Le fabuleux destin d'Amélie Poulain – connu sous le titre *(known as)* Amélie aux États-Unis – est maintenant un classique.

1. Avez-vous vu *(Have you seen)* Amélie?
   ☐ oui   ☐ non

2. Avez-vous vu un autre film français?
   ☐ oui   ☐ non

3. Quel(s) autre(s) film(s) français avez-vous vu(s)? (Vous pouvez utiliser **Allociné** pour trouver des titres français.)

**Stratégie de lecture:
Using visuals to aid comprehension**

Looking at visuals and captions that accompany a text can give you a good idea of what the text is about. When approaching a reading, it's a good idea to look first at the visuals and see if you can figure out the content.

Le fabuleux destin d'Amélie Poulain: Synopsis

Ce film classique des années 2000 a fait *(caused)* sensation aux États-Unis comme en France.

1   Amélie, une jeune serveuse dans un bar de Montmartre, est seule et timide. Elle
5   passe son temps à observer les gens et à laisser son imagination *wander* **divaguer°.** Elle s'est fixée un *goal* **but°**: aider les *surround her* 10 gens qui **l'entourent°.** Amélie cherche leur *happiness* **bonheur°.** Elle invente *strategies* alors des **stratagèmes°** pour intervenir incognito
15   dans leur existence. La vie d'Amélie est touchée par beaucoup de rencontres: Georgette, la buraliste hypocondriaque; Lucien, le commis d'épicerie; Madeleine Wallace, la concierge portée sur le porto et les chiens *stuffed* **empaillés°;** Raymond Dufayel *glass / lives* 20 alias «l'homme de **verre°**», son voisin qui ne **vit°** qu'à travers une reproduction d'un tableau de Renoir.

taste   Amélie cultive un **goût**° particulier pour les tout petits plaisirs de la vie. Elle aime, par exemple, **faire des**

skip rocks   **ricochets**° sur le canal Saint-Martin. Cette quête du

leads   25   bonheur **amène**° Amélie à faire la connaissance de Nino Quincampoix, un étrange «prince charmant». Nino

divides   **partage**° son temps entre un train fantôme et un sex-shop, et cherche à identifier un homme mystérieux dont la photo réapparaît sans cesse dans plusieurs cabines de

      30   photomaton. Est-ce qu'Amélie va enfin trouver l'amour?

               Source: **Allociné**

C5-30   **À VOUS!**

Amélie apprécie les petits plaisirs de la vie *(life pleasures)*. Quel est votre petit plaisir?

Modèle: *Pour moi, mon petit plaisir, c'est de poster des photos sur Facebook.*

> **À vous!:** Bring your notes from the online activity to class.

C5-31   **Expression écrite**

ÉCRIRE UN SYNOPSIS

■ **Première étape:** What important items do you want to include? Let's take *Star Wars: The Force Awakens* as an example.

- le titre: *Star Wars: Le Réveil de la Force*
- le genre du film: science-fiction
- le contexte: on attaque la planète de Rey, elle doit partir
- une description du/de la protagoniste: Rey
  - Comment est-il/elle?: jeune, jolie, courageuse
  - Où habite-t-il/elle?: sur la planète Jakku
  - Qu'est-ce qu'il/elle fait dans la vie?: elle cherche et pille *(raids)* des épaves *(wrecks)*
  - Qu'est-ce qu'il/elle veut / peut / doit / aime faire?: elle doit survivre *(survive)*
- le lieu de l'action: sur une planète dans une autre galaxie
- le but *(goal)*, la quête: retrouver *(to find)* sa famille
- les obstacles: des forces obscures, l'Empire
- la critique: très bonne

> **Expression écrite:** Refer to online for **Deuxième étape, Troisième étape,** and **Quatrième étape.**

Structures

Structure 5.1

Talking about what you want to do, what you can do, and what you have to do *Les verbes **vouloir**, **pouvoir** et **devoir***

Vouloir, pouvoir, and **devoir** are irregular.

vouloir *(to want)*

je veux	nous voulons
tu veux	vous voulez
il/elle/on veut	ils/elles veulent

pouvoir *(can / to be able to)*

je peux	nous pouvons
tu peux	vous pouvez
il/elle/on peut	ils/elles peuvent

devoir *(must / to have to)*

je dois	nous devons
tu dois	vous devez
il/elle/on doit	ils/elles doivent

Nous **voulons** partir ce week-end.   *We want to leave this weekend.*
Nous ne **pouvons** pas partir.   *We can't leave.*
Nous **devons** étudier.   *We have to study.*

Structure 5.2

Talking about going out with friends *Les verbes comme **sortir***

sortir *(to leave; to exit; go out)*

je sors	nous sortons
tu sors	vous sortez
il/elle/on sort	ils/elles sortent

The following verbs are conjugated like **sortir.** Note the different singular and plural stems.

	singular	plural
partir *(to leave, depart)*	je pars	nous partons
servir *(to serve)*	je sers	nous servons
dormir *(to sleep)*	je dors	nous dormons

Le train **part** pour Londres.
The train is leaving for London.

Les enfants **dorment** jusqu'à 10h00.
The children sleep until 10.

Structure 5.3

Using pronouns to give emphasis *Les pronoms accentués*

French has a special set of pronouns called **pronoms accentués,** or accented pronouns.

pronom sujet	pronom accentué	pronom sujet	pronom accentué
je	**moi**	nous	**nous**
tu	**toi**	vous	**vous**
il	**lui**	ils	**eux**
elle	**elle**	elles	**elles**

Accented pronouns are used for emphasis and following prepositions.

Moi, je bois du café, mais **lui,** il boit du thé.
I drink coffee, but he drinks tea.

Elle va rentrer chez **elle.**
She's going home.

Structure 5.4

Talking about eating and drinking *Prendre, boire et les verbes réguliers en -re*

Prendre

Prendre is irregular. Figuratively, it means *to have something to eat or drink*.

prendre *(to take)*	
je prends	nous prenons
tu prends	vous prenez
il/elle/on prend	ils/elles prennent

Elles ne **prennent** pas le bus.
They're not taking the bus.

Nous **prenons** deux chocolats chauds.
We'll have two hot chocolates.

Two other verbs that are formed like **prendre** are **apprendre** *(to learn)* and **comprendre** *(to understand)*.

Je ne **comprends** pas.   *I don't understand.*
Nous **apprenons** le français.   *We are learning French.*

Boire

Boire is also irregular.

boire *(to drink)*	
je bois	nous buvons
tu bois	vous buvez
il/elle/on boit	ils/elles boivent

Regular -re verbs

To conjugate regular -**re** verbs, drop the -**re** ending from the infinitive and add these endings.

attendre *(to wait for)*	
j'attend**s**	nous attend**ons**
tu attend**s**	vous attend**ez**
il/elle/on attend	ils/elles attend**ent**

Notice that **attendre** doesn't take a preposition.

J'**attends** l'addition.   *I'm waiting for the bill.*

entendre	*to hear*
perdre	*to lose*
rendre	*to return (something)*
répondre	*to answer; to reply*
vendre	*to sell*

Qu'est-ce qu'on **vend** dans cette boutique?
What are they selling in that shop?

Vous **répondez** vite à vos e-mails.
You answer your emails quickly.

Structures

Structure 5.5

Asking questions *L'interrogatif*

Yes/No questions

You are already familiar with two basic ways to ask questions in French:

* By using rising intonation.

  Tu parles français?   *You speak French?*

* By adding **est-ce que/qu'** to a sentence.

  Est-ce que tu parles français? *Do you speak French?*

There are two other common ways of asking yes/no questions.

* By adding the tag question **n'est-ce pas** or **non** at the end of the sentence and using rising intonation.

  Tu parles français, **n'est-ce pas**?   *You speak French, don't you?*

* By using inversion, in which the normal position of the subject and the verb is reversed.

  Tu parles français. → **Parles-tu** français?   *Do you speak French?*

When inverting **il, elle,** or **on** with a verb that does not end in **d** or **t**, add -**t**- between the verb and the subject.

Joue-**t**-elle de la guitare?   Va-**t**-on au café?

Information questions

The following question words are used to request information.

quel(le)(s)	*which, what*	Quel film voulez-vous voir?	*What film do you want to see?*
pourquoi	*why*	Pourquoi partez-vous?	*Why are you leaving?*
où	*where*	Où est le Café de Flore?	*Where is the Café de Flore?*
d'où	*from where*	D'où êtes-vous?	*Where are you from?*
quand	*when*	Quand est-ce que tu rentres chez toi?	*When are you going home?*
qu'est-ce que	*what*	Qu'est-ce qu'on fait maintenant?	*What do we do now?*
que/qu'	*what*	Que prends-tu?	*What are you having to drink / to eat?*
comment	*how*	Comment ça va?	*How are you?*
qui	*who*	Qui est-ce?	*Who is it?*
combien	*how much*	C'est combien?	*How much is it?*
combien de/d'	*how much / many*	Combien de croissants voulez-vous?	*How many croissants do you want?*

Vocabulaire actif

NOMS

Le téléphone   *Phone*
l'appareil photo *(m)*   *camera*
une appli   *app*
une carte Google   *Google map*
un rendez-vous   *appointment; date*
le réveil   *alarm clock*
un texto   *text message*

Mots apparentés: le calendrier, un compte Facebook, l'e-mail *(m)*, **un message**

Le café   *Café*
See p. 87 for additional vocabulary.
une boisson chaude / fraîche / alcoolisée   *hot / cold / alcoholic drink*
un croissant   *croissant*
de l'eau *(f)*   *(some) water*
une eau gazeuse   *sparkling water*
une eau non gazeuse   *non-sparkling water*
des frites *(f)*   *(some) French fries*
du jus de citron   *(some) lemon juice*
un jus d'orange   *orange juice*
quelque chose à manger   *something to eat*
du sucre *(m)*   *(some) sugar*
un verre de vin blanc / un blanc   *glass of white wine*
un verre de vin rouge / un rouge   *glass of red wine*

Mots apparentés: une bière, un croque-monsieur, une salade, une terrasse de café

Le temps   *Weather*
la météo   *weather forecast*
la neige   *snow*
la saison des pluies   *rainy season*
la saison sèche   *dry season*

le soleil   *sun*
le vent   *wind*

VERBES

apprendre   *to learn*
attendre   *to wait (for)*
boire   *to drink*
comprendre   *to understand*
désirer   *to want*
devoir   *to have to; must*
dormir   *to sleep*
inviter   *to invite*
partir   *to leave*
pouvoir   *to be able to; can*
prendre   *to take*
servir   *to serve*
sortir   *to go out*
vouloir   *to want*

ADJECTIFS

chaud(e)   *hot*
frais / fraîche   *cool*
froid(e)   *cold*

EXPRESSIONS

Les invitations   *Invitations*
See p. 82 for additional expressions.
On peut aller voir le concert tous les trois.   *The three of us can go see the concert.*
Tu connais Daft Punk? J'ai des billets pour le concert.   *Do you know Daft Punk? I have tickets for the concert.*
Ça a l'air génial!   *That seems great!*
Je ne suis pas sûr(e) d'être disponible (dispo) ce week-end.   *I'm not sure I am available this weekend.*
On se retrouve…   *We'll (Let's) meet …*
Ça marche.   *That works.*

C'est combien, les billets?   *How much are the tickets?*
C'est moi qui t'invite.   *I'm paying for it. / It's on me.*

Le téléphone   *Phone*
See p. 84 for additional expressions.
fixer rendez-vous   *to set up an appointment, a date*
laisser un message   *to leave a message*
Je peux laisser un message?   *Can I leave a message?*

Pour commander   *To order*
S'il vous plaît!   *Please! (to call the waiter / waitress)*
Moi, je vais prendre…   *I'll have …*
Moi aussi.   *Me too.*
La même chose pour moi.   *The same for me.*
C'est tout.   *That's all.*
Un instant, s'il vous plaît. J'arrive.   *Just a moment, please. I'm coming.*
Vous désirez autre chose?   *Would you like something else?*

Le temps   *Weather*
Quel temps fait-il aujourd'hui?   *What is the weather like today?*
Il y a du soleil.   *It's sunny.*
Il fait beau.   *It's sunny.*
Il y a des éclaircies.   *It's partly cloudy.*
Il pleut.   *It's raining.*
Il y a des nuages.   *It's cloudy.*
Il y a des orages.   *It's stormy.*
Il neige.   *It's snowing.*
Il y a du vent.   *It's windy.*
Il fait chaud et humide.   *It's hot and humid.*
Il fait frais, pas très froid.   *It's cool, not very cold.*
Il fait très sec et chaud.   *It's very dry and hot.*
L'hiver est long avec beaucoup de neige.   *Winter is long with a lot of snow.*
Le printemps est court et frais.   *Spring is short and cool.*

Vocabulaire

Il fait beau et chaud. *It's sunny and warm.*
Le ciel est bleu. *The sky is blue.*
Il y a du brouillard. *It's foggy.*

Faire connaissance *To get to know someone*
See p. 90 for additional expressions.
Quel beau temps! *What a nice weather!*
Quel mauvais temps! *What a bad weather!*

DIVERS
une place *seat; ticket*
un texto *text message*
combien (de) *how much / how many*
comment *how*
(d')où *(from) where*

pourquoi *why*
quand *when*
quel(le)(s) *what / which*
qu'est-ce que *what*
que *what*
qui *who*

Vocabulaire passif

NOMS

une carte *menu*
une infusion *herbal tea*
du jus de citron *(some) lemon juice*
une ligne fixe *land line*
la messagerie vocale *voicemail*
un thé nature *hot tea (plain)*

VERBES

aller en boîte *to go to a club*
aller voir *to go see*
appeler *to call*
commander *to order (at a café, restaurant)*
continuer *to continue*
discuter (de) *to discuss*
faire la connaissance (de) *to meet, to make someone's acquaintance*
filer *(fam, = partir)* *to leave*
louper *to miss*
rappeler *to call back*
répondre *to answer*
sonner *to ring*

EXPRESSIONS

Les invitations *Invitations*
Je t'invite. *I'm inviting you.*
Je peux passer te chercher. *I can come by and get you.*
Ça me fait plaisir. *The pleasure is mine.*

Le téléphone *Phone*
C'est de la part de qui? *Who is calling?*
(C'est) Dommage. *(That's) Too bad.*
Je peux parler à ___, s'il te / vous plaît? *May I speak with ___, please?*
Je vais rappeler plus tard. *I will call back later.*
C'est pas grave. *(fam)* *It's not important.*
Ne quittez pas. *Please hold (on phone).*

Pour commander *To order*
Messieurs-dames, bonjour, vous désirez? *Good morning / afternoon / evening, what can I get you?*
Est-ce que je peux vous encaisser? *Shall I bring you your check?*

Le temps *Weather*
Il fait 30° (trente degrés). *It's thirty degrees.*
Il fait doux. *It's mild.*
Il fait lourd. *It's muggy.*
Il fait mauvais. *It's bad weather.*

DIVERS
un agenda *personal calendar*
un(e) pote *friend (fam)*
bisous *(m)* *kisses ("bye" to friends)*
ivoirien / ivoirienne *from the Ivory Coast*
pris(e) *taken, not available*
Je dois filer. / Il faut que je file. *(fam)* *I have to go.*
Dépêche-toi! *Hurry up!*
d'habitude *usually*
quelque chose (à boire) *something (to drink)*
quelqu'un *someone*
alcoolisé(e) *containing alcohol*
sucré(e) *sweetened*

Qu'est-ce qui s'est passé?

In this module, you will learn:

- how to talk about past events.
- gambits to recount a brief anecdote and to be an active listener.
- about the lives of several historical figures in the French-speaking world.

- how to talk about recent events.
- about French-speaking historical figures on the American continent.
- about the French media and how people keep up with the news.

Structure 6.1 Talking about what happened *Le passé composé avec **avoir***

C6-1 Les activités d'hier

A. Indiquez si vous avez fait ces activités hier.

	oui	non
1. J'ai fait du sport.	☐	☐
2. J'ai regardé les infos *(news)* en ligne.	☐	☐
3. J'ai pris des photos.	☐	☐
4. J'ai regardé mes e-mails.	☐	☐
5. J'ai surfé sur Internet.	☐	☐
6. J'ai perdu mon téléphone portable.	☐	☐
7. J'ai mangé à la cafétéria.	☐	☐
8. J'ai joué au foot.	☐	☐

Vous avez joué au Frisbee?

B. 🔁 Parlez avec un(e) partenaire pour trouver une activité que vous avez en commun et présentez-la à la classe.

Modèle:
— *Tu as fait du sport? Tu as regardé les infos en ligne?*
— *J'ai fait du sport hier.*
— *Éric et moi, nous avons fait du sport hier.*

C6-2 🔁 Prononcez! Présent ou passé?

Votre partenaire va prononcer un verbe de chaque paire. Dites si *(Say if)* c'est le présent ou le passé. Votre partenaire va confirmer la réponse. Puis changez de rôles.

Modèle:
— *je mange*
— *le présent*

présent	passé
1. je perds	j'ai perdu
2. je regarde	j'ai regardé
3. je prends	j'ai pris
4. je cherche	j'ai cherché
5. je fais	j'ai fait
6. j'attends	j'ai attendu

C6-3 🔁 10 secondes

Combien de participes passés pouvez-vous identifier en 10 secondes? Donnez *(Give)* l'infinitif. Travaillez avec un(e) partenaire.

parlé	eu	fini	bu
voyagé	pris	été	répondu
fait	dormi	perdu	sorti
vu	reçu	dîné	appris
joué	choisi	vendu	servi

C6-4 🔁 **Hier soir**

Qu'est-ce que les étudiants de la classe ont fait hier soir? Posez les questions à un(e) partenaire.

1. Tu as regardé la télé? Qu'est-ce que tu as regardé?
2. Tu as envoyé un texto? À qui?
3. Est-ce que tu as travaillé? Quand? Où?
4. Est-ce que tu as dîné au restaurant? Où? Avec qui?
5. Tu as consulté ta page Facebook? Tu as posté des commentaires? Sur quoi?
6. Est-ce que tu as étudié? Pour quel cours?

C6-5 **La dernière fois…**

Quand est-ce que vous avez fait ces activités pour la dernière fois *(last time)*?

Expressions

hier matin / hier après-midi / hier soir
ce matin / cet après-midi / ce soir
le week-end dernier / le mois dernier / la semaine dernière
il y a + *time*
il y a un an
il y a deux jours
il y a longtemps

Quelle est la dernière fois que tu as…

1. téléphoné à tes parents?
2. fait un voyage?
3. été en retard pour un rendez-vous?
4. cherché un(e) ami(e) sur Facebook?
5. perdu ton portable?
6. dormi en classe?
7. lu un bon livre?
8. dîné dans un restaurant élégant?
9. vu une pièce de théâtre?

NAR studio/Shutterstock.com

C6-6 **Vous êtes curieux!**

A. 🖼 Qu'est-ce que votre professeur a fait le week-end dernier? Vous avez un maximum de six questions pour trouver trois activités. Il/Elle va répondre par **oui** ou **non**.

Modèle:
— *Est-ce que vous avez regardé la télé samedi dernier?*
— *Oui, j'ai regardé la télé samedi dernier.*

B. 🔁 Faites la même activité avec un(e) partenaire. Utilisez la forme **tu**.

Modèle:
— *Est-ce que tu as regardé la télé samedi dernier?*
— *Oui, j'ai regardé la télé samedi dernier.*

Structure 6.2 **Narrating in the past** *Le passé composé avec **être***

C6-7 Premier jour à l'auberge *(inn)*

Indiquez si c'est vrai ou faux.

	vrai	faux
1. Le taxi est arrivé devant l'auberge.	☐	☐
2. L'homme d'affaires est monté dans le taxi.	☐	☐
3. Une jeune fille est entrée dans l'auberge.	☐	☐
4. Un petit chat est tombé de l'arbre.	☐	☐
5. Un petit oiseau est mort.	☐	☐
6. Une vieille femme est allée chercher un taxi.	☐	☐
7. Une femme est retournée à l'auberge à vélo.	☐	☐
8. Une femme est restée devant l'auberge pour prendre un café.	☐	☐

C6-8 Je suis né(e)…

Quand est-ce que vous êtes né(e)? Par groupes de cinq, posez la question à vos partenaires. Mettez-vous *(Place yourselves)* en ligne *(in line)* dans l'ordre chronologique de vos dates de naissance.

Modèle:
— *Quand est-ce que tu es né(e)?*
— *Je suis né(e) le 2 avril.*
— *Je suis né(e) avant / après…*

C6-9 Votre week-end

Avec les verbes de l'Auberge Vandertramps, expliquez à votre partenaire trois activités que vous avez faites le week-end dernier. Après, racontez à la classe ce que votre partenaire a fait.

Modèle:
— *Je suis allé(e) à mon travail. Je suis arrivé(e) en retard. Je suis rentré(e) chez moi à deux heures du matin.*
— *Mon/Ma partenaire est allé(e) à son travail samedi. Il/Elle est arrivé(e) en retard. Après son travail, il/elle est rentré(e) à deux heures du matin.*

C6-10 Mauvais départ

A. Écoutez votre professeur raconter l'histoire. Numérotez *(Number)* les images dans l'ordre chronologique.

Vocabulaire utile: aller chercher l'équipement de camping, amener le chat, fermer les volets, ranger les bagages dans le coffre, accrocher la caravane, sortir de la maison, chercher les clés, trouver, partir

1.

2.

3.

4.

5.

6.

7.

8.

B. Ensuite, recomposez l'histoire de M. et Mme Montaud et Céline d'après *(according to)* les images avec vos partenaires.

C6-11 Vos meilleures vacances

A. Parlez de vos meilleures vacances *(vacation)* à un(e) partenaire.

- Où est-ce que vous êtes allé(e)? Avec qui?
- Quand est-ce que vous êtes parti(e)?
- Pendant combien de temps *(How long)* êtes-vous resté(e) là-bas?
- Qu'est-ce que vous avez fait?
- Qu'est-ce que vous avez vu et mangé d'intéressant?
- Quand est-ce que vous êtes rentré(e) chez vous?

Modèle: *Je suis allé(e) à Hawaï avec mes parents, mon oncle, ma tante et mes cousins. Nous sommes partis le 14 mars et nous sommes restés là-bas pendant une semaine. J'ai fait…*

B. Présentez à la classe les meilleures vacances de votre partenaire.

Modèle: *Mon/Ma partenaire est allé(e) à Hawaï avec ses parents, son oncle, sa tante et ses cousins. Ils sont partis le 14 mars et ils sont restés là-bas pendant une semaine. Il/Elle a fait…*

Michael Warwick/Shutterstock.com

Pour raconter:

Voilà ce qui s'est passé…
Ça a commencé ce matin…
D'abord…
Et puis…
Alors… / Ensuite…
Après…
Enfin…

Pour réagir:

Qu'est ce qui s'est passé?	Pas possible!
Qu'est-ce qui est arrivé?	Dis donc!
Ah oui?	Oh là là!
Et alors?	Formidable! / Super!
Ah bon?	Zut alors! / Mince!
Vraiment?	Quelle angoisse!

C6-12 ⏩ Une conversation entre amis

Réagissez à ce que dit votre partenaire. Faites des mini-échanges. Ensuite, changez de rôles.

Modèle:
— *J'ai perdu mon agenda.*
— *Vraiment? Qu'est-ce que tu vas faire?*

1. J'ai deux examens demain!
2. Mon coloc a pris mes lunettes.
3. J'ai oublié de rendre mon devoir de chimie.
4. Mon ex-copain / ex-copine m'a envoyé *(sent me)* un message sur Facebook.
5. Mes parents arrivent demain.
6. J'ai perdu mon portable.

C6-13 🔊 Routines logiques?

Par groupes, remettez les activités dans l'ordre chronologique. Ajoutez **d'abord, puis, ensuite** et **enfin.**

Modèle: Une soirée entre amis: Le week-end dernier, j'ai invité des amis chez moi pour une soirée. D'abord, j'…

- préparer le dîner
- servir le repas
- téléphoner à mes amis pour les inviter
- faire les courses

D'abord, j'ai téléphoné à mes amis pour les inviter. Puis, j'ai fait les courses. Ensuite, j'ai préparé le dîner. Enfin, j'ai servi le repas.

1. Une soirée au cinéma. Le week-end dernier, nous avons vu un film avec des amis. D'abord, nous…

- voir le film
- prendre le métro pour aller au cinéma
- dîner dans un restaurant qui reste ouvert jusqu'à minuit
- chercher un bon film en ligne

2. Pour louer un appartement. D'abord, Marianne…

- surfer sur Internet pour trouver un studio pas cher
- décider de le *(it)* louer
- téléphoner à la propriétaire pour prendre rendez-vous
- voir le studio

3. La fin de la journée. D'abord, j'…

- faire mes devoirs
- décider d'aller au lit
- commencer à regarder un mauvais film
- regarder les infos à la télé

C6-14 ⟳ Un voyage récent

Quelle ville avez-vous visitée récemment? Décrivez *(Describe)* brièvement votre visite. Votre partenaire va réagir avec les expressions de la liste.

Modèle:

— *Je suis allé(e) à Montréal.*

— *Ah oui?*

— *J'ai vu le Saint-Laurent et j'ai visité le biodôme.*

— *Vraiment? / Dis donc!*

Le biodôme de Montréal

C6-15 ⟳ Une sortie avec des amis

Vous êtes allé(e) au cinéma avec vos amis. Avec un(e) partenaire, mettez les phrases dans l'ordre chronologique de 1 à 5. Puis racontez ce que vous avez fait.

_____ **a.** chercher un bon film en ligne (je)

_____ **b.** aller au cinéma en métro (nous)

_____ **c.** prendre un verre au café à côté du cinéma pour discuter du film (on)

_____ **d.** rentrer chez nous assez tôt car nous avions cours le lendemain

_____ **e.** écrire des textos à mes copains pour leur proposer d'aller voir le film (je)

_____ **f.** voir le film ensemble (nous)

1. D'abord, …
2. Puis, …
3. Ensuite, …
4. Après, …
5. Enfin, …

C6-16 ⟳ Pauvre Élodie!

Dans cet épisode des *Copains*, Élodie raconte une histoire. Travaillez avec un(e) partenaire pour indiquer la réaction appropriée pour chaque phrase.

1. Quelle journée!
2. Vous ne devinerez jamais *(will never guess)* ce qui est arrivé.
3. J'ai oublié de mettre mon réveil hier soir. Je me suis préparée à toute vitesse. Mais je n'ai même *(even)* pas eu le temps de boire un café.
4. J'ai trouvé une place dans le métro. J'ai commencé à lire mon livre. Je me suis perdue dans l'histoire en deux secondes.
5. Je suis sortie du métro et je suis sortie de ma station. Et là, je me suis rendu compte *(I realized)* que j'avais oublié mon sac dans le métro.
6. Tout, mon argent, mes cartes de crédit, ma carte d'identité, mon permis de conduire, tout était *(was)* dans mon sac!

Structure 6.3 Using verbs like *venir* and telling what just happened *Les verbes comme* **venir** *et* **venir de** + *infinitif*

Jacques Cartier découvre le Canada.

L'explorateur Jacques Cartier, né en 1491, **vient** de Saint-Malo, une ville de Bretagne sur la côte atlantique. Il **devient** navigateur et, en 1532, le roi de France François 1er le choisit *(chooses him)* pour partir en expédition au Canada: il a pour mission de trouver un passage pour l'Asie et ses richesses.

Stock Montage/Archive Photos/Getty Images

Parti de France le 20 avril 1534, Jacques Cartier arrive à Terre-Neuve où il rencontre des Iroquois qui **viennent** souvent pêcher *(to fish)* près du Saint-Laurent. Quand Cartier **revient** en France en septembre, il a avec lui *(him)* deux Amérindiens *(Native Americans)*.

Pour son deuxième voyage en 1535, Jacques Cartier **obtient** trois navires *(ships)* du roi de France, avec à bord les deux Amérindiens qui parlent maintenant français. Pendant son séjour, il nomme la ville «Mont Royal», maintenant Montréal. Il **maintient** de bonnes relations avec les divers groupes amérindiens qui sauvent même *(even save)* les marins *(sailors)* français du scorbut *(scurvy)*, grâce à une infusion d'écorce *(bark)* de pin.

Mais François 1er **tient** à *(is keen to)* trouver de l'or *(gold)* et d'autres richesses au Canada et cette quête **devient** alors la préoccupation majeure de Cartier pendant son troisième voyage en 1541. Malheureusement, «l'or et les diamants» qu'il accumule sont en réalité de la pyrite et du quartz. Retiré dans son manoir près de Saint-Malo, Jacques Cartier meurt de la peste *(plague)* en 1557.

C6-17 Un test sur Jacques Cartier

Répondez aux questions.

1. D'où vient Jacques Cartier?
2. Avec qui revient-il en France après son premier voyage?
3. Qu'est-ce qu'il obtient du roi François 1er pour son deuxième voyage?
4. Comment sont ses relations avec les groupes amérindiens?
5. Qu'est-ce que François 1er tient à trouver au Canada?

C6-18 Que viennent-ils de faire?

A. Qu'est-ce que les copains viennent de faire? Avec un(e) partenaire, identifiez si c'est Paul, Manu ou Élodie.

Modèle: parler au téléphone avec Mme Gabrielle Descieux
Élodie vient de parler au téléphone avec Mme Gabrielle Descieux.

1. ____ écrire un article en freelance.
2. ____ perdre son sac.
3. ____ solliciter *(apply for)* un stage.

B. Avec un(e) partenaire, écrivez un dialogue. Indiquez deux choses que vous venez de faire.

Modèle:

— *Mon copain et moi, nous venons de voir un bon film. Et toi?*
— *Moi, je viens de finir mes devoirs.*

C. Écrivez trois questions sur ce qui vient de se passer sur votre campus, en ville ou dans le monde. Par groupes de quatre, posez les questions à vos partenaires. Qui est la personne la plus au courant *(the most informed)*?

Modèle:

— *Quel chanteur vient de donner* (give) *un concert en ville?*
— *Bruno Mars vient de donner un concert en ville.*

Vocabulaire utile:

être élu(e)   *to be elected*
se marier   *to get married*
publier un livre   *to publish a book*
faire un voyage   *to go on a trip*
assister à une conférence   *to attend a conference*
devenir membre d'une fraternité / d'un club   *to become a member of a fraternity / a club*

Mini-portraits de Francophones aux Amériques

Connaissez-vous *(Do you know)* d'autres personnages historiques du monde francophone aux Amériques? Voici de brefs portraits de personnages qui ont eu des rôles importants dans l'histoire.

Nom: Samuel de Champlain
Date et lieu de naissance[1]: 1576 à Brouage, à 35 km de La Rochelle, en France
Jeunesse: Brouage, France
Profession: navigateur, cartographe, **soldat[2]**, explorateur
Contribution: fonde[3] la ville de Québec le 3 juillet 1608
Mort: 1635 à Québec

[1]*birth* [2]*soldier* [3]*founds*

Nom: Toussaint Louverture
Date et lieu de naissance: 1743 en Haïti
Jeunesse: Haïti
Profession: après être esclave[1], devient général de l'armée française et gouverneur d'Haïti
Contribution: est l'un des premiers **dirigeants[2]** noirs à **vaincre[3]** les forces armées d'un empire colonial européen, devient chef de la révolution haïtienne, **libère[4]** tous les esclaves d'Haïti
Mort: 1803 en France

[1]*slave* [2]*leaders* [3]*vainquish* [4]*frees*

Nom: Aimé Césaire
Date et lieu de naissance: 1913 en Martinique
Jeunesse: Martinique
Profession: enseignant[1], écrivain[2], poète, homme politique
Contribution: fonde la **revue[3]** littéraire *L'Étudiant noir* en 1935, **publie[4]** son célèbre poème *Cahier d'un retour au pays natal[5]*, devient **maire[6]** de Fort-de-France en 1945, **crée[7]** le parti progressiste martiniquais (PPM) en 1958
Mort: 2008 en Martinique

[1]*teacher* [2]*writer* [3]*review* [4]*publishes*
[5]*native country* [6]*mayor* [7]*creates*

C6-19 **Avez-vous compris?**

Indiquez si c'est vrai ou faux.

1. Samuel de Champlain a fondé la ville de Montréal.
2. Toussaint Louverture est devenu chef de la révolution haïtienne.
3. Aimé Césaire a écrit le poème *Cahier d'un retour au pays natal*.

C6-20 **ET VOUS?**

1. En quoi est-ce que ces trois personnages historiques étaient *(were)* des hommes extraordinaires?
2. Lequel de ces *(Which one of these)* trois personnages vous intéresse le plus *(the most)*? Pourquoi?

Et vous?: Bring your notes from the online activity to class.

Structure 6.4 Using verbs like *choisir* *Les verbes comme* **choisir**

Structure 6.5 Avoiding repetition *Les pronoms d'objet direct* **le, la, l'** *et* **les**

C6-21 🎞 La télé

Votre professeur va vous poser ces questions.

Andrey Burmakin/Shutterstock.com

1. Quand vous regardez le journal télévisé, quelle chaîne est-ce que vous choisissez: CNN, ABC, BBC, NBC, PBS…?
2. Est-ce qu'il y a une émission *(broadcast)* à la télé que vous regardez avant de vous coucher? À quelle heure finit-elle?
3. À votre avis *(In your opinion),* est-ce que les gens réfléchissent quand ils regardent la télé ou est-ce qu'ils sont plutôt *(rather)* passifs?
4. Est-ce que la télé réussit à nous instruire ou seulement à nous divertir *(entertain)*?

C6-22 🔁 Une oreille indiscrète

Élodie écoute Manu qui parle au téléphone avec sa tante. De quoi parle sa tante?

A. D'abord, avec votre partenaire, identifiez l'élément dont *(about which)* les deux femmes parlent.

1. Oui, je les aime bien. (les infos sur BFMTV / la série *Game of Thrones*)
2. Non, nous ne la regardons pas beaucoup. (les infos sur BFMTV / la série *House of Cards*)
3. Oui, tu peux l'emprunter *(borrow)* demain. (ma collection de DVD de la série *X Files* / mes télés)
4. Oui, je l'ai déjà regardée. (la série *Lost* / les infos)
5. Je vais les voir *(see)* ce week-end. (Paul / Paul et Élodie)

B. Écrivez cinq questions pour les réponses données. Ensuite, jouez le dialogue devant la classe.

C6-23 🔁 Vos habitudes

Avec un(e) partenaire, à tour de rôle *(in turns),* posez-vous ces questions sur vos habitudes. Remplacez l'élément souligné *(underlined)* par un pronom dans vos réponses.

1. Tu aimes <u>les films</u> étrangers?
2. Tu regardes <u>la télé</u> pendant le dîner?
3. Tu écoutes <u>la musique</u> à la radio ou sur ton smartphone?
4. Tu vas voir <u>ta mère</u> ce week-end?
5. Tu as acheté <u>tes livres</u> en ligne?
6. Tu prends <u>le bus</u> pour aller à la fac?
7. Tu lis <u>les infos</u> en ligne?

Source: *Le Nouvel Observateur*: Sommaire du 27 février au 5 mars 2014

C6-24 ⚙ **Le sommaire du *Nouvel Observateur***

En groupes, parcourez *(scan)* le sommaire et répondez aux questions.

1. Selon *(According to)* un article dans la rubrique *(section)* «Économie», l'économie de quel pays *(country)* est en train de *(is in the process of)* repartir?

2. Dans quelles rubriques trouve-t-on des articles sur...
   a. le nouveau style des auberges de jeunesse?
   b. les écoles de commerce?
   c. la méditation pour salariés ultrastressés en Californie?

3. À votre avis, que trouve-t-on dans la rubrique «Téléphones rouges»? Quelle est l'origine de ce titre?

4. Quel article voulez-vous lire? Pourquoi?

C6-25 ⚛ **À chacun son article**

En groupes, décidez quels articles du *Nouvel Observateur* vont intéresser ces personnes. Expliquez pourquoi.

Modèle: une jeune actrice

— *Je pense que l'article «Un week-end à Paris» à la page 112 va intéresser une jeune actrice.*
— *Pourquoi?*
— *Parce que l'article parle de cinéma.*

1. un professeur de yoga
2. un(e) étudiant(e) en sciences politiques
3. un(e) étudiant(e) qui veut étudier les affaires
4. une personne qui aime les films de James Bond
5. un(e) étudiant(e) espagnol(e)
6. une personne qui aime les enfants
7. un(e) jeune personne qui veut voyager sans dépenser trop d'argent
8. vous

C6-26 ⚛ **Les années 2010–2015**

En groupes, lisez *(read)* les informations ci-dessous et à la page suivante et posez des questions sur les événements récents.

Modèle:

— *Qu'est-ce qui s'est passé en 2013?*
— *Le prince George est né.*

2010 Un violent séisme a dévasté Port-au-Prince, la capitale d'Haïti.

2011 Le printemps arabe a commencé en Tunisie. Un tsunami au Japon a dévasté la ville de Fukushima et a détruit une partie de la centrale nucléaire.

2012 *The Artist,* film français muet en noir et blanc, est devenu le premier long métrage *(full-length film)* non anglo-saxon à remporter l'Oscar du meilleur film. François Hollande est devenu président de la République française. Londres a accueilli *(hosted)* les Jeux olympiques d'été. Barack Obama a gagné les élections présidentielles américaines pour la deuxième fois.

2013 François est devenu pape. La France est devenue le 14e pays à permettre aux couples homosexuels de se marier. Le prince George de Cambridge est né. Nelson Mandela est mort à 95 ans.

2014 Les Jeux olympiques d'hiver ont eu lieu *(took place)* à Sotchi en Russie. La Coupe du monde de football a eu lieu au Brésil.

2015 Des terroristes ont attaqué le Stade de France, le Bataclan, une salle de concerts, et des cafés-restaurants à Paris: 130 morts. Un grand nombre de migrants ont traversé la Méditerranée ou les Balkans pour se réfugier en Europe.

Maria Adelaide Silva/Alamy Stock Photo

Jazzmany/Shutterstock.com

C6-27 🔁 Trivial Pursuit

A. À tour de rôle avec un(e) partenaire, répondez aux questions.

Modèle:
— *Quand est-ce que François est devenu pape?*
— *François est devenu pape en 2013.*

1. En quelle année est-ce que le premier film non anglo-saxon a gagné l'Oscar du meilleur film?
2. Quel pays a été l'hôte des Jeux olympiques en 2012? En 2014? En 2016?
3. Qui est mort en Afrique du Sud en 2013?
4. Le printemps arabe a commencé en quelle année?
5. Qui est devenu président en France en 2012?
6. Quand est-ce qu'un séisme a dévasté Haïti?

B. Écrivez deux questions à propos des *(about)* événements de la liste. Ensuite, posez vos questions à la classe.

C. À discuter.

1. Quel événement de la liste vous semble le plus important? Pourquoi?
2. Quel événement est-ce que vous voulez ajouter *(add)* à la liste pour cette *(this)* année?

C6-28 Sondage: Vous et l'actualité

A. 🔁 Interviewez votre partenaire.

1. Quelles sources d'information traditionnelles est-ce que tu consultes?
2. Quelles sources d'information électroniques est-ce que tu consultes?
3. Combien de temps *(How much time)* passes-tu par jour à regarder ou à écouter les infos?

B. 🔲 Analysez les résultats du sondage.

1. Quelles sources d'information traditionnelles sont préférées?
2. Quelles sources d'information électroniques sont préférées?
3. Combien de temps passez-vous par jour à regarder / écouter / lire les infos?

Les infos se transforment.

Comment avoir accès aux actualités françaises et francophones?

Avec un moteur de recherche français, tel que google.fr ou yahoo.fr, on peut trouver en ligne des **quotidiens**[1] tels que *Le Monde* ou *Le Figaro*. À la télé, on peut s'informer **en continu**[2] sur des **chaînes**[3] comme TV5 ou BFMTV.

Ces sites sont enrichis de photos, vidéoclips, éditoriaux, blogs et forums de discussion.

Source: www.google.fr

[1]*daily newspapers* [2]*non stop* [3]*channels*

Pour les gens qui préfèrent la version **imprimée**[1], il y a une grande variété de **revues**[2]: sport, automobile, **bricolage**[3], télévision, cinéma, cuisine, **actualités générales**[4], presse «people»…

[1]*printed* [2]*magazines* [3]*DIY projects*
[4]*general news*

Certains préfèrent encore feuilleter (*leaf through*) un journal ou un magazine.

C6-29 Avez-vous compris?

1. Un journal publié tous les mois est un mensuel. Comment appelle-t-on un journal publié tous les jours?
2. Quelles sortes de magazines peut-on acheter dans un kiosque?

C6-30 ET VOUS? **Et vous?:** Bring your notes from the online activity to class.

1. Quels sont les journaux les plus (*the most*) lus aux États-Unis? Quel journal est-ce que vous aimez lire?
2. Quelle est votre source principale d'informations: le journal, les infos à la télé ou les infos en ligne? Pourquoi? Si vous consultez les infos en ligne, donnez le nom d'un ou deux sites que vous utilisez.
3. Est-ce que vous lisez (*read*) parfois (*sometimes*) des magazines «people»? Sous quel format: presse papier ou en ligne?

Voix en direct: Bring your notes from the online activity to class.

VOIX EN DIRECT
Comment est-ce que vous vous informez?

Beaucoup de jeunes **lisent**[1] *Le Monde, Libération*… Chaque journal **est engagé**[2] **à droite**[3] ou **à gauche**[4]. Certains jeunes préfèrent le *Métro* ou le *20 minutes*, des magazines **gratuits**[5] distribués dans le métro.

Vanessa Vudo

Paul Matthew Photography/Shutterstock.com

[1]*read* [2]*represents a political position*
[3]*on the right* [4]*on the left* [5]*free*

C6-31

1. Est-ce que vous vous intéressez aux infos? Quels journaux ou magazines est-ce que vous aimez lire? Est-ce que le journal que vous aimez est engagé?
2. Est-ce que vous aimez lire le même journal que vos parents? Les mêmes magazines? Pourquoi?
3. Quand écoutez-vous les infos à la radio? Quand regardez-vous les infos sur Internet? Est-ce que vous aimez regarder les infos à la télé? Pourquoi?

C6-32 Vidéo: Les copains

Maintenant, c'est à vous d'écrire *(to write)* votre propre *(own)* conversation. Suivez *(Follow)* ces étapes pour créer votre conversation:

- Trois ami(e)s se retrouvent au café; un(e) des ami(e)s est en retard.
- L'ami(e) en retard raconte une histoire incroyable *(incredible)*. N'oubliez pas d'utiliser le passé composé.
- Les deux autres ami(e)s réagissent à l'histoire.

Incluez *(Include)* des salutations dans votre script. Soyez prêt(e)s à *(Be prepared to)* jouer la conversation devant la classe.

C6-33 Situations à jouer

1. Form two teams and choose two to three names of famous people to assign to members of the opposing team. A name is pinned on someone of the opposing team who must go to the front of the class and can ask up to twenty questions to figure out his/her identity.

   Modèle:
   — *Est-ce que je suis mort(e)?*
   — *Non.*

2. Make a list of five events that have taken place over the last year on your campus or in your town/state. Write what happened on one side of the card and put the date on the other side. Find a partner. Mix up the cards, your partner picks one card, then you ask him/her when the event took place. Your partner answers by giving the exact date or the month. Check by turning the card over.

   Modèle:
   — *Quand est-ce que l'équipe de basket a gagné un match?*
   — *Le 10 mars. / En mars.*

C6-34 Explorez en ligne.

La presse

Share your discoveries with the class about the two articles you chose in the French-speaking news.

What happened? Are these events also on an American news site?

Synthèse

Lecture

C6-35 **Avant de lire**

Jacques Brel a chanté sur le thème de la bourgeoisie. La bourgeoisie est une classe sociale de gens relativement aisés *(well-off)* qui ne font pas de travail manuel. Certaines valeurs sociales *(social values)* sont traditionnellement associées à la bourgeoisie.

Quels adjectifs associez-vous à cette classe sociale?

• riche	• conformiste
• pauvre	• anti-conformiste
• conservatrice	• capitaliste
• traditionnelle	• socialiste
• ouverte	• hypocrite
• fermée	• scandaleuse

Stratégie de lecture: Focusing on key information

When reading about the life and work of famous people, you can expect to find some key information: when they were born, where they lived, what they did, when they died. Looking for these main points will help you identify the essential information in the text. Often, the different paragraphs will focus on different aspects of the topic. Once the main ideas are clear, you can reread to discover more details.

Based on key information in the first sentence of each paragraph, what do you expect the paragraph to be about?

Dalmas/Camera Press/Redux

Jacques Brel: Chanteur en rébellion

1 Jacques Brel, auteur et compositeur, est né en 1929 en Belgique. Il **a quitté l'usine**° familiale pour aller chanter avec sa guitare dans les
5 cabarets de Paris. Ses chansons **les plus**° célèbres, souvent composées sur le rythme d'une valse, sont «Quand on **n'a que**° l'amour», «Ne me quitte pas», reprise par Nina Simone, «Le port d'Amsterdam» et «Les **amants**°».

10 Il a chanté la solitude, la **vie quotidienne**°, l'amour, la mort et la **bêtise**° des gens. Mais il **a surtout décrit**° et critiqué la classe bourgeoise française et ce qu'elle a représenté dans les années 1960: la **peur**° du changement et de tout risque, l'**étroitesse**° d'**esprit**°, le conformisme et
15 le désir de maintenir le **pouvoir**° par l'**argent**°.

Il a fait beaucoup de portraits satiriques. Avec sa chanson «Les bourgeois», qui dit que la liberté est le contraire de la sécurité, il est devenu le **porte-parole**° de la rébellion de beaucoup de jeunes contre l'autorité et les contraintes de
20 toutes sortes. **Contre**° la **guerre**°, il a chanté la force et la violence de l'amour, de la **jeunesse**°, de l'**espoir**°.

En 1966, fatigué de son succès, il **a arrêté de faire des concerts**° pour **vivre**° ses passions: Il a appris à piloter et il a navigué **autour du monde**°. En 1972, l'Amérique l'a
25 invité à **fêter**° sa carrière. Il a écrit ses dernières chansons sur le thème de la mort et a fini sa vie à Tahiti en 1978, atteint d'un cancer, à l'âge de 49 ans.

Glosses (left margin):
- left the factory
- the most
- only has
- lovers
- daily life
- stupidity / mostly described
- fear
- narrowness / mind
- power / money
- voice
- Against / war
- youth / hope
- stopped touring / live around the world
- celebrate

C6-36 **Expansion de vocabulaire**

Dans ce texte, il y a beaucoup de mots, comme **autorité,** qui se terminent en **-ité** ou **-été.** Ces mots représentent souvent une idée abstraite.

1. Trouvez tous les mots qui se terminent en **-té** et notez leur genre.
2. Traduisez ces mots en français: *society, fraternity, quality, maturity, identity, complexity.*

C6-37 **ET VOUS?**

1. En France comme aux États-Unis, les années 1960 ont été une période de rébellion des jeunes contre l'autorité. À Paris, les étudiants ont manifesté *(protested)* contre le gouvernement. Quelle université américaine associez-vous aux manifestations américaines des années 1960?
2. D'après le titre de la lecture, est-ce que Jacques Brel est considéré comme un chanteur conformiste ou anti-conformiste? Pourquoi?
3. On dit qu'avec sa chanson *(song)* «Les bourgeois», Jacques Brel est devenu le porte-parole *(spokesperson)* de sa génération. Quel chanteur a été le porte-parole des jeunes dans les années 1960 aux États-Unis? Quel chanteur est le porte-parole de votre génération?

C6-38 **À VOUS!**

1. Choisissez un(e) étudiant(e) pour jouer le rôle d'un(e) musicien(ne) célèbre. La classe va l'interviewer pour savoir: où il/elle est né(e), où il/elle a grandi, où il/elle est allé(e) au lycée, quand il/elle a commencé à faire de la musique ou à chanter, ce qu'il/elle pense de l'amour, de la vie, de la société, de la musique, etc.
2. Selon vous *(In your opinion)*, quel(le) chanteur/chanteuse contemporain(e) ressemble le plus à Jacques Brel? Faites une liste de chanteurs qui ressemblent à Brel et une autre liste de chanteurs qui ne lui ressemblent pas. Trouvez des adjectifs pour décrire chaque chanteur/chanteuse. Ensuite, par groupes de trois ou quatre, échangez vos idées et présentez vos listes à la classe.

oui	adjectifs	non	adjectifs
Bob Dylan	anti-conformiste	Britney Spears	superficielle

> **Expression écrite:** Refer to the online for **Première étape, Deuxième étape,** and **Troisième étape**.

> **À vous!:** Bring your notes from the online activity to class.

C6-39 **Expression écrite**

MON PERSONNAGE HISTORIQUE PRÉFÉRÉ

In this essay, you will write the biography of your favorite historical figure.

- **Quatrième étape:** Take five minutes to present your favorite historical figure to the class. Then finish by explaining why you decided to choose this particular person. See if someone else in the class chose the same one, and if so, if your reasons are the same. Which historical figure came up the most?

Structures

Structure 6.1

Talking about what happened *Le passé composé avec **avoir***

The **passé composé** *(compound past)* is used to talk about past events. Its English equivalent depends on the context.

J'ai vu un bon film. {
I saw a good movie.
I have seen a good movie.
I did see a good movie.

Formation

It has two parts: an auxiliary verb, **l'auxiliaire,** and a past participle, **le participe passé.** The verb **avoir** is the most common auxiliary.

j'ai voyagé	nous avons voyagé
tu as voyagé	vous avez voyagé
il/elle/on a voyagé	ils/elles ont voyagé

Regular past participle endings:

-er verbs take **-é**	parler	→	parlé
-ir verbs take **-i:**	finir	→	fini
-re verbs take **-u:**	perdre	→	perdu

Some irregular past participles:

infinitive	past participle	infinitive	past participle
avoir	eu	lire	lu
boire	bu	pleuvoir	plu
devoir	dû	prendre	pris
être	été	recevoir	reçu
faire	fait	voir	vu

Usage

- **Negative:** Place **ne... pas** around the auxiliary verb; then add the past participle.

  Je **n'**ai **pas** trouvé la clé.

- **Questions:** Use intonation, **est-ce que,** or inversion. In the case of inversion questions, invert the pronoun and the auxiliary.

  Tu as trouvé la clé?
  Est-ce que tu as trouvé la clé? } *Did you find the key?*
  As-tu trouvé la clé?

Common expressions

hier matin / après-midi / soir	*yesterday morning / afternoon / evening*
ce matin / cet après-midi / ce soir	*this morning / this afternoon / this evening*
le week-end dernier / le mois dernier	*last weekend / last month*
la semaine dernière	*last week*
il y a + *time*	*[time] ago*
il y a un an	*a year ago*
il y a deux jours	*two days ago*
il y a longtemps	*a long time ago*

La semaine dernière, j'ai vu un vieil ami.
Last week I saw an old friend.

J'ai commencé mes études **il y a un an**.
I started my studies a year ago.

Structure 6.2

Narrating in the past *Le passé composé avec **être***

Most common verbs conjugated with **être** (irregular past participles indicated):

aller *to go*	partir *to leave*
arriver *to arrive*	rentrer *to go back, go back home*
descendre *to go down; to get off*	rester *to stay*
devenir (p.p. devenu) *to become*	retourner *to return*
entrer *to enter*	revenir (p.p. revenu) *to come back*
monter *to go up; to get in/on*	sortir *to go out; to leave*
mourir (p.p. mort) *to die*	tomber *to fall*
naître (p.p. né) *to be born*	venir (p.p. venu) *to come*

The past participle of verbs conjugated with **être** agrees in gender and number with the subject.

feminine singular: add **-e**	masculine plural: add **-s**	feminine plural: add **-es**

L'oiseau est tombé du nid.	*The bird fell from the nest.*
Ma mère est rest**é**e à la maison.	*My mother stayed home.*
Éric et Claudine sont sorti**s**.	*Éric and Claudine went out.*
Ma sœur et sa copine sont parti**es** à l'heure.	*My sister and her friend left on time.*

When **on** has the plural meaning *we,* the past participle agrees with the subject.

Marie et moi, on est arriv**ées** en taxi.	*Marie and I arrived by taxi.*

Structure 6.3

Using verbs like *venir* and telling what just happened *Les verbes comme **venir** et **venir de** + infinitif*

You learned the verb **venir** in **Module 3.** Here are some other useful verbs conjugated like **venir.** Derivations of **venir** are conjugated with **être** in the **passé composé.** Derivations of **tenir** are conjugated with **avoir.**

auxiliaire être	auxiliaire avoir	
devenir *to become*	tenir *to hold; to keep*	obtenir *to obtain*
revenir *to come back*	maintenir *to maintain*	

Elle **est revenue** en train?	
Did she come back by train?	
Les enfants **tiennent** la main de leur mère.	
The children are holding their mother's hand.	

Venir de + infinitif

In French, the **passé récent,** which indicates that an action has just happened, is formed by using the present tense of **venir** followed by **de** and the infinitive.

Nous **venons de** courir cinq kilomètres.
We just ran five kilometers.

Structures

Structure 6.4

Using verbs like *choisir* Les verbes comme *choisir*

You have already learned some **-ir** verbs (**dormir, sortir…**). **Choisir** follows a slightly different pattern.

choisir *(to choose)*

je choisis	nous choisissons
tu choisis	vous choisissez
il/elle/on choisit	ils/elles choisissent
passé composé: j'ai choisi	

Nous **choisissons** de partir tout de suite.
We choose to leave right away.

Other regular **-ir** verbs of this type include **finir** *(to finish)*, **réfléchir** *(to think)*, **obéir** *(to obey)*, **agir** *(to act)*, **réagir** *(to react)*, and **réussir** *(to succeed; to pass [a class, test])*.

Mon chien ne m'**obéit** pas.
My dog doesn't obey me.

Nous **réussissons** à tous nos cours.
We are successful in all our classes.

A number of regular **-ir** verbs conjugated like **choisir** are derived from adjectives.

adjective	verb	meaning
grand	grandir	*to grow up*
gros	grossir	*to gain weight*
maigre *(thin)*	maigrir	*to lose weight*
rouge	rougir	*to redden; to blush*

Tu ne manges pas assez, tu **maigris**!
You don't eat enough, you're losing weight!

Structure 6.5

Avoiding repetition Les pronoms d'objet direct *le, la, l'* et *les*

Direct objects follow the verb without an intervening preposition. They can be replaced with pronouns to avoid repeating the noun.

Je regarde **la télévision.**   →   Je **la** regarde.

The third person forms of these pronouns are: **le, la, l', les.**

Some common verbs that take direct objects are: **aimer, chercher, écouter, faire, lire, prendre, regarder,** and **voir.**

Placement

The pronoun precedes the conjugated verb.

Les informations? Je **les** regarde à la télévision.
Ce film? Je **l'**ai vu la semaine dernière.

When there is a conjugated verb followed by an infinitive such as in the **futur proche,** the pronoun is placed immediately before the infinitive.

Les courses? Je vais **les** faire demain.

Vocabulaire actif

NOMS

L'actualité *Current affairs*

les actualités *(f pl)* *news*
un article *article*
un événement *event*
les informations (infos, *fam***)** *(f pl)* *news*
un journal *newspaper*
le journal télévisé *news broadcast*
un kiosque *kiosk*
la presse (en ligne) *(online) press*
la une *newspaper front page*

VERBES

agir *to act*
arriver *to arrive*
choisir *to choose*
descendre *to go down, get down*
devenir (pp. devenu) *to become*
entrer *to go in*
finir *to finish*
grandir *to grow up*
grossir *to gain weight*
s'informer *to get informed*
lire* (pp. lu) *to read*
maigrir *to lose weight*
maintenir *to maintain*
monter *to go up*
mourir (pp. mort) *to die*
naître (pp. né) *to be born*

obéir *to obey*
obtenir *to obtain*
partir *to leave*
pleuvoir* (pp. plu) *to rain*
raconter *to tell (a story)*
réagir *to react*
recevoir* (pp. reçu) *to receive*
réfléchir *to think*
rentrer *to go back, go back home*
rester *to stay*
retourner *to return*
réussir *to succeed; to pass (a class, test)*
revenir (pp. revenu) *to come back, to return*
rougir *to redden, blush*
sortir *to go out, to leave*
tenir *to hold, keep*
tomber *to fall*
venir (de) (pp. venu) *to come (from)*
voir* (pp. vu) *to see*

* *Only the infinitive and the past participle are required to be learned at this point.*

EXPRESSIONS

Expressions de temps *Time expressions*

ce matin / ce soir *this morning / this evening, tonight*
cet après-midi *this afternoon*
cette semaine *this week*
hier matin / hier soir *yesterday morning / yesterday evening*
le week-end dernier / la semaine dernière *last weekend / last week*

le mois dernier / l'année dernière *last month / last year*
vendredi dernier *last Friday*
il y a deux semaines *two weeks ago*
aujourd'hui *today*

Pour raconter *To tell*

Qu'est ce qui s'est passé? *What happened?*
Qu'est-ce qui est arrivé? *What happened?*
Voilà ce qui s'est passé… *This is what happened…*
Ça a commencé ce matin… *It started this morning…*
Alors… *So… / Then…*
D'abord… *First…*
Et puis… *And then…*
Ensuite… *Then…*
Après… *After that…*
Enfin… *Finally…*

Pour réagir *To react*

Ah oui? *Really?*
Et alors? *And then (what)?*
Ah bon? *Yes? (Go on…)*
Vraiment? *Really?*
Pas possible! *Unbelieveable (impossible)!*
Dis donc! *Wow!*
Oh là là! *Oh, my goodness! / Unbelievable!*
Formidable! / Super! *Great!*
Zut alors! / Mince! *Oh no!*
Quelle angoisse! *What a stress!*

Vocabulaire

Vocabulaire passif

NOMS

L'actualité *Current affairs*

une couverture *cover*
une histoire *story*
un quotidien *daily publication*
une rubrique *(news) category; column*

Mots apparentés: un blog, un clip, un magazine, un site Internet

L'histoire *History*

un(e) esclave *slave*
un explorateur *explorer*

une guerre *war*
les Jeux olympiques *(m pl)* *Olympic games*
un navigateur *navigator*
un poète *poet*
un soldat *soldier*

VERBES

créer *to create*
découvrir (pp. découvert) *to discover*
envoyer *to send*
fonder *to found*
libérer *to liberate; to free*
passer (p.c. with *être*) *to pass (by)*

tenir à *to care about*
vaincre *to vanquish, to beat*
vivre (pp. vécu) *to live*

EXPRESSIONS

au courant *informed*
euh... *uh, um . . .*
là-bas *over there*
la première (deuxième / dernière) fois *the first (second / last) time*
Dis donc! *Wow!*

Bien manger, bien vivre

Module 7

In this module, you will learn:

- to identify and name a variety of food products.
- how to order in a French restaurant.
- how to shop for food and follow a simple recipe.

- about popular dishes in the French-speaking world.
- the basics of table etiquette.

Structure 7.1 **More on articles** *Les articles définis, indéfinis et le partitif*

Structure 7.2 **Writing verbs with minor spelling changes** *Les verbes avec changements orthographiques*

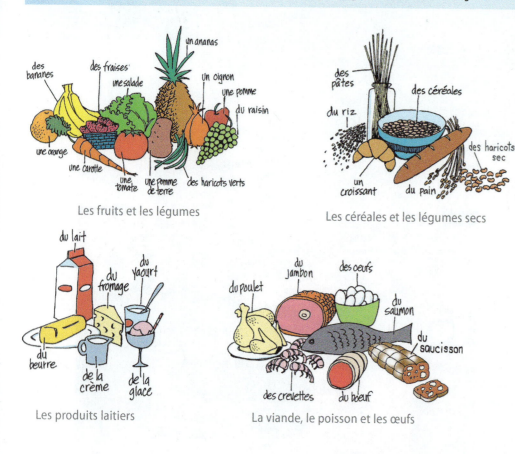

Les fruits et les légumes

Les céréales et les légumes secs

Les produits laitiers

La viande, le poisson et les œufs

C7-1 **Goûts personnels**

A. Pour chaque catégorie, indiquez les aliments que:

- vous aimez beaucoup
- vous aimez assez bien
- vous n'aimez pas du tout

Modèle: les fruits et les légumes

J'aime beaucoup les pommes, mais je n'aime pas du tout les bananes. J'aime assez bien les fraises.

1. les fruits et les légumes
2. les céréales et les légumes secs
3. les produits laitiers
4. la viande, le poisson et les œufs

B. Maintenant, pour chaque catégorie, dites:

- ce que vous mangez souvent
- ce que vous mangez rarement
- ce que vous ne mangez pas

Modèle: les fruits et les légumes

Je mange souvent des oranges, mais je mange rarement des ananas. Je ne mange pas de bananes.

C7-2 ♻ Liste des courses

En groupes, faites une liste de ce qu'on doit acheter pour préparer ces plats.

Modèle:

Pour préparer un sandwich, on achète du pain, du fromage, de la salade et de la moutarde.

un sandwich

une salade composée

un bol de soupe

une omelette

une salade de fruits

une tarte aux fraises

C7-3 ♻ Les régimes *(Diets)*

En groupes, pour chaque situation, décrivez une chose qu'on peut manger ou boire et une chose qu'on ne peut pas manger ou boire.

Modèle: une personne qui est allergique au lait

Elle ne peut pas manger de glace ou boire de milkshake. Elle peut boire du lait de soja.

1. un(e) végétarien(ne)
2. un(e) végétalien(ne) *(vegan)*
3. une personne au régime *(on a diet)* pour maigrir
4. une personne qui ne mange pas certaines choses pour des raisons religieuses
5. une personne qui fait un régime méditerranéen
6. une personne qui fait un régime Atkins (riche en protéines)

C7-4 ▦ Sondage: Les goûts alimentaires

Trouvez quelqu'un qui:

1. déteste le brocoli.
2. ne mange pas de chocolat.
3. a horreur de *(can't stand)* la mayonnaise.
4. aime le sushi.
5. ne boit pas de café.
6. mange des légumes frais tous les jours.
7. est intolérant au glucose.
8. est végétarien(ne).

C7-5 🔄 Interaction

Posez ces questions à un(e) partenaire.

1. Le matin, est-ce que tu prends le petit déjeuner? Qu'est-ce que tu manges?
2. Où est-ce que tu déjeunes d'habitude? Qu'est-ce que tu manges au déjeuner?
3. À quelle heure est-ce que tu dînes?
4. Est-ce que toute ta famille mange ensemble? Explique.
5. Où est-ce que tu as dîné hier soir? À quelle heure? Qu'est-ce que tu as mangé?

Les repas des Français

UDprod/Shutterstock.com

CandyBox Images/Shutterstock.com

Le dîner, vers 8 heures du soir, est l'occasion de se retrouver en famille. Le dimanche, toute la famille aime se retrouver **autour d'**[1]un grand repas.

On ne grignote[2] pas entre les repas.

[1]*around* [2]*snacks*

En France, le matin, on prend le petit déjeuner. C'est un repas **léger**[1] composé de pain, de **confiture**[2] et de café, thé ou chocolat chaud.

[1]*light* [2]*jam*

Pour le déjeuner, les salariés ne mangent pas souvent devant l'ordinateur. Certains apportent un déjeuner fait à la maison et ils le mangent avec leurs collègues. D'autres vont au restaurant de l'entreprise.

C7-6 Avez-vous compris?

1. Comment est le petit déjeuner français?
2. Où les salariés mangent-ils le moins *(the least)*?
3. Comment se passe le dîner en famille?

C7-7 ET VOUS?

Et vous?: Bring your notes from the online activity to class.

1. Est-ce que tous les membres de votre famille se retrouvent pour dîner ensemble? Qu'est-ce qui peut perturber *(interfere with)* un dîner: un match de sport, un coup de téléphone, …?
2. Le week-end, est-ce que vous mangez souvent avec toute votre famille (grands-parents, cousins, oncles et tantes…)? Expliquez.
3. Combien de temps passez-vous à table en général?
4. Est-ce que vous mangez souvent devant la télévision? Pourquoi?
5. Est-ce que vous grignotez entre les repas? Expliquez.

C7-8 VOIX EN DIRECT

Est-ce que vous mangez avec votre famille?

Julien Romanet

Le repas du soir est un moment super agréable. C'est le plaisir d'être avec les gens qu'on aime et on discute de la **journée**[1], de ce qui va bien, de ce qui ne va pas bien…

[1]*day*

1. Selon Pierre et Julien, pourquoi est-ce que le dîner est un moment important dans le rythme de la journée?
2. Pourquoi Vanessa et Nicolas ne prennent-ils pas le dîner avec leur famille? Est-ce qu'ils essaient *(try)* d'expliquer pourquoi? Est-ce que ça indique qu'ils trouvent leur situation différente?
3. Quel repas prenez-vous en famille, en général? Pourquoi?

Voix en direct: Bring your notes from the online activity to class.

C7-9 ⚭ **Scène de restaurant**

Par groupes de 3, complétez le dialogue. Choisissez les plats commandés par le deuxième client dans le menu. Puis jouez la scène. Attention, certains mots sont utilisés plusieurs fois.

Menu Entrée <u>ou</u> dessert	
Formule à 18 euros	**Formule à 25 euros**
Entrée Salade composée (*mixed*) Melon	**Entrée** Salade tomates-mozarella Crevettes (*Shrimp*) sauce cocktail Pâté de campagne
Plat Lasagnes Poulet de Bresse Brochette barbecue	**Plat** Saumon polynésien Entrecôte au poivre (*Pepper steak*) Côte d'agneau (*Lamb chop*)
Dessert 2 boules (*scoops*) de glace Fruits de saison	**Dessert** Mousse au chocolat Crème brûlée Tarte aux pommes

dessert	carte	à point
plat	faim	table
entrée	prendre	monsieur
menu	formule	comme

SERVEUR: Bonjour messieurs-dames. Une _____ pour deux?

CLIENT 1: Oui, s'il vous plaît.

SERVEUR: Très bien. Voici la _____.

CLIENT 2: Est-ce qu'il y a un _____?

SERVEUR: Oui, il y a un menu à 18 euros et un à 25 euros. Je vous laisse décider.

CLIENT 1: J'ai _____ ! Quelle _____ vas-tu choisir?

CLIENT 2: Je vais prendre la formule à 18 euros avec entrée. Et toi?

CLIENT 1: Moi, je vais _____ le menu à 25 euros avec un _____.

SERVEUR: Vous êtes prêts à commander?

CLIENT 1: Oui, moi, je vais prendre le menu à 25 euros avec un dessert.

SERVEUR: Très bien. Qu'est-ce que vous prenez comme _____?

CLIENT 1: Je vais _____ l'entrecôte au poivre.

SERVEUR: Bien. À quelle cuisson?

CLIENT 1: _____.

SERVEUR: Et vous, _____?

CLIENT 2: Moi, je vais prendre le menu à 18 euros avec une _____.

SERVEUR: Très bien. Que prenez-vous _____ entrée?

CLIENT 2: Je prends le/la _____.

SERVEUR: Excellent. Et comme _____?

CLIENT 2: Comme plat, je vais prendre les _____. Je vais manger italien ce soir.

C7-10 ♻ **Choisissons le restaurant.**

Vous et un(e) partenaire invitez un(e) étudiant(e)
étranger / étrangère à dîner au restaurant avec vous.
Par groupes de 3, posez-vous ces questions pour
décider quel restaurant vous choisissez. Annoncez
votre choix *(choice)* à la classe.

Justin Kase zsixz/Alamy Stock Photo

1. Qu'est-ce que tu aimes manger?
2. Tu es au régime *(on a diet)*?
3. Est-ce qu'il y a quelque chose que tu n'aimes pas
   manger?
4. Tu as très faim?
5. Tu as déjà goûté *(tried)* la cuisine américaine /
   mexicaine / chinoise / française? Tu aimerais la
   goûter?
6. Tu préfères un restaurant calme ou animé?

Décision: On va aller à _____ (restaurant) parce
que…

C7-11 ⚡ **Le meilleur *(The best)* de Yelp**

Vous évaluez un restaurant sur Yelp. Avec votre
partenaire, choisissez vos trois critères les plus *(the most)*
importants pour donner des étoiles *(stars)*. Choisissez
aussi un critère ou un aspect qui n'est pas important
pour vous.

rvlsoft/Shutterstock.com

1. Le restaurant est un peu bruyant *(noisy)* et animé.
2. Le restaurant est calme, alors, on peut parler.
3. Il y a des écrans pour regarder le sport…
4. Le service est rapide.
5. Il y a beaucoup de salades et de plats végétariens.
6. On sert du sushi et/ou des plats ethniques.
7. On sert des hamburgers et/ou des pizzas.
8. Le restaurant n'est pas trop cher.
9. La cuisine est délicieuse.

Où faire les courses?

En France, les hypermarchés sont de plus en plus importants, mais on reste attaché aux magasins de quartier *(neighborhood)*. Le service y *(there)* est plus personnalisé. Quand on entre dans un petit commerce, on dit «Bonjour, monsieur / madame.» Quand on part, on dit «Merci, monsieur / madame, au revoir.»

On achète le pain et souvent le dessert à la boulangerie-pâtisserie.

On fait les courses au marché en plein air. L'ambiance est animée et on y trouve des produits arrivés de la **campagne**[1].

[1]*countryside*

Les supermarchés et les grandes surfaces offrent beaucoup de **choix**[1] et les meilleurs prix. Ils menacent les magasins de quartier.

[1]*choice*

À **l'épicerie de quartier**[1], on achète des produits de première nécessité et des légumes frais. Certaines épiceries sont **ouvertes**[2] très tard, sept jours sur sept, **même**[3] le dimanche.

[1] *neighborhood grocery store* [2] *open* [3] *even*

À la boucherie-charcuterie, on trouve de la viande: du bœuf, du poulet et des produits de porc.

C7-12 Avez-vous compris?

1. Au marché en plein air, on trouve des produits qui viennent de…
2. Quand on entre dans un petit commerce, on dit…
3. Si on doit acheter quelques provisions *(food items)* tout près, on va…

C7-13 ET VOUS?

> **Et vous?:** Bring your notes from the online activity to class.

1. Vous préférez acheter vos provisions dans un supermarché ou dans des petits commerces? Pourquoi?
2. Est-ce qu'il y a un marché où on vend des produits gourmets internationaux près de chez vous? Que vend-il?
3. Qu'est-ce qui détermine votre choix *(choice)* de commerce: la qualité des produits, la variété des produits, les prix?
4. Est-ce qu'il y a des marchés près de chez vous? Qu'est-ce qu'on peut y *(there)* acheter? Est-ce que les prix sont plus ou moins chers que les prix au supermarché?

Structure 7.3 **Talking about food measured in specific quantities** *Les expressions de quantité*

Les expressions de quantité

beaucoup de	un morceau de
une boîte de	un paquet de
une bouteille de	un pot de
une douzaine de	une tasse de
un (demi-)kilo de	une tranche de
un litre de	un verre de

Les commerces

la boucherie	le marché
la boulangerie	la pâtisserie
la charcuterie	le supermarché
l'épicerie	

C7-14 **Les petits commerçants**

Dites *(Say)* où on va pour acheter ces produits.

Modèle: *On achète du fromage à l'épicerie ou à la fromagerie.*

1. une baguette

2. une douzaine de moules *(f)*

3. une tranche de jambon

4. un demi-kilo d'asperges *(f)*

5. un pot de confiture

6. des tartelettes *(f)* au citron

7. des côtelettes *(f)* de porc

8. un pot de glace

9. une barquette de fraises

C7-15 **Au supermarché**

Vous avez très faim. Dites *(Say)* ce que vous allez mettre dans votre caddie *(shopping cart)* quand vous allez faire les courses après le cours.

Modèle: *On va mettre une tranche de jambon dans le caddie.*

1. une tranche de/d' — lait
2. un kilo de/d' — pommes de terre
3. un demi-kilo de/d' — œufs
4. une bouteille de/d' — vin
5. une douzaine de/d' — moutarde *(f)*
6. une boîte de/d' — jambon
7. un pot de/d' — couscous
8. un litre de/d' — haricots verts

Thème 3 Les courses et les recettes

Prononcez! Tu veux du sucre et un peu de lait?

Quantity expressions include the element **de** – never **des** – even when they are followed by a plural noun: **beaucoup de pommes, un kilo d'oranges.** It's important to pronounce the vowel in **de** correctly. It rhymes with **le**, not **les.**

C7-16 ⚡ Prononciation

Votre partenaire veut vous servir. Indiquez la quantité que vous désirez. Si votre partenaire prononce **des**, dites *(say)* **Tu es sûr(e)?**

Modèle: du lait

— *Tu veux **du** lait?*

— *Oui, un verre **de** lait, s'il te plaît.*

1. du café
2. du pain
3. du thé
4. du sucre
5. de l'eau
6. des pommes
7. du chocolat
8. de la crème

C7-17 ⚡ Sondage: Tu es un(e) foodie?

Aujourd'hui, les Américains s'intéressent de plus en plus à la nourriture et à la cuisine. Ils ont inventé le mot «foodie». Posez les questions à votre partenaire pour décider s'il/si elle est un(e) foodie. Avec trois réponses positives, c'est un(e) foodie.

1. Pour toi, est-ce que la cuisine et la nourriture sont un hobby?
2. Est-ce que tu fais attention à la nutrition?
3. Tu aimes essayer de nouvelles recettes?
4. Tu as regardé une émission sur Food Network comme Top Chef cette année?
5. Tu as mangé au moins *(at least)* trois de ces plats dans ta vie?

☐ pho   ☐ coq au vin   ☐ pâté   ☐ moules-frites
☐ bagel au saumon   ☐ paella

Alors, votre partenaire est ou n'est pas un(e) foodie? Partagez vos résultats avec la classe.

C7-18 ⚡ Faisons les courses.

A. Chez l'épicier. Vous commencez vos courses à l'épicerie. Regardez les images et complétez le dialogue. Puis, jouez-le avec un(e) partenaire.

Image 1: Bonjour, madame/monsieur. Vous _____?

Image 2: Je voudrais des _____.

Image 3: Combien en voulez-vous?

Image 4: _____, s'il vous plaît.

Image 5: Voilà. Ça _____ 1,50€. Et avec ça?

Image 6: C'est _____, merci.

B. À la boulangerie-pâtisserie. Maintenant, vous êtes à la boulangerie-pâtisserie. Complétez le dialogue de manière logique ou selon les indications données et jouez-le avec un(e) partenaire.

Vocabulaire: un croissant; une baguette; un pain au chocolat; une quiche; une tarte aux fraises; une brioche; un éclair; un macaron

CLIENT(E):   _____, madame.
BOULANGÈRE: Bonjour, madame / monsieur. Vous _____?
CLIENT(E):   J'aimerais avoir _____, _____ et _____.
BOULANGÈRE: Alors, _____*. Et avec _____?
CLIENT(E):   C'est _____. Merci.
BOULANGÈRE: Alors, ça _____ 15 euros.
CLIENT(E):   Merci. Au revoir.

*Répétez la commande pour vérifier.

Structure 7.4   **Avoiding repetition** *Le pronom **en***

C7-19   **On mange ça où?**

Divisez-vous en deux équipes. Votre professeur va vous poser des questions sur les plats des pays et régions francophones.

Modèle: Où est-ce qu'on mange de la fondue?

On en mange en Suisse.

Plats

1. de la fondue
2. des bananes plantain frites
3. de la poutine
4. du couscous
5. des escargots *(snails)*
6. les meilleures crêpes
7. des moules-frites

Pays et régions

en Belgique
au Maghreb
en Bretagne
en France
en Suisse
en Côte d'Ivoire
au Québec

C7-20   **Faisons les courses!**

Avec un(e) partenaire, jouez la scène entre l'épicier / l'épicière et le / la client(e) qui veut acheter les produits indiqués.

Modèle: pommes, 500 g (1,50€)

— *Bonjour, mademoiselle. Vous désirez?*
— *Je voudrais des pommes, s'il vous plaît.*
— *Combien en voulez-vous?*
— *J'en veux cinq cents grammes.*
— *Voilà. Ça fait un euro cinquante.*

1. spaghettis, un paquet (70 centimes)
2. confiture de fraises, un pot (1,50€)
3. riz, un paquet (2,20€)
4. gruyère, un morceau (3,70€)
5. pommes de terre, un demi-kilo (2,50€)

C7-21 🔁 **Vos habitudes alimentaires**

Quelles sont vos habitudes alimentaires? Posez des questions à un(e) partenaire avec ces éléments. Puis faites une liste des habitudes alimentaires que vous avez en commun.

Modèle: verres de lait par jour

—*Combien de verres de lait est-ce que tu bois par jour?*
—*J'en bois deux. / Je n'en bois pas.*

1. tasses de café le matin
2. pizzas / hamburgers / tacos par semaine
3. verres / bouteilles d'eau par jour
4. boules (*scoops*) de glace par repas
5. tranches de pain par jour
6. bols de céréales par semaine

Le parfait dessert d'été: des boules de glace à la fraise

C7-22 🎲 **Testez-vous!**

Savez-vous manger sainement (*healthily*)?

1. On doit consommer au moins (*at least*) _____ portions de fruits et de légumes par jour.
   ○ deux
   ○ trois
   ○ cinq
   ○ sept

2. Les légumes à feuilles vert foncé (*dark green*) _____ le risque de certains cancers.
   ○ diminuent
   ○ n'affectent pas
   ○ augmentent
   ○ éliminent

3. Une alimentation équilibrée doit être _____ en matières grasses et en calories, mais _____ en fibres.
   ○ pauvre, pauvre
   ○ riche, pauvre
   ○ pauvre, riche
   ○ riche, riche

4. N'oubliez pas de boire _____ par jour.
   ○ un litre d'eau
   ○ deux verres de vin
   ○ un litre de lait
   ○ deux tasses de café

5. Un adulte a besoin de _____ calories par jour.
   ○ 1 000 à 1 500
   ○ 2 000 à 2 500
   ○ 3 000 à 3 500
   ○ 4 000 à 4 500

Structure 7.5 **Referring to people and things that have already been mentioned** *Les pronoms d'objet direct* **me, te,** **nous** *et* **vous;** *le verbe* **mettre**

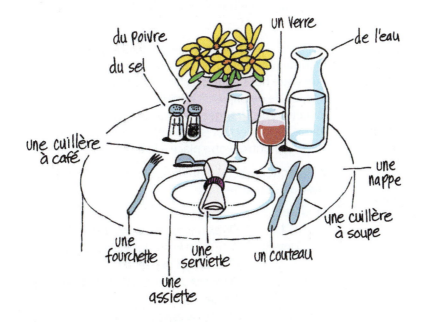

du poivre
du sel
un verre
de l'eau
une cuillère à café
une nappe
une cuillère à soupe
une fourchette
une serviette
un couteau
une assiette

C7-23 Les bonnes manières à table

Écoutez votre professeur donner une règle d'étiquette. Où est-ce qu'on est? En France, aux États-Unis, dans un pays de culture africaine, dans un pays de culture asiatique ou n'importe où *(anywhere, everywhere)*?

1. Posez les mains sur la table, pas sur les genoux.
2. Tenez la fourchette dans la main gauche.
3. Lavez-vous les mains *(Wash your hands)* avant de manger.
4. Mangez seulement avec la main droite.
5. Remerciez l'hôtesse ou l'hôte pour le repas.
6. Mangez votre riz avec des baguettes *(chopsticks)*.

C7-24 Les manières à table chez moi

Comparez l'étiquette à table dans votre pays ou dans votre famille avec l'étiquette française.

> Chez moi, on regarde la télé pendant le dîner.
>
> Chez moi, c'est interdit de regarder un écran (screen) pendant le dîner.
>
> Mes parents parlent toujours de leur travail à table.
>
> Chez nous, tout le monde se lave les mains (washes their hands) avant de manger.

C7-25 Simon et Jean-Luc

Simon est gentil. Jean-Luc est assez méchant. Avec votre partenaire, posez-vous ces questions à tour de rôle.

Modèle:

— Simon, il t'écoute?
— Oui, il m'écoute toujours.
— Et Jean-Luc?
— Non, il ne m'écoute pas.

1. Simon, il t'écoute?
2. Jean-Luc, il te comprend? Et Simon?
3. Simon, il t'aide avec tes devoirs? Et Jean-Luc?
4. Jean-Luc, il te trouve intelligent(e)? Et Simon?
5. Simon, il invite ta famille chez lui? Et Jean-Luc?
6. Jean-Luc, il nous aime bien? Et Simon?

C7-26 Le plan de table

Vous allez faire un plan de table (table map, seating chart) pour 6 personnes célèbres. Puis l'hôte / l'hôtesse du groupe va montrer (show) aux invités où s'asseoir (to sit).

A. Mettez-vous par groupes de 6. Choisissez votre identité (une personne célèbre) et choisissez qui va être votre hôte / hôtesse. Dessinez une table sur une feuille de papier et décidez où mettre chaque invité(e). Pui, arrangez vos chaises en cercle et mettez-vous debout (stand up). Votre hôte / hôtesse va vous montrer votre place à la table.

B. Chaque invité(e) demande à l'hôte / l'hôtesse où il/ elle doit se mettre.

Modèle:

Invité(e) 1:	Où est-ce que tu vas me mettre?
Hôte/Hôtesse:	Je te mets là (indiquez la place), à côté de Bradley Cooper.
Invité(e) 1:	D'accord. Je me mets à côté de Bradley Cooper.
Invité(e) 2:	Et moi, où est-ce que tu me mets?
Hôte/Hôtesse:	Je te mets de l'autre côté de la table, en face d'Adele.
Invité(e) 2:	D'accord. Je me mets en face d'Adele.

Quand vous avez fini, votre instructeur va regarder votre diagramme pour vérifier si vos places sont correctes.

> **C7-26:** Bring your notes from the online activity to class.

C7-27 Vidéo: Les copains

Quelques amis et vous organisez une fête de fin d'année *(end of the year party)* pour votre classe de français. Partagez vos idées avec votre groupe. La classe va voter pour la fête la mieux *(best)* organisée.

Questions pour guider votre préparation:

- Qu'est-ce qu'on va servir? (Demandez qui dans la classe est végétarien, végétalien, etc. avant de faire le menu.)
- Où est-ce qu'on va aller faire les courses?
- Comment est-ce qu'on va divertir *(entertain)* les invités: jeux / musique / danse?
- Est-ce que la fête a un thème?

C7-28 Situation à jouer

Choisissons un dessert.

Act out the following scene. Be prepared to perform it for the class.

Au restaurant: You're with two friends at a restaurant and you want to share a dessert. Here are your choices: **une crème brûlée, des boules de glace, une tarte au citron, une mousse au chocolat ou des macarons.**

Réponses possibles:

J'adore le chocolat!
Moi, je n'aime pas le chocolat.
La tarte au citron, c'est leur spécialité.
Je suis tenté(e) *(tempted)* par les macarons. Vous aimez les macarons?
Vous pouvez choisir. Ça m'est égal. *(I don't care.)*
Je suis au régime *(on a diet)*.

Suggestions:

Qu'est-ce que vous voulez prendre?
Vous avez une préférence?
Regardez la mousse au chocolat.
Ça a l'air délicieux.

C7-29 Explorez en ligne.

Les recettes

Which categories did you look up on the cooking site cuisine.journaldesfemmes .com? What did you discover? Is this site similar to American sites you know? Which recipe did you select?

Share three new cooking expressions.

> **Explorez en ligne.:** Bring your notes from the online activity to class.

Synthèse

Lecture

C7-30 **Avant de lire** ✦

Ce poème est de Jacques Prévert, un célèbre poète surréaliste et scénariste *(screenwriter)* français. Ici, Prévert montre *(shows)* son génie pour traiter de sujets universels avec un langage simple de tous les jours.

Parlez de la photo à droite du poème. Qu'est-ce que vous y voyez *(see)*?

Ara Guler/Magnum Photos

Stratégie de lecture: Visualizing

Prévert's poem slowly creates atmosphere and meaning by referring to a series of small actions over a cup of coffee. As you read this poem, picture in your mind each gesture that is described as if you were going to stage it.

Déjeuner du matin
par Jacques Prévert

James Leynse/CORBIS

	1	Il a mis le café
		Dans la tasse
		Il a mis le lait
		Dans la tasse de café
	5	Il a mis le sucre
		Dans le café au lait
		Avec la petite cuiller
		Il a tourné
		Il a bu le café au lait
set down	10	Et il **a reposé°** la tasse
		Sans me parler
		Il a allumé
		Une cigarette
smoke rings		Il a fait des **ronds°**
smoke	15	Avec la **fumée°**
ashes		Il a mis les **cendres°**
ashtray		Dans le **cendrier°**
		Sans me parler
		Sans me regarder
stood up	20	Il **s'est levé°**
		Il a mis
		Son chapeau sur sa tête
		Il a mis
		Son manteau de pluie
was raining	25	Parce qu'il **pleuvait°**
		Et il est parti
		Sous la pluie
word		Sans une **parole°**
		Sans me regarder
	30	Et moi j'ai pris
		Ma tête dans ma main
cried		Et j'**ai pleuré°**

Jacques Prévert, "Déjeuner du matin" in *Paroles* © Éditions GALLIMARD © Fatras / succession Jacques Prévert pour les droits électroniques

Intégration: Bring your notes from the online activity to class.

C7-31 Activité de lecture

Pendant que le professeur lit le poème, deux étudiants jouent la scène avec les gestes appropriés.

C7-32 Intégration

1. Lisez le premier vers *(line)* qui indique qu'il y a un problème.
2. Quel est le problème? Qu'est-ce que l'homme ne fait pas?
3. Est-ce qu'il est pressé *(in a hurry)*? Lisez un vers qui illustre votre réponse.
4. Est-ce que le temps qu'il fait est important pour l'atmosphère du poème? Expliquez.

C7-33 À VOUS!

Imaginez la raison de la rupture *(breakup)*. Écrivez votre scénario en 2 ou 3 phrases.

Vocabulaire utile:

quitter quelqu'un *to leave someone*
communiquer *to communicate*

Expression écrite

C7-34 THE GOLDEN TRUFFLE: LE RESTAURANT PRÉFÉRÉ DE...

In this essay, you will write about a classmate's favorite restaurant.

■ **Première étape:** Select a partner to interview using the following questions as a guide.

1. Ton restaurant préféré, comment s'appelle-t-il?
2. Où est-il?
3. Est-ce que tu y *(there)* vas souvent? Pour quelles occasions? Avec qui?
4. Quelle sorte de cuisine y sert-on?
5. Comment sont l'ambiance et le service?
6. Quelle est leur spécialité?
7. Quels plats est-ce que tu recommandes?
8. Quel est le prix d'un repas typique?

Refer to online for **Deuxième activité** and **Troisième activité**.

Ask a follow-up question that will help you write a concluding sentence.

Structures

Structure 7.1

More on articles *Les articles définis, indéfinis et le partitif*

In French, the partitive article is used to refer to some or a part of something that can't be counted (a non-count noun). It's frequently used with food items.

de la viande	*some meat*	du vin	*some wine*
de l'eau	*some water*	des fruits	*some fruits*

The partitive is also used with abstract nouns.

Il a **du** courage et **de la** patience.   *He has courage and patience.*

In English, the word *some* can be omitted. In French, the partitive article is required.

de + le → du	Vous prenez du vin.	*You're having (some) wine.*
de + la → de la	Il y a de la soupe à l'oignon.	*There's onion soup.*
de l' → de l'	Je bois de l'eau minérale.	*I drink mineral water.*
de + les → des	Je mange des céréales.	*I eat cereal.*

In negative sentences, the partitive article becomes **de** (or **d'** before a vowel sound).

Il n'y a pas **de** tarte.   *There isn't any pie.*
Elle ne mange pas **d'**ail.   *She doesn't eat garlic.*

Choosing the article

1. Verbs that frequently require the partitive article are **prendre, manger, boire, avoir,** and **acheter.**

2. With some nouns, the use of the indefinite article or the partitive can produce a slight change in meaning.

    Je voudrais **un café.**   *I'd like **a cup of coffee.***
    Je voudrais **du café.**   *I'd like **(some) coffee.***

3. Preference verbs such as **aimer, préférer, adorer,** and **détester** are used with the definite article **(le, la, les).**

Structure 7.2

Writing verbs with minor spelling changes *Les verbes avec changements orthographiques*

Some -**er** verbs in French have regular endings but require slight spelling changes to reflect their pronunciation.

The verbs **préférer** *(to prefer)*, **espérer** *(to hope [for])*, and **répéter** *(to repeat)* follow this pattern:

je préf**è**re BUT nous préf**é**rons   ils préf**è**rent BUT vous préf**é**rez

Verbs such as **acheter** have a slightly different change:

ils ach**è**tent BUT nous ach**e**tons   tu ach**è**tes BUT vous ach**e**tez

For the verb **appeler,** the **l** doubles when preceded by a pronounced **e.**

nous appe**l**ons BUT j'appe**ll**e   vous appe**l**ez BUT tu appe**ll**es

Verbs ending in -**ger,** such as **manger** and **nager,** have the following change: **g → ge** before -**ons** to maintain the soft **g** sound.

je mange BUT nous mang**e**ons

Verbs ending in -**cer,** such as **commencer,** have the following change: **c → ç** before -**ons** to maintain the soft **c** sound.

je commence BUT nous commen**ç**ons

The **nous** and **vous** forms of these verbs always have the same stem as the infinitive. The **passé composé** of these verbs is formed regularly on the infinitive.

appeler → j'ai appelé	acheter → j'ai acheté
espérer → j'ai espéré	manger → j'ai mangé
répéter → j'ai répété	commencer → j'ai commencé

Structure 7.3

Talking about food measured in specific quantities *Les expressions de quantité*

Quantity expressions have the following structure:

quantité + de + nom

Elle achète…   beaucoup de beurre.
une bouteille d'eau minérale.
un morceau de chocolat.

Il y a **trop de** sel dans la soupe.	*There is too much salt in the soup.*
Elle a **peu de** patience.	*She doesn't have much patience.*

Note that **de/d'** never becomes **des,** even if it is followed by a plural noun.

Il a beaucoup **d'**amis.	*He has many friends.*

In the metric system, liquids are usually measured in liters (**litres**) and solids in grams (**grammes**) or kilograms (**kilos**). Sometimes, packaging determines the quantity. In France, milk comes in bottles (**bouteilles**) or cartons (**packs**). The word **boîte** is used for metal cans of food and boxes of cereal. Pasta comes in packages (**paquets**); jam, mustard, and yogurt come in jars (**pots**).

Structure 7.4

Avoiding repetition *Le pronom en*

En is used to replace non-count nouns, that is, nouns preceded by the partitive (**du, de la, de l', des**) or an indefinite article (**un, une, des**).

Est-ce qu'il y a **des fraises** dans le frigo?	*Are there strawberries in the fridge?*
Oui, il y **en** a.	*Yes there are (some).*
Tu veux **du coca**?	*Do you want (some) coke?*
Non, je n'**en** veux pas.	*No, I don't want any.*

En is required in French; *of them/of it* is optional in English.

Combien de baguettes voulez-vous?	*How many baguettes do you want?*
J'**en** veux deux.	*I want two (of them).*
Tu as du travail à faire?	*Do you have work to do?*
Oui, j'**en** ai beaucoup.	*Yes, I have a lot (of it).*

Placement

En precedes the conjugated verb. In the **passé composé,** it precedes the auxiliary **avoir.**

Il y **en** a cinq.	*There are five (of them).*
J'**en ai** trop mangé!	*I ate too many (of them)!*

With the **futur proche, en** precedes the infinitive.

Ils vont **en acheter** une douzaine.	*They'll buy a dozen (of them).*

Structure 7.5

Referring to people and things that have already been mentioned
Les pronoms d'objet direct me, te, nous et vous; le verbe mettre

Here is the list of direct object pronouns used to refer to a person or thing you've mentioned.

singular	plural
me, m' (before vowel)	nous
te, t' (before vowel)	vous
le, la, l' (before vowel)	les

Mon steak? Je **le** préfère saignant.	*My steak? I prefer it rare.*
Je **t'**appelle pour **vous** inviter à la soirée.	*I'm calling you to invite you (all) to the dinner party.*

Structures

Placement

The pronoun precedes the conjugated verb.

Ces pommes? Je **les** mets dans le bol.
These apples? I'm putting them in the bowl.

Je **vous** ai vus hier.
I saw you yesterday.

When a conjugated verb is followed by an infinitive, such as in the **futur proche,** the pronoun is placed immediately before the infinitive.

Voici le pourboire. Je vais **le** laisser sur la table.
Here's the tip. I'm going to leave it on the table.

Elle veut **nous** voir demain.
She wants to see us tomorrow.

Mettre

The verb **mettre** can be used for putting something somewhere, putting clothes on, and setting the table. **Mettre** is followed by a direct object.

mettre

je mets	nous mettons
tu mets	vous mettez
il/elle/on met	ils/elles mettent
passé composé: j'ai mis	

Vocabulaire actif

NOMS

Les fruits *Fruits*

un ananas *pineapple*
une cerise *cherry*
un citron *lemon*
une fraise *strawberry*
une pêche *peach*
une pomme *apple*
le raisin *grapes*

Mots apparentés: une banane, un fruit, un melon, une orange

Les légumes *Vegetables*

un légume *vegetable*
un champignon *mushroom*
les haricots *(m)* verts *green beans*
une pomme de terre *potato*

Mots apparentés: le brocoli, une carotte, un oignon, une salade, une tomate

Les céréales et autres aliments *Cereals and other foods*

les haricots *(m)* secs *dried beans*
le pain *bread*
les pâtes *(f)* *pasta*
le riz *rice*

Mots apparentés: le couscous, un croissant

Les produits laitiers *Dairy products*

du beurre *butter*
de la crème *cream*
du fromage / le fromage *cheese*
de la glace / la glace *ice cream*

du lait / le lait *milk*
du yaourt / le yaourt *yogurt*

La viande et le poisson *Meat and fish*

du jambon / le jambon *ham*
des œufs / un œuf *egg(s)*
du poisson / le poisson *fish*
du poulet / le poulet *chicken*
du saucisson / le saucisson *salami, dry sausage*
de la viande / la viande *meat*

Mots apparentés: du bœuf / le bœuf, du porc / le porc, du saumon / le saumon

Les repas et d'autres choses *Meals and other things*

le petit déjeuner *breakfast*
une baguette *French baguette*
les céréales *(f)* *cereal*
la confiture *jam*
une omelette *omelet*
un pain au chocolat *chocolate croissant*
une tartine *slice of bread*
le déjeuner *lunch*
le dîner *dinner*

Au restaurant *At the restaurant*

l'addition *check*
une carte *regular menu*
le dessert *dessert*
l'entrée *(f)* *small first course*
un menu *special menu*
un plat *course*
le plat principal *main course*
un pourboire *tip*

Les magasins *Grocery stores*

la boucherie *butcher's shop*
la boulangerie *bakery*

la charcuterie *deli*
l'épicerie *(f)* *grocery store*
un magasin *store*
le marché *market*
la pâtisserie *pastry shop*
le supermarché *supermarket*

Les couverts et la table *Silverware and table*

une assiette *plate*
un bol *bowl*
un couteau *knife*
une cuillère *spoon*
une cuillère à soupe *tablespoon*
une petite cuillère *teaspoon*
une fourchette *fork*
une serviette *napkin*
un verre *glass*
un verre à eau / à vin *water / wine glass*

VERBES

acheter *to buy*
ajouter *to add*
appeler *to call*
commander *to order*
couper *to cut*
espérer *to hope*
mélanger *to mix*
mettre *to put, place, put on*
répéter *to repeat*

ADJECTIFS

à point *medium*
bien cuit *well done*
rosé *pink*
saignant *cooked*

Vocabulaire

EXPRESSIONS

Au restaurant   *At the restaurant*

Que voulez-vous comme…?   *What would you like for a(n)/the …?*

Votre steak, vous le voulez comment?   *How do you want your steak?*

Qu'est-ce que vous nous conseillez?   *What do you recommend?*

Je vais prendre le menu à 18 euros.   *I'll take the 18 euro special.*

Ensuite, je voudrais…   *Then I'll have …*

C'est tout.   *That's all.*

J'ai faim.   *I'm hungry.*
J'ai soif.   *I'm thirsty.*
Le service est compris.   *The tip is included.*

La quantité   *Quantity*

beaucoup de   *a lot of*
une boîte de   *a can / carton / box of*
une bouteille de   *a bottle of*
une douzaine de   *a dozen*
un (demi-)kilo de   *(half) a kilo of*
un litre de   *a liter of*
un morceau de   *a piece of*
un paquet de   *a package / packet / bag of*

un pot de   *a jar of*
une tasse de   *a cup of*
une tranche   *a slice of*
un verre de   *a glass of*

DIVERS

du sel   *salt*
du sucre   *sugar*
doucement   *slowly*
à droite   *on the right side*
à gauche   *on the left side*

Vocabulaire passif

NOMS

l'agneau *(m)*   *lamb*
une courgette   *zucchini*
une formule   *special menu*
la fromagerie   *cheese store*
des œufs durs *(m)*   *hard boiled eggs*
la pâte   *batter; pastry*
le pâté de campagne   *pâté*
une poêle   *pan*
la poissonnerie   *fish store*
du poivre   *pepper*
un régime   *diet*
un repas-partagé   *potluck meal (Canadian)*
du thon   *tuna*
une vinaigrette   *vinaigrette dressing*

VERBES

fondre   *to melt*
remuer   *to stir*
retourner   *to flip*
tenir   *to hold*
verser   *to pour*

ADJECTIFS

chauffé(e)   *heated*
fondu(e)   *melted*

EXPRESSIONS (FOR TALKING ABOUT FOOD AND EATING)

C'est chaud.   *It's warm / hot.*
C'est froid.   *It's cold.*
C'est délicieux.   *It's delicious.*
C'est parfait.   *It's perfect.*
C'est sans goût.   *It's tasteless / bland.*
C'est épicé.   *It's spicy.*
C'est salé.   *It's salty.*
C'est sucré.   *It's sweet.*
C'est tendre.   *It's tender.*
C'est dur.   *It's tough.*
sur les genoux   *on your lap*
(être) au régime   *(to be) on a diet*

Souvenirs

In this module, you will:

- read and talk about childhood memories.
- recall important events from the past.
- make comparisons.
- learn how to link sentences to avoid repetition.
- talk about reading and writing.
- retell stories in the past.
- read about French perspectives on elementary school.
- read about some well-loved French cartoon characters.

© Jeanette Dietl/Shutterstock.com

Structure 8.1 Talking about how things used to be *L'imparfait*

C8-1 La première année au lycée

A. Sélectionnez toutes les options qui décrivent votre vie *(describe your life)* pendant votre première année au lycée *(9th grade)*.

Monkey Business Images/Shutterstock.com

- ☐ J'avais un chien / un chat.
- ☐ Je jouais dans une équipe de sport.
- ☐ J'allais voir les matches de football américain.
- ☐ Je rendais souvent visite à mes grands-parents.
- ☐ Je mangeais souvent de la pizza.
- ☐ J'avais des leçons de gymnastique.
- ☐ J'étais très studieux / studieuse.
- ☐ J'allais au centre commercial avec mes ami(e)s le week-end.
- ☐ En été, j'allais à la mer *(sea)* avec mes parents.
- ☐ J'avais un smartphone et un laptop.
- ☐ Je passais du temps sur Instagram.
- ☐ Je regardais *Pretty Little Liars* à la télé.
- ☐ J'achetais de la musique en ligne.

B. 🔁 Avec un(e) partenaire, comparez vos listes et dites ce que vous avez en commun.

Modèle: *Nous avions tous les deux* (both of us) *un chien. / Moi, j'avais un chien et Patrick avait un chat.*

C8-2 🔁 Quand tu étais petit(e)

Posez ces questions à un(e) partenaire.

1. Où est-ce que tu habitais?
2. Est-ce que tu avais une tablette ou un laptop? À quels jeux est-ce que tu jouais?
3. Qu'est-ce que tu faisais après l'école? Avec qui?
4. Est-ce que tu allais en vacances avec ta famille? Où?
5. Qu'est-ce que tu n'aimais pas manger?
6. Est-ce que tu avais beaucoup de copains dans ton quartier *(neighborhood)*?

C8-3 🔁 Prononciation

A. Avec un(e) partenaire, prononcez les verbes dans la liste à tour de rôle. Aidez *(Help)* votre partenaire s'il/si elle hésite ou prononce mal.

1. je dansais / il faisait / ils chantent / ils buvaient
2. ils dinaîent / tu buvais / elle regardait / elles jouent
3. je prenais / ils prennent / ils jouaient / elle allait

B. Si le verbe commence avec une voyelle, vous prononcez la liaison [z] du pluriel. Essayez *(Try)*.

1. j'allais / elle allait / elles‿allaient
2. tu étudiais / il étudiait / ils‿étudiaient
3. j'avais / elle avait / ils‿avaient

> **Note:** Be sure to pronounce **-ais, -ait,** and **-aient** the same way. And remember that the verb ending **-ent** is silent.

C8-4 Quel âge?

A. Par groupes de trois, choisissez un âge dont vous vous souvenez *(which you remember)* bien (12 ans, 15 ans par exemple). Ensuite, demandez à vos partenaires s'ils/si elles faisaient ces activités quand ils/elles avaient cet âge. Cherchez ce que vous aviez en commun.

Modèle: 10 ans; aller à l'école à pied
— *Quand tu avais 10 ans, est-ce que tu allais à l'école à pied?*
— *Oui, j'allais à l'école à pied quand j'avais 10 ans.*

1. aller à l'école en bus
2. jouer dans une équipe de sport
3. avoir des leçons de piano, de tennis, de ballet…
4. regarder les films de Disney
5. étudier le français
6. lire beaucoup
7. jouer aux jeux en ligne
8. avoir un(e) meilleur(e) ami(e)
9. sortir souvent avec des ami(e)s
10. avoir un super-héros préféré

B. Dites à la classe trois activités que vous aviez en commun.

Modèle:
Quand nous avions 10 ans, nous allions à l'école à pied.
Quand nous avions 10 ans, nous n'allions pas à l'école à pied. Nous prenions le bus.

C8-5 Fêtes traditionnelles

Demandez à un(e) partenaire si *(if)* et comment on célébrait ces fêtes dans sa famille quand il/elle était petit(e). Utilisez ces expressions pour développer vos réponses.

Blend Images/Alamy stock photo

Expressions

acheter un cadeau *(gift)*	préparer un grand repas de fête
aller à la mer / chez mes grands-parents	inviter des amis
aller voir les feux d'artifice *(fireworks)*	manger un gâteau / des bonbons
allumer une bougie *(to light a candle)*	porter des déguisements *(costumes)*
décorer la maison	faire un voyage / un pique-nique
donner *(to give)* une carte de vœux *(card)*	rester à la maison

Fêtes

la Fête des mères	Hanoukka	le 4 juillet	Noël
un anniversaire	le Ramadan	Halloween	Thanksgiving

Modèle:
— *Dans ta famille, est-ce qu'on célébrait la Fête des mères?*
— *Oui, on célébrait la Fête des mères.*
— *Comment?*
— *On invitait ma mère au restaurant.*
— *Je donnais une carte de vœux et un cadeau à ma mère.*

Les enfants et l'école

Les Français partagent beaucoup de souvenirs de cette époque de leur vie.

Après l'emploi, l'éducation est la deuxième préoccupation des Français. L'**enseignement**[1] français est très centralisé. Les programmes d'études sont les **mêmes**[2] pour tous.

[1]*education* [2]*same*

L'école maternelle **accueille**[1] les enfants de 3 à 6 ans. On y apprend **à vivre**[2] en communauté et à respecter les **règles**[3]. À l'école primaire (de 6 à 10 ans), l'enseignement est plus diversifié.

[1]*includes* [2]*to live* [3]*rules*

Les Français restent nostalgiques des années où ils étaient à l'école. Le site web français *Copains d'avant* permet de retrouver ses **anciens**[1] camarades de classe.

[1]*former*

C8-6   **Avez-vous compris?**

1. Comment est l'enseignement en France?
2. Quel âge ont les enfants à l'école maternelle?
3. Qui se retrouve sur *Copains d'avant*?

VOIX EN DIRECT

C8-7   **Vous vous souvenez de votre école primaire?**

Elle était dans un vieux **bâtiment**[1]. À l'intérieur, il y avait des pupitres **en rang**[2]. La première leçon du matin était l'instruction civique, «la leçon de morale».

Régine Montaut

[1]*building* [2]*in a row*

1. Comment était votre première école? Il y avait un terrain de sport? Est-ce que les filles et les garçons jouaient ensemble?
2. Comment étaient les rapports entre les instituteurs et les élèves, plutôt *(rather)* positifs ou plutôt négatifs? Les instituteurs étaient stricts ou relaxes?
3. Est-ce que la discipline était sévère? Est-ce que vous vous souvenez *(remember)* d'une punition *(punishment)* que quelqu'un a eue?
4. Est-ce que vous êtes nostalgique des années où vous étiez à l'école primaire? Expliquez.

Voix en direct: Bring your notes from the online activity to class.

Pour comparer

plus grand(e) que
moins grand(e) que
aussi grand(e) que

Le chien est plus grand que le chat.

C8-8 Les époques

Que pensez-vous de ces phrases? Selon *(According to)* vous, sont-elles vraies ou fausses? Corrigez les fausses.

1. Les États-Unis des années 1950 étaient ethniquement plus homogène que les États-Unis d'aujourd'hui.
2. L'environnement est plus en danger maintenant que pendant les années 1990.
3. On trouve de meilleurs ordinateurs aujourd'hui qu'il y a dix ans.
4. Les jeunes filles de notre époque sont généralement aussi indépendantes que leurs mères.
5. La génération de nos parents était moins conservatrice que notre génération.
6. La violence dans les écoles américaines est pire qu'avant.
7. Un Français avec son béret et sa baguette est une image plus stéréotypée que correcte.
8. Aujourd'hui, les films animés sont moins bons qu'il y a dix ans.

> **Sondage: Votre vie maintenant**
> Vous avez peut-être complété une activité en ligne sur ce sujet *(topic)*. Maintenant, discutez: Qu'est-ce qui a changé le plus dans votre vie *(life)* depuis la fin *(end)* du lycée?

C8-9 Mon (Ma) meilleur(e) ami(e)

A. Quand vous étiez petit(e), comment s'appelait votre meilleur(e) ami(e)? Comparez-vous avec lui/elle. Suivez *(Follow)* les indications pour écrire cinq phrases avec les expressions comparatives **plus, moins, aussi, meilleur(e)** et **pire.**

1. âge: jeune, âgé(e)
2. personnalité: sociable, timide, sympathique, désagréable, idéaliste, réaliste, pessimiste
3. physique: grand(e), petit(e)
4. à l'école: sérieux / sérieuse, meilleur(e), fort(e) en maths (langues, sciences…)
5. autres: sportif / sportive, actif / active, passionné(e) de musique (de shopping, de cinéma, de jeux vidéo…)

B. Maintenant, présentez votre comparaison à votre groupe. Le groupe va décider qui était le/la plus similaire à son/sa meilleur(e) ami(e) et qui était le/la plus différent(e).

C8-10 Le top 5 du moment

Par groupes de trois, faites une liste de votre top 5 selon l'opinion du groupe. Utilisez votre imagination.

- la personne la plus grande / comique / sérieuse de la classe
- le/la meilleur(e) athlète de la classe
- le vêtement le plus populaire sur ce campus
- le meilleur film de l'année
- le pire film de l'année
- le meilleur groupe musical
- le/la meilleur(e) chanteur / chanteuse
- le meilleur restaurant près du campus
- le plus grand concert de l'année
- l'événement le plus important de l'année

Structure 8.3 Linking ideas *Les pronoms relatifs* **qui, que** *et* **où**

C8-11 Photos à partager

A. Marlène travaille comme au pair à Paris. Elle a mis cette photo sur Facebook. Complétez sa description avec le pronom relatif approprié.

1. C'est le garçon _____ avait 5 ans.
2. C'est le jour _____ nous sommes allés au jardin du Luxembourg.
3. C'est le bateau *(boat)* _____ le garçon aimait.
4. C'est le chapeau _____ est tombé dans l'eau.

B. Voici une autre photo. Avec un(e) partenaire, finissez les phrases pour décrire la photo.

1. C'est le jour où…
2. Ce sont les amis que / qui…
3. C'est le gâteau *(cake)* que / qui…

Monkey Business Images/ Shutterstock.com

C8-12 Le hit-parade de votre enfance

Souvent sur Facebook, on poste des vidéos, des photos et des informations sur nos activités préférées. Posez ces questions à un(e) partenaire pour comprendre les préférences de son enfance. Ensuite, trouvez les souvenirs que vous avez en commun. Présentez-les à la classe.

emka74/Shutterstock.com

Modèle: un chanteur que tu écoutais beaucoup
— *Est-ce qu'il y avait un chanteur que tu écoutais beaucoup?*
— *Oui, Justin Bieber.*

1. une marque *(brand)* de vêtements ou de chaussures que tout le monde portait
2. un lieu où tu aimais aller
3. un film qui était populaire
4. une chanson qui passait toujours à la radio
5. une émission *(broadcast)* de télévision que tu regardais
6. une activité que tu n'aimais pas faire

Monkey Business Images/Shutterstock

— Est-ce que **tu te souviens de** *(do you remember)* ton premier jour à l'école?
— Oui, **je me souviens** très bien **de** *(I remember)* ce jour-là. J'avais quatre ans…

C8-13 **Est-ce que tu te souviens de (Do you remember)…?**

A. D'abord, utilisez ces éléments pour former six à huit questions que vous voulez poser à vos partenaires.

Modèle: *Est-ce que tu te souviens d'une activité qui était interdite?*

une activité		était interdite *(forbidden)*
un président		tu admirais
un pays		tu voulais aller
un(e) musicien(ne)	qui	tes parents écoutaient
un film	que	tout le monde critiquait / adorait
un lieu	où	tu ne pouvais pas aller
un(e) acteur / actrice		a influencé ta vie *(life)*
une chose		tes parents répétaient
une personne		était toujours gentille envers *(towards)* toi

B. Par groupes de quatre, posez vos questions aux autres membres du groupe. Qu'est-ce que vous avez en commun? Expliquez à la classe deux des réponses les plus fréquentes.

Modèle:
— *Est-ce que tu te souviens d'une activité qui était interdite?*
— *Oui, je ne pouvais pas sortir pendant la semaine.*

C8-14 **Vos souvenirs**

Travaillez en petits groupes pour apprendre quelque chose sur les souvenirs de vos camarades.

Modèle: les copains
— *Parle-moi un peu de tes copains. Est-ce que tu te souviens d'un copain en particulier? Comment s'appelait-il? Il faisait du sport?*
— *Je me souviens d'un copain qui était très sportif. Il s'appelait Richard. Il jouait au foot, au baseball et au tennis, des sports que je ne faisais pas.*

1. copain(s) / copine(s)
2. anniversaires
3. voyages
4. animaux domestiques
5. passe-temps

Jiri Vadavek/Shutterstock.com

Structure 8.4 **Reading and writing to others** *Les verbes* **lire** *et* **écrire** *et les pronoms d'objet indirect*

C8-15 ⚡ Associations rapides

Répondez aussi vite que possible aux questions de votre partenaire.

Modèle: envoyer des messages sur Facebook

— *Qui t'envoie des messages sur Facebook?*
— *Mes copains m'envoient des messages sur Facebook.*

1. parler de ses problèmes
2. inviter à sortir
3. écouter
4. téléphoner souvent
5. écrire des textos
6. donner de l'argent

C8-16 L'idéal

A. Imaginez que vous êtes le frère ou la sœur aîné(e) idéal(e). Dans chaque réponse, choisissez **lui** ou **leur** pour compléter les phrases.

Modèle: Mon frère a faim. Je (*lui* / leur) prépare un sandwich.

1. Nos parents veulent savoir *(to know)* à quelle heure nous rentrons de l'école. Je (lui / leur) écris un texto quand nous arrivons à la maison.
2. Ma petite sœur veut manger des bonbons. Je (lui / leur) explique qu'elle doit manger des fruits.
3. Ma sœur et mon frère veulent regarder la télé. Je (lui / leur) réponds qu'il faut d'abord finir les devoirs.
4. Mon frère et ma sœur ont des difficultés avec des copains à l'école. Je (lui / leur) donne des conseils.
5. Mon frère a l'air triste. Il (lui / me) parle de son problème.

B. ⚡ Maintenant, écrivez une liste de cinq choses que vous faites pour votre meilleur(e) ami(e). Comparez votre liste avec celle d'un(e) autre étudiant(e). Que faites-vous en commun?

C. 🔲 Avec toute la classe, préparez une liste de 8 conseils pour être le frère ou la sœur idéal(e).

CREATISTA/Shutterstock.com

C8-17 À qui est-ce que vous écrivez?

Quand est-ce que vous écrivez à ces personnes? Et quand est-ce qu'elles vous écrivent? Posez les questions à un(e) partenaire et répondez avec le pronom d'objet indirect approprié.

Modèle: ta tante et ton oncle

— *Quand est-ce que tu écris à ta tante et à ton oncle?*
— *Je leur écris une carte de vœux à Noël.*
— *Quand est-ce qu'ils t'écrivent?*
— *Ils m'écrivent pour mon anniversaire.*

Vocabulaire utile: une carte de vœux à Noël, un e-mail, un texto, une carte postale, une carte d'anniversaire, une lettre…

1. ta grand-mère
2. ton/ta meilleur(e) ami(e)
3. ta mère
4. ton père
5. tes frères et sœurs
6. ta tante et ton oncle

C8-18 Interview

Voici une interview avec M. Moncourtois, réalisateur *(film director)* français. Avec un(e) partenaire, associez les questions et les réponses pour reconstruire l'interview, puis jouez-la.

1. Vous aimiez beaucoup regarder des films quand vous étiez jeune?
2. Et vous alliez souvent au cinéma?
3. Vos parents comprenaient votre passion pour le cinéma?
4. Donc, vous ne leur parliez pas de votre fascination?
5. Est-ce que vous aviez une idole?
6. Qu'est-ce que vous recommandez aux jeunes qui veulent faire du cinéma?
7. Pourquoi avez-vous choisi de quitter Hollywood et de revenir en France?
8. Merci, M. Moncourtois, de nous avoir accordé cette interview.

a. Je leur explique de ne jamais abandonner.
b. Non, ils ne me comprenaient pas. Ils étaient trop occupés avec leurs propres affaires.
c. Oui, c'était Belmondo. Je l'adorais.
d. J'y allais tous les samedis.
e. Oui, j'adorais ça! J'étais un vrai fan!
f. Non, je ne pouvais pas leur en parler. De toute façon, on se parlait peu chez moi.
g. Je vous en prie. C'était un plaisir.
h. Ce retour, j'y ai réfléchi pendant des années. Après tout, je suis un réalisateur français!

C8-19 Sur les réseaux sociaux

Quand vous lisez un post sur Facebook, Twitter ou Instagram, est-ce que vous répondez tout de suite *(immediately)*? Comment doit-on se comporter sur les réseaux sociaux *(social networks)*? En groupes, dressez une liste de règles *(rules)* d'étiquette à respecter en ligne.

Vocabulaire utile:

donner son avis
faire attention à ce qu'on écrit
réagir à un commentaire
répondre
écrire un post

lire un post, un blogue
afficher *(to post)*
bloguer
être ami(e) sur Facebook
rester poli(e) *(to be polite)*

Instagram

Inscrivez-vous pour voir les photos et vidéos de vos amis.

f Se connecter avec Facebook

Les BD

Les grands classiques de la **bande dessinée**[1] **franco-belge**[2] sont **connus partout**[3] dans le monde. Les albums de Tintin, d'Astérix, de Lucky Luke, de Boule et Bill et des **Schtroumpfs**[4] sont **traduits**[5] dans **plus d'une centaine de**[6] langues. Ces bandes dessinées sont souvent adaptées au cinéma. Les thèmes les plus populaires? L'humour et les **récits**[7] d'aventure.

[1]cartoons [2]French-Belgian [3]known everywhere [4]Smurfs [5]translated [6]more than a hundred [7]tales

Little, Brown & Company/Photofest

Depuis une **dizaine d'années**[1], un nouveau genre de bandes dessinées **est apparu**[2]: le **roman graphique**[3]. Marjane Satrapi raconte son enfance en Iran et son adolescence en Europe dans la série *Persépolis*. Son adaptation au cinéma a aussi connu un succès international (nommée pour l'Oscar du Meilleur film d'animation en 2008).

[1]ten years [2]has appeared [3]graphic novel

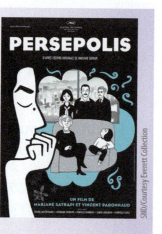

SND/Courtesy Everett Collection

C8-20 Avez-vous compris?

1. *Les Schtroumpfs* sont un exemple d'…
   a. une bande dessinée qui a eu du succès au cinéma.
   b. un film dont *(whose)* le thème est l'aventure sur une autre planète.
   c. un roman graphique.

2. *Persépolis* est…
   a. une bande dessinée comique pour enfants.
   b. l'histoire d'une jeune fille iranienne.
   c. une bande dessinée franco-belge.

C8-21 ET VOUS?

1. Quelles bandes dessinées lisiez-vous quand vous étiez plus jeune? Laquelle est-ce que vous préfériez? Pourquoi?
2. Quelle BD est-ce que vous préférez maintenant? Pourquoi l'aimez-vous?
3. Avez-vous vu un film adapté d'une bande dessinée? Lequel? Q'est-ce que vous préférez, le film ou la BD?
4. Est-ce que vous achetez des produits dérivés d'une bande dessinée? Pourquoi?
5. Est-ce que les romans graphiques sont populaires chez vous? Donnez un exemple de roman graphique.

Et vous?: Bring your notes from the online activity to class.

Structure 8.5 **Narrating in the past** *Le passé composé et l'imparfait*

C8-22 🔲 **À chaque génération ses goûts**

Comparez ce qui était tendance *(trendy)* quand vos parents étaient jeunes avec ce qui est à la mode maintenant.

La musique

1. Quand mes parents étaient au lycée, ils écoutaient…
   - ○ Santana
   - ○ Whitney Houston
   - ○ U2
   - ○ Michael Jackson
   - ○ Madonna

2. Moi, au lycée, j'écoutais…

La mode

3. Quand ma mère était au lycée, les… étaient très à la mode pour les filles.
   - ○ mini-jupes
   - ○ vêtements hippies
   - ○ jeans délavés *(acid washed)*
   - ○ polos
   - ○ tennis Air Jordan

4. Quand mon père avait 18 ans, les… étaient à la mode pour les garçons.
   - ○ barbes
   - ○ moustaches
   - ○ cheveux longs
   - ○ cheveux courts
   - ○ boucles d'oreille *(earrings)*

5. Moi, quand j'étais au lycée, les… étaient très à la mode.

La télé

6. Quand mes parents étaient à l'école primaire, ils regardaient… à la télé.
   - ○ *Happy Days*
   - ○ *Sesame Street*
   - ○ *Teenage Mutant Ninja Turtles*
   - ○ *Different Strokes*

7. Quand j'étais à l'école primaire, je regardais… à la télévision.

Les célébrités

8. Quand ma mère avait 18 ans, … était la personne la plus connue.
   - ○ la princesse Diana
   - ○ Bill Clinton
   - ○ Michael Jordan
   - ○ Julia Roberts

9. Quand j'avais 18 ans, … était la personne la plus connue.

C'était le style hip hop des années 1990.

À l'école primaire, on utilisait des tablettes dans la classe de science. C'était cool!

Thème 5 Souvenirs d'une époque

C8-23 **Quel âge avais-tu?**

Posez la question à un(e) partenaire. Vous pouvez répondre en donnant *(by giving)* votre âge ou en disant *(by saying)* que vous étiez à l'école maternelle, à l'école primaire, au collège *(middle school)* ou au lycée.

Modèle: Michael Jackson est mort

— *Quel âge est-ce que tu avais quand Michael Jackson est mort?*

— *J'avais seize ans. / J'étais au lycée.*

1. des terroristes ont attaqué le World Trade Center à New York
2. tu as conduit pour la première fois
3. Barack Obama est devenu président des États-Unis
4. tu as voyagé seul(e) en avion
5. le dernier film de Harry Potter est sorti
6. Steve Jobs est mort

C8-24 **L'arrivée à la fac**

Avec un(e) partenaire, lisez le passage et faites une liste des verbes qui décrivent et de ceux *(those)* qui racontent *(say what happened)*.

Vous souvenez-vous de votre premier jour à la fac aux États-Unis?

Oui, **c'était** le mois de septembre et il **faisait** très chaud. Je **portais** une robe d'été. J'**avais** peur *(I was afraid)* parce que mon anglais n'était pas très bon et je **me sentais** très seule. Quand je **suis arrivée** dans ma chambre, j'**ai vu** une fille blonde assise *(sitting)* sur le lit, qui **remplissait** *(was filling in)* une fiche *(a form)*. Elle m'**a dit** «bonjour». Nous **sommes parties** ensemble à la cafétéria où j'**ai rencontré** ses amis.

C8-25 **Une histoire**

Répondez aux questions pour créer une histoire au passé.

Votre dernière sortie au cinéma

1. C'était quel jour de la semaine?
2. Quel temps faisait-il?
3. Est-ce que vous étiez seul(e)(s)?
4. Où était le cinéma?
5. Comment est-ce que vous y êtes allé(e)(s)?
6. Vous êtes arrivé(e)(s) à l'heure, en avance ou en retard?
7. Combien est-ce que vous avez payé votre billet?
8. Vous avez acheté du pop-corn ou une boisson?
9. Comment était le film?
10. Qu'est-ce que vous avez fait après le film?

C8-26 **Une photo sur Instagram**

A. Voici la dernière photo que Katie a affichée *(posted)* sur Instagram. Répondez aux questions pour décrire la photo.

1. Quel temps faisait-il?
2. Où est-ce qu'elle était quand elle a pris la photo?
3. Qu'est-ce qu'elle portait?
4. Est-ce qu'elle était heureuse? Imaginez pourquoi.
5. Imaginez ce qu'elle a fait après…

B. Montrez une autre photo à un(e) partenaire. Décrivez-la. Imaginez ce qui s'est passé après.

C8-27 Vidéo: Les copains

Maintenant, c'est à vous d'écrire votre propre *(own)* conversation. Suivez *(Follow)* ces étapes pour créer votre dialogue.

- Deux ami(e)s se retrouvent pour une promenade au parc.
- Ils/Elles parlent du parc.
- Ils/Elles partagent leurs souvenirs d'enfance.
- Ils/Elles partagent quelque chose à manger (un croissant, un sandwich…).

Expressions utiles:

- Tu te souviens d'un parc où tu allais quand tu étais petit(e)?
- Qu'est-ce que tu aimais faire au parc?
- Il y avait une aire de jeu *(playground)* près de chez toi?
- Tu as apporté quelque chose à manger *(something to eat)*?

Soyez prêt(e)s à *(Be prepared to)* jouer la conversation devant la classe.

C8-28 Situations à jouer

1. Write down three childhood memories, two true and one imagined, on a sheet of paper. Try to be as creative as you can so your classmates will not know which statements are true and which is false. After you read your sentences out loud, the class will vote on each statement. Keep a tally to determine how many students mistakenly believe the false statement. The student who tricks the most students wins.

Modèle: *J'avais une collection de papillons. J'ai dansé le rôle de Clara dans le ballet* Casse-Noisette (The Nutcracker). *J'avais neuf chiens et trois chats.*

2. Pick one of these topics and ask your partner about his/her best memories. Say at least three things about the topic.
   a. best birthday ever
   b. best concert ever attended
   c. best day at school

C8-29 Explorez en ligne.

Les personnages de BD

Share your discoveries about cartoons. Which characters did you find interesting? How are they? Are there similar characters in American cartoons?

> **Vidéo & Explorez en ligne:** Bring your notes from the online activities to class.

Synthèse

Lecture

Avant de lire

1. Un(e) élève qui se comporte *(behaves)* mal à l'école est parfois renvoyé(e) *(suspended)* de l'école pendant un ou deux jours. Imaginez les raisons possibles pour renvoyer un(e) élève de l'école.

☐ obtenir de bonnes notes
☐ obtenir de mauvaises notes
☐ être absent(e) trop souvent
☐ être agressif / agressive
☐ posséder de la drogue
☐ posséder une arme
☐ posséder de l'alcool
☐ parler trop en classe
☐ ne pas répondre aux questions du professeur
☐ commettre un vol *(theft)*
☐ tricher *(to cheat)* à un examen
☐ jurer *(to curse)* ou insulter

2. Dans ce texte, les enfants appellent le surveillant, la personne responsable de la discipline, «le Bouillon». Quand vous étiez jeune, aviez-vous un nom spécial pour les adultes que vous n'aimiez pas?

Stratégie de lecture: Identifying key elements

Short stories are short narrative works of fiction. To understand and appreciate them, it helps to identify these five key elements.

- Narrator: Who is telling the story?
- Characters: Who is/are the main character(s)?
- Setting: Where and when does the story take place?
- Plot: What series of events occurs?
- Conflict: What kind of struggle is/are the main character(s) engaged in?

Read the first four sentences of the story. Identify the basic information related to the five key elements.

Alceste a été renvoyé
Jean-Jacques Sempé et René Goscinny

1   Il est arrivé une chose terrible à l'école: Alceste a été renvoyé!

recess   Ça s'est passé pendant la deuxième **récré**° du matin. Nous étions tous là à jouer à la balle au

5 chasseur, vous savez comment on y joue: celui qui a la balle, c'est le **chasseur**°; alors, avec la balle il **essaie**

hunter

tries to hit / cries   **de taper**° sur un copain et puis le copain **pleure**° et devient chasseur à son tour. C'est très **chouette**°. Les seuls qui ne jouaient pas, c'étaient Geoffroy, qui est absent; Agnan, qui repasse toujours ses leçons pendant la récré; et Alceste, qui mangeait sa dernière **tartine à la confiture**° du matin. Alceste garde toujours sa plus grande tartine pour la deuxième récré, qui est un peu plus longue que les autres. Le chasseur, c'était Eudes, et ça n'arrive pas souvent: comme il est très fort, on essaie toujours de ne pas l'**attraper**° avec la balle, parce que quand c'est lui qui chasse, **il fait drôlement mal**°. Et là, Eudes **a visé**° Clotaire, qui **s'est jeté**° par terre avec les mains sur la tête; la balle est passée **au-dessus de**° lui, et bing! Elle est venue taper dans le **dos**° d'Alceste qui **a lâché**° sa tartine, qui est tombée du côté de la confiture. Alceste, **ça ne lui a pas plu**°; il est devenu tout rouge et il s'est mis à pousser des cris; alors, le Bouillon—c'est notre surveillant—il est venu **en courant**° pour voir ce qui s'est passé, ce qu'il n'a pas vu, c'est la tartine, et il a marché dessus, il a glissé et il y est **presque**° tombé. Il a été **étonné**°, le Bouillon, il avait tout plein de confiture sur sa chaussure. Alceste, ça a été terrible, il a agité les bras et il a crié:

— Nom d'un chien, zut! Pouvez pas faire attention où vous **mettez les pieds**°? C'est vrai, quoi, **sans blague**°!

Il était drôlement **en colère**°, Alceste; **il faut**° dire qu'il ne faut jamais **faire le guignol**° avec sa nourriture, surtout quand c'est la tartine de la deuxième récré. Le Bouillon, il n'était pas content non plus.

— Regardez-moi bien dans les yeux, il a dit à Alceste: qu'est-ce que vous avez dit?

— J'ai dit que nom d'un chien, zut, vous n'avez pas le droit de marcher sur mes tartines! a crié Alceste.

Alors, le Bouillon a pris Alceste par le **bras**° et il l'**a emmené**° avec lui. Ça faisait **chouic**°, chouic, quand il marchait, le Bouillon, à cause de la confiture qu'il avait au pied…

Et puis le directeur a dit à Alceste de prendre ses **affaires**°. Alceste y est allé **en pleurant**°, et puis il est parti, avec le directeur et le Bouillon. Nous, on a tous été très tristes. La **maîtresse**° aussi.

Goscinny/Sempé, *Les récrés du petit Nicolas* © Éditions Denoël, 1961, 2002

cool, great
bread with jam
catch
it really hurts / aimed / threw himself / above / back / let go of
he didn't like it
running
almost / surprised
put your feet / no kidding
angry / one must
to play around
arm / brought
squish
belongings
crying
school teacher

C8-31 Intégration

Répondez aux questions.

1. Geoffroy, Agnan et Alceste ne jouaient pas pendant la récréation. Que faisaient-ils?
2. Pourquoi est-ce qu'on a peur quand Eudes est chasseur?
3. Pour quelle raison est-ce qu'Alceste a laissé tomber sa tartine?
4. Qui a marché sur la tartine d'Alceste?
5. Qu'a dit Alceste au surveillant?
6. Quels sont les éléments qui montrent que c'est un enfant qui raconte l'histoire? Parlez du langage, du point de vue, …

C8-32 ET VOUS?

Vous souvenez-vous d'une anecdote au sujet d'un enfant qui a eu des ennuis *(got into trouble)* à l'école? Inspirez-vous de votre propre expérience.

- Qui?
- Quand?
- Où?
- Qu'est-ce qu'il/elle a fait?
- Qu'est-ce qui s'est passé après?

Intégration & Et vous? Bring your notes from the online activities to class.

Synthèse

Expression écrite

VOTRE PREMIER JOUR AU CAMPUS

In this essay, you will write about your arrival as a new student on campus.

■ **Première étape:** The first step in writing a description of an event is to gather the information about your story. Start with the following cues and jot down your responses.

- C'était en août, septembre…
- Il faisait beau, chaud, mauvais…
- J'étais content(e), enthousiaste, nerveux / nerveuse…
- Je suis allé(e)…
- J'ai fait la connaissance de…
- J'ai vu / visité…
- Ensuite…
- À la fin de la journée…

> Refer to online for **Deuxième, Troisième, Quatrième,** and **Cinquième étapes.**

XiXinXing/Shutterstock.com

Juri Pozzi/Shutterstock.com

Structure 8.1

Talking about how things used to be *L'imparfait*

The **imparfait** is used:

- to describe how things were in the past:

Quand j'**étais** petite, j'**habitais** en ville avec ma mère et mon père. — *When I was little, I lived in town with my mother and father.*

- to describe what people used to do or were doing:

Quand je **rentrais** de l'école, je **faisais** mes devoirs. — *When I returned from school, I would do (used to do) my homework.*

- to describe feelings and attitudes:

J'**étais** plutôt réservée. — *I was rather shy.*

- to describe age, time, and weather in the past:

J'**avais** 10 ans. — *I was 10 years old.*
Il **était** midi. — *It was noon.*
Il **faisait** beau. — *The weather was nice.*

To form the **imparfait,** remove the **-ons** ending from the **nous** form of the present tense and add the endings to the stem:

parler (parl~~ons~~)

je parl**ais**	nous parl**ions**
tu parl**ais**	vous parl**iez**
il/elle/on parl**ait**	ils/elles parl**aient**

finir (finiss~~ons~~)

je finiss**ais**	nous finiss**ions**
tu finiss**ais**	vous finiss**iez**
il/elle/on finiss**ait**	ils/elles finiss**aient**

vendre (vend~~ons~~)

je vend**ais**	nous vend**ions**
tu vend**ais**	vous vend**iez**
il/elle/on vend**ait**	ils/elles vend**aient**

The verb **être** has an irregular stem in the **imparfait.**

être

j'étais	nous étions
tu étais	vous étiez
il/elle/on était	ils/elles étaient

To form the **imparfait** of verbs whose infinitives end in **-cer,** you must add a **cédille** to the **c** before an **a.**

commencer

je commençais	nous commencions
tu commençais	vous commenciez
il/elle/on commençait	ils/elles commençaient

For infinitives ending in **-ger,** you add an **e** before an **a.**

manger

je mang**e**ais	nous mangions
tu mang**e**ais	vous mangiez
il/elle/on mang**e**ait	ils/elles mang**e**aient

The verb **devoir** (*must, to have to*) changes its meaning in the **imparfait.** It means *was supposed to.*

Il **devait** arriver avant minuit. — *He was supposed to arrive before midnight.*

Structures

Structure 8.2

Making comparisons *Le comparatif et le superlatif des adjectifs*

Comparative

The following structures are used in descriptions that compare people and things.

+	plus (adjectif) que
–	moins (adjectif) que
=	aussi (adjectif) que

Je suis **plus grande que** toi.   *I'm taller than you.*
Je suis **moins prudent que** lui.   *I'm less careful than him.*
Elle est **aussi stricte que** moi?   *Is she as strict as me?*

The irregular adjective **bon** has three comparative forms:

+	meilleur(e)(s) que	*better than*
–	moins bon(ne)(s) que / pire(s) que	*worse than*
=	aussi bon(ne)(s) que	*as good as*

Il est **meilleur que** nous.   *He's better than us.*
Ce film est **aussi bon que** le dernier.   *That film is as good as the last one.*

Tu es **pire que** Pierre en anglais?   *Are you worse than Peter in English?*

Superlative

It is used for expressing extremes and for singling out an item in a group. Note that **de** after a superlative in French may be translated as *in* or *of* in English.

le						
la	+	plus moins	+	adjectif	+	(de)
les						

Mon frère est **le plus** sérieux **de** ma famille.   *My brother is the most serious in my family.*

Bon and **mauvais** have irregular superlative forms.

C'est **la meilleure** idée.   *It's the best idea.*
C'était **le pire moment de** ma vie.   *It was the worst moment in my life.*

Remember that a small group of adjectives precede the noun (**bon, mauvais, petit, grand...**) and all others follow.

- Adjectives that precede the noun:
  C'est **la plus longue** <u>journée</u> de ma vie.   *It's the longest day of my life.*

- Adjectives that normally follow the noun:
  J'ai choisi le <u>livre</u> **le plus difficile** à lire.   *I chose the most difficult book to read.*

Structure 8.3

Linking ideas *Les pronoms relatifs **qui**, **que** et **où***

They enable you to avoid repetition by combining two sentences, or clauses.

Qui: is used to replace the <u>subject</u> of a sentence—a person, thing, or idea. Its English equivalent is *who, which,* or *that.* **Qui** is followed by a verb.

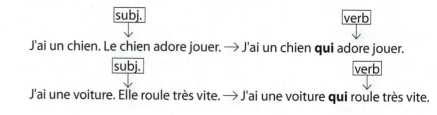

Que/Qu': refers to the <u>direct object</u> of a sentence—a person, thing, or idea. Its English equivalent is *who, whom, which,* or *that.* **Que** is followed by a subject and a verb.

La maison était dans ce village. Elle aimait <u>la maison</u>. → La maison **qu'**elle aimait était dans ce village.

L'étudiant est ici. Tu connais <u>cet étudiant</u>. → L'étudiant **que** tu connais est ici.

Où: refers to places or expressions of time. Its English equivalent is *where, that,* or *when.* Although it can sometimes be omitted in English, it is obligatory in French.

Voilà le café **où** j'ai rencontré Serge.
C'était l'année **où** il a commencé l'école.

There's the café where I met Serge.
It was the year (that) he started school.

Reading and writing to others   *Les verbes **lire** et **écrire** et les pronoms d'objet indirect*

lire *(to read)*

je lis	nous lisons
tu lis	vous lisez
il/elle/on lit	ils/elles lisent
passé composé: j'ai lu imparfait: je lisais	

écrire *(to write)*

j'écris	nous écrivons
tu écris	vous écrivez
il/elle/on écrit	ils/elles écrivent
passé composé: j'ai écrit imparfait: j'écrivais	

Vous **lisez** le journal le matin.
Elle **écrivait** souvent à son copain.

You read the paper in the morning.
She used to write to her boyfriend often.

The verb **décrire** *(to describe)* is conjugated like its base verb **écrire**.

Indirect object pronouns

Communication verbs like **écrire** generally include the notion of transferring information from one source to another. They are commonly used with an indirect object, or an object preceded by a preposition. Indirect objects can be replaced by indirect object pronouns to avoid repeating the noun.

— Tu vas parler **à ton prof**?

— Oui, je vais **lui** parler aujourd'hui.

— *Are you going to talk to your professor?*

— *Yes, I'm going to talk to him/her today.*

Note that only the third-person pronouns are different between direct and indirect object pronouns.

direct object pronouns		indirect object pronouns	
singular	**plural**	**singular**	**plural**
me/m'	nous	me/m'	nous
te/t'	vous	te/t'	vous
le, la, l'	**les**	**lui**	**leur**

Here are some transfer verbs:

demander à	*to ask*	emprunter à	*to borrow from*
dire à	*to say to*	montrer à	*to show to*
donner à	*to give to*	prêter à	*to lend to*
écrire à	*to write to*	téléphoner à	*to phone*

Structures

Word order with pronouns

Direct and indirect object pronouns precede the main verb of a sentence.

Elle **vous** donne son opinion. *She's giving you her opinion.*

In the **passé composé,** they precede the auxiliary verb **avoir** or **être.**

Le journaliste **t'**a posé des questions? *Did the journalist ask you questions?*

Il **nous** a parlé de ses ambitions. *He spoke to us about his ambitions.*

In the **futur proche** or any other two-verb sentence, the pronoun precedes the infinitive.

Je vais **te** téléphoner ce soir. *I'm going to phone you this evening.*

J'aimerais **lui** raconter l'histoire. *I'd like to tell him the story.*

Structure 8.5

Narrating in the past   *Le passé composé et l'imparfait*

Passé composé: In general, it is used to:

- tell what happened:
  Hier, j'**ai eu** un accident de voiture.
  Les États-Unis **ont déclaré** leur indépendance en 1776.

- narrate a sequence of events:
  Ce matin, j'**ai préparé** le petit déjeuner. Nous **avons mangé**, puis nous **sommes partis** pour l'école.

Imparfait: In general, it is used to describe:

- feelings and thoughts:
  J'**étais** triste parce que mon ami n'**était** pas à l'école.
  Paul **avait** froid *(was cold)*.

- what was going on or what used to happen:
  Les jeunes filles ne **portaient** pas de pantalons à l'école.

- age:
  Jean-Luc **avait** seize ans quand il a appris à conduire.

- weather:
  Il **faisait** beau quand nous sommes sortis pour faire une promenade.

- time:
  Il **était** six heures quand le train est arrivé.

Vocabulaire

Vocabulaire actif

NOMS
un album (photo) *(photo) album*
un parc *park*
un souvenir *memory*

VERBES
communiquer *to communicate*
comparer *to compare*
décrire *to describe*
demander (à) *to ask*
dire (à) *to say (to)*
donner (à) *to give (to)*
écrire (à) *to write (to)*
emprunter (à) *to borrow (from)*
envoyer (à) *to send (to)*
lire *to read*
montrer (à) *to show (to)*
prêter (à) *to loan; to lend (to)*
raconter (à) *to tell a story (to)*

rendre visite (à) *to visit (a person)*
répondre (à) *to answer; to respond*
ressembler (à) *to look like*
se souvenir de *to remember*
téléphoner (à) *to call, phone*

ADJECTIF
trop mignon / mignonne *too cute*

ADVERBES
haut *high*
plutôt *rather*
rapide *fast*
trop *too*

DIVERS
Comparatifs *Comparatives*
plus… que *more…than*
aussi… que *as…as*
moins… que *less…than*
meilleur(e) que *better than*

pire que *worse than*

Superlatifs *Superlatives*
le/la/les plus *the most*
le/la/les moins *the least*
le/la/les meilleur(e)(s) *the best*
le/la/les pire(s) *the worst*

Pronoms relatifs *Relative pronouns*
où *where, when, that (replacing a place or a date)*
que *who(m), that, which (replacing a direct object)*
qui *who, that, which (replacing a subject)*

Pronoms d'objet *Indirect object*
** indirect** *pronouns*
me *to me*
te *to you (sing, fam)*
lui *to him/her*
nous *to us*
vous *to you (pl, formal)*
leur *to them*

Vocabulaire passif

NOMS
une adresse (e-mail) *(e-mail) address*
une aventure *adventure*
une balançoire *swing*
une bande dessinée (une BD, fam) *cartoon*
un bâtiment *building*
un bulletin scolaire *report card*
une chanson *song*
le châtiment corporel *corporal punishment*
le collège *middle school*
une cour *courtyard*
un(e) directeur / directrice *school principal*
la discipline *discipline*
une école maternelle *kindergarten*
une école primaire *elementary school*
un(e) élève *(m, f)* *pupil (pre-university)*
l'enfance *(f)* *childhood*
une époque *era*
un film animé *animated movie*
un lycée *high school*

un papillon *butterfly*
une pelouse *lawn*
une punition *punishment*
un quartier *neighborhood*
la récréation (la récré, fam) *recess*
une règle *ruler; rule*
un roman graphique *graphic novel*
un(e) surveillant(e) *person in charge of discipline*
un toboggan *slide*
un tricycle *tricycle*

VERBES
avoir peur (de) *to be afraid (of)*
chasser *to chase*
se comporter *to behave*
conduire *(p.p. conduit)* *to drive*
copier *to copy*
critiquer *to criticize*
être à la mode *to be in fashion*
expliquer *to explain*

influencer *to influence*
jouer à la poupée *to play with dolls*
poser (une question) *to ask (a question)*

ADJECTIFS
élégant(e) *elegant*
inquiet / inquiète *worried*
satisfait(e) *satisfied*

Mots apparentés: homogène, perfectionniste, turbulent(e)

DIVERS
Quelles sont les différences entre…? *What are the differences between…?*
à l'époque *at that time*
envers *toward*
vite *fast*

In this module, you will:

- talk about your daily routine and recount an anecdote.
- describe your house and talk about household chores.
- complain about aspects of your living situation that bother you.
- talk about student life using casual language.
- talk about shopping.
- learn about the French high school and university systems.
- learn about Erasmus, the study-abroad program for European university students.

Daxiao Productions/Shutterstock.com

Structure 9.1 **Describing your daily routine** *Les verbes pronominaux* (suite)

C9-1 Une journée typique

Avec un(e) partenaire, décrivez cette journée typique basée sur les images.

Modèle:

Elle se réveille tôt le matin.

1.

4.

2.

5.

3.

6.

C9-2 Les moments de la vie

Dites *(Say)* si vous faites ces activités le matin, l'après-midi ou le soir.

Modèle: aller à la gym

— *Je vais à la gym l'après-midi. Et toi?*

— *Moi, je ne vais pas à la gym.*

1. préparer du café
2. se maquiller / se raser
3. se doucher
4. s'endormir tôt / tard
5. se brosser les dents
6. faire du jogging / du sport
7. se laver les cheveux
8. aller à la gym

C9-3 Ma journée d'hier

Avec un(e) partenaire, parlez de vos activités d'hier.

1. Moi, je me suis réveillé(e) à... Et toi?
2. Moi, je me suis levé(e) à... Et toi?
3. Avant de partir de chez moi, j'ai / je me suis...
   Et toi?
4. Hier après-midi, je/j'... Et toi?
5. Hier soir, je/j'... Et toi?
6. Je me suis couché(e) à... Et toi?

Sondage: La routine du matin

Vous avez peut-être complété une activité en ligne sur ce sujet. Maintenant, discutez: Que détestez-vous le plus dans votre routine du matin? Vous considérez-vous une personne du matin? Pourquoi?

C9-4 Une journée pas comme les autres

Avec un(e) partenaire, racontez *(tell about)* la journée d'Élodie.

1.

2.

3.

4.

5.

6.

7.

8.

C9-5 Comparez vos routines!

Par groupes de 3, posez-vous des questions pour identifier la personne qui fait ces choses.

Modèles: se réveille le plus tôt

— *À quelle heure est-ce que tu te réveilles, Jack?*
— *Moi, je me réveille à 8 heures.*
— *Et toi, Natalie?*
— *Je me réveille généralement à 8h30.*
— *Moi, je me réveille à 7 heures. Alors, je me réveille le plus tôt.*

passe le plus de temps à faire sa toilette

— *Emily, combien de temps mets-tu à faire ta toilette?*
— *Moi, je mets 30 minutes à me laver et me sécher les cheveux.*

- se réveille le plus tôt
- passe le plus de temps à faire sa toilette: se raser, se maquiller, se brosser les dents, se coiffer…
- se couche le plus tard
- va le plus à la gym
- travaille le plus
- s'endort parfois *(sometimes)* en classe
- s'amuse le plus le week-end

C9-6 Les objets et produits utiles

Formez des groupes de 3. Le/La partenaire A explique comment on utilise l'objet. Le/La partenaire B identifie l'objet. Le/La partenaire C dit *(says)* s'il/si elle utilise l'objet et pourquoi.

Modèle:

A: *On se sert de ça pour se sécher les cheveux.*
B: *C'est un sèche-cheveux.*
C: *Moi, je ne me sers pas d'un sèche-cheveux. J'ai les cheveux très courts.*

1. une brosse à dents
2. un rasoir électrique
3. du rouge à lèvres
4. du shampooing
5. un réveil
6. une serviette
7. du savon
8. une brosse

Structure 9.2 **Direct and indirect commands** *L'impératif et plus*

La maison

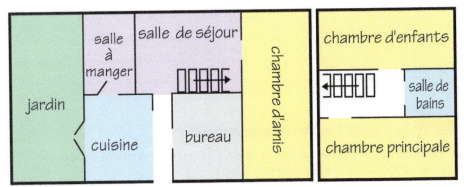

Aux Lilas

C9-7 **Renseignements pour un architecte**

A. D'abord, avec un(e) partenaire, identifiez les pièces où vous faites ces activités.

Où est-ce que…

1. tu fais tes devoirs?
2. tu fais la cuisine?
3. tu regardes la télé?
4. tu te couches?
5. tu te reposes?
6. tu te laves les cheveux?
7. tu manges?
8. tu parles avec tes amis?
9. tu passes le plus de temps?

B. Avec toute la classe, votez sur la pièce la plus importante dans une maison.

C9-8 **Une maison de star**

Par groupes, imaginez la maison d'une célébrité – peut-être c'est une star de cinéma, un chanteur / une chanteuse ou bien un(e) athlète. Qui est votre célébrité? Dans quelle ville est sa maison? Un(e) étudiant(e) du groupe va prendre des notes pour présenter votre maison à la classe.

Modèle: *Kanye West et Kim Kardashian ont une maison élégante à Cannes. Il y a…*

marekusz/Shutterstock.com

Vocabulaire utile:

Noms: une maison de 10 pièces / de 3 étages, une piscine, une plage *(beach)*, un balcon, une terrasse (sur le toit), une fontaine, un garage, un théâtre, un jardin, une véranda, un court de tennis, une gym, un potager *(vegetable garden)*, un bowling, un golf, une cheminée, un ascenseur *(elevator)*

Adjectifs: de style contemporain / moderne / traditionnel, élégant, splendide, énorme, vaste, gigantesque

C9-9 🔁 Où mettre…?

Les déménageurs (*movers*) ne savent (*know*) pas où ils doivent mettre vos meubles et objets. Utilisez le pronom **le**, **la** ou **les** pour ne pas répéter le nom de l'objet. Indiquez où vont les objets. Le/La partenaire A place les objets avec les nombres pairs (*even*) et le/la partenaire B place les objets avec les nombres impairs (*odd*).

Modèle: la lampe

— *Où est-ce qu'on met la lampe?*

— *On la met dans la chambre, sur la table de nuit.*

1. le canapé	la salle de séjour
2. la table basse	la chambre des enfants
3. les fauteuils	la salle à manger
4. la commode	la salle de bains
5. le four à micro-ondes	la cuisine
6. la télévision	la chambre principale
7. la grande table	
8. l'armoire	
9. les serviettes de bain (*towels*)	
10. le grand lit	

Les tâches ménagères

C9-10 🔁 Ça m'énerve!

Voici quelques habitudes qui risquent d'énerver (*to annoy*) un(e) colocataire. Travaillez à deux. Une personne lit l'action et l'autre réagit (*reacts*). Puis changez de rôles.

Mon/Ma coloc…	Ça m'énerve.	C'est pas grave.
1. ne fait jamais la vaisselle.		
2. ne fait pas son lit.		
3. laisse ses chips et ses bouteilles vides dans le salon.		
4. ne nettoie jamais la salle de bains.		
5. ne passe pas l'aspirateur.		
6. laisse (*leaves*) des pots de yaourt vides dans le frigo.		
7. ne débarrasse pas la table.		

C9-11 Sondage: Les tâches ménagères

A. Indiquez les tâches ménagères que vous faites régulièrement ou rarement et celles (*the ones*) que vous détestez faire.

tâches ménagères	ce que je fais régulièrement	ce que je fais rarement	ce que je déteste faire
faire la vaisselle	O	O	O
faire le lit	O	O	O
nettoyer la salle de bains	O	O	O
passer l'aspirateur	O	O	O
faire la lessive	O	O	O
jeter la poubelle	O	O	O
ranger	O	O	O
recycler	O	O	O
mettre la table	O	O	O

B.  Maintenant, en groupes, comparez vos réponses et faites un résumé pour la classe. Quelles sont les tâches ménagères que vous et les membres de votre groupe faites régulièrement? Rarement? Qu'est-ce que vous détestez faire?

Modèle: **faire la vaisselle**

— *Est-ce que vous faites la vaisselle?*
— *Oui, moi, je fais la vaisselle régulièrement. Et toi, Martha?*
— *Moi, je la fais rarement parce que je mange à la cafétéria.*

Résumé: *Dans notre groupe, nous faisons le lit et nous recyclons régulièrement, mais nous détestons nettoyer la salle de bains.*

C9-12 🔶 **Questions personnelles**

C9-12: Bring your notes from the online activity to class.

Répondez aux questions.

1. Comment est-ce que les tâches ménagères sont réparties *(distributed)* chez vous? Qui fait quoi?
2. Quelle tâche domestique est-ce que vous détestez le plus?

C9-13 🔄 **Un matin fou**

C'est le chaos chez vous ce matin. Vous devez prendre la situation en main *(in hand)*. On ne vous écoute pas; vous devez donc répéter vos demandes de différentes façons *(ways)*. Élaborez!

Modèle: Votre coloc est toujours au lit et vous partez ensemble pour la fac dans 15 minutes.
Réveille-toi! On va être en retard pour le bus.
Tu veux bien te réveiller? Le bus part bientôt!
Oh! Tu peux te réveiller, oui?!

1. Vous ne réussissez *(succeed)* pas à ouvrir *(open)* le pot de confiture.
2. Une coloc se maquille dans la salle de bains. Vous avez besoin de vous doucher.
3. La poubelle est pleine.
4. Vous voulez boire une tasse de café, mais vous n'avez pas le temps de la préparer.
5. Vous êtes dans la douche et vous avez besoin *(need)* d'une serviette.
6. Votre coloc regarde la télé pendant que *(while)* vous faites la vaisselle.

Structure 9.3 **Using negative expressions** *Les expressions négatives*

Expressions

Pour montrer qu'on n'est pas content
Ça m'énerve. / Il m'énerve.
Ça m'ennuie. / Elle m'ennuie.
Ça m'embête. / Tu m'embêtes.
Rien ne va.
Ça ne va pas du tout.
Ça suffit!
J'en ai marre! / J'en ai assez!
Je n'en peux plus.

Pour montrer pourquoi on n'est pas content
C'est toujours moi qui fais la vaisselle.
Mon copain ne range jamais notre appart.
Ma copine ne m'aime plus.
Personne ne me comprend.

Pour réagir
Mon/Ma pauvre!
Mon Dieu!
Oh là là!
Tu n'as vraiment pas de chance.
Mais tu exagères, non?
C'est pas vrai!
C'est pas possible!

Pour rassurer
Tout va s'arranger.
Ça arrive à tout le monde.
Allez, du courage!
Ne t'inquiète pas. / Ne vous inquiétez pas.
Ne t'en fais pas. / Ne nous en faites pas.
C(e n)'est pas grave.
Ne fais pas la tête.

C9-14 🎭 **Prononcez!**

A. Qui est le meilleur acteur parmi *(among)* vous? Prononcez ces phrases avec l'émotion appropriée. D'abord, commencez avec la frustration.

1. Ça m'embête.
2. Ça suffit!
3. Rien ne va.
4. J'en ai marre!
5. Je n'en peux plus.

B. Maintenant, soyez *(be)* compatissant(e) *(sympathetic)*.

1. Ah, ma pauvre!
2. Oh là là! Tu n'as vraiment pas de chance.
3. Ça arrive à tout le monde.
4. Allez, du courage!
5. Ne t'inquiète pas.
6. Tout va s'arranger.

C9-15 **Calme-toi!**

A.  C'est votre tour *(turn)* de jouer la scène où Élodie se plaint de sa coloc. Choisissez la réponse logique. Alternez les rôles A et B avec votre partenaire.

1. A. Mais [prénom], pourquoi tu fais la tête?
   B. 1. C'est mon/ma coloc. Rien ne va.
      2. J'adore mon/ma nouvel(le) coloc.

2. A. Mais quel est le problème?
   B. 1. Personne ne me comprend.
      2. Il/Elle est impossible.

3. A. Tu n'exagères pas juste un petit peu?
   B. 1. Non! J'en ai marre.
      2. Tout va s'arranger.

4. A. Tu peux pas lui dire «Je suis pas le/la domestique ici. Tu peux au moins faire la vaisselle de temps en temps?»
   B. 1. Il/Elle ne fait jamais la vaisselle.
      2. Non. J'ai déjà essayé ça.

5. A. Alors, qu'est-ce que tu vas faire?
   B. 1. Je vais déménager *(move out)*.
      2. Je vais payer une femme de ménage *(maid)*.

6. A. Mon/Ma pauvre! Tu vas vraiment déménager?
   B. 1. Oui. J'ai trouvé un bon appart où j'aimerais vivre. Regarde ce site.
      2. Oui. Je vais acheter une belle voiture.

B. Maintenant, jouez le dialogue complet avec vos sélections devant la classe.

C9-16 **Pauvre Marc!**

Rien ne va pour Marc à l'université. Avec un(e) partenaire, ajoutez les expressions négatives appropriées. Puis jouez la conversation.

JULIEN: Est-ce que tu as beaucoup d'amis?

MARC: Non, je ne connais _____.

JULIEN: Tu vois *(see)* souvent nos amis du lycée?

MARC: Non, je ne les vois _____.

JULIEN: Tu es toujours dans l'équipe de foot?

MARC: Non, je ne fais _____ partie de l'équipe depuis une semaine.

JULIEN: Mais pourquoi?

MARC: Mes cours sont difficiles et je ne fais _____ travailler.

JULIEN: Ah, mon pauvre! Tu ne t'amuses même pas le week-end?

MARC: Tu sais, le week-end, je ne fais _____. Je n'en peux _____.

JULIEN: Et est-ce que tu as déjà acheté ton billet pour rentrer chez tes parents?

MARC: Non, je n'ai _____ acheté de billet.

JULIEN: Allez, courage! Tu vas voir, tout va s'arranger.

number-one/Shutterstock.com

Le système éducatif

Le système éducatif français

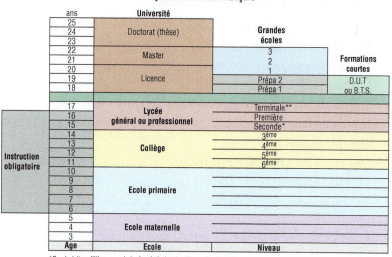

Age	Ecole	Niveau		
ans	**Université**			
25	Doctorat (thèse)	**Grandes écoles**		
24				
23				
22	Master	3		
21		2		**Formations courtes**
20		1		
19	Licence	Prépa 2		D.U.T ou B.T.S.
18		Prépa 1		
17	**Lycée** général ou professionnel	Terminale**		
16		Première		
15		Seconde*		
14	**Collège**	3ème		
13		4ème		
12		5ème		
11		6ème		
10	**Ecole primaire**			
9				
8				
7				
6				
5	**Ecole maternelle**			
4				
3				

Instruction obligatoire

*On choisit sa filière: pour le lycée général: scientifique (S), économique et sociale (ES), littéraire (L)
**On passe le baccalauréat, le diplôme national qui permet d'aller à l'université.
***L'instruction en France est obligatoire jusqu'à (until) 16 ans, peu importe (no matter) le niveau atteint à cet âge.

C9-17 C'était comme ça dans votre lycée?

Avec un(e) partenaire, lisez les phrases et dites si c'était comme ça dans votre lycée. Expliquez les différences.

Modèle: C'était un lycée public.

— *Mon lycée était privé, pas public. Il était très petit.*
— *Ah oui? Mon lycée était public. Il était très grand.*

1. C'était un lycée public.
2. Les classes étaient très grandes.
3. Il était interdit de quitter *(leave)* le lycée pour le déjeuner.
4. Il y avait beaucoup de «cliques *(bands)*» différentes. Par exemple…

5. Il y avait beaucoup de cours AP *(advanced placement)*.
6. Le football était très important.
7. Beaucoup d'élèves avaient leur propre *(own)* voiture.

Note culturelle

Les lycées français ont une réputation d'excellence dans le monde. On en trouve dans 130 pays *(countries)*. Est-ce qu'il y a un lycée français dans votre région?

C9-18 Associations

D'abord, donnez *(give)* l'équivalent de ces concepts aux États-Unis. Puis, dites *(say)* le premier mot qui vous vient à l'esprit *(that comes to mind)* que vous associez à chaque concept. Si vous avez étudié dans un autre pays, parlez du concept dans ce pays.

Modèle: l'école maternelle
kindergarten / jouer et chanter

1. le baccalauréat
2. le lycée
3. la terminale
4. le collège
5. l'école primaire
6. l'université

Sondage: Le système éducatif
Vous avez peut-être complété une activité en ligne sur ce sujet. Maintenant, discutez: Comment l'expérience d'un(e) étudiant(e) français(e) se compare-t-elle au processus décisionnel d'un(e) étudiant(e) américain(e)?

Le lycée et les études supérieures

À 14 ans, **pendant**[1] la dernière année du collège, les parents et leurs enfants font la sélection du lycée. Certains élèves vont poursuivre des études académiques dans un lycée général. D'autres font des études plus pratiques dans un lycée professionnel où ils se préparent pour le travail.

Robert Fried/Alamy stock photo

[1]during

À 15 ans, les lycéens choisissent leur **filière**[1] – quel bac vont-ils poursuivre? Le bac scientifique (S), le bac littéraire (L) ou le bac économique et social (ES)? C'est une décision importante pour l'avenir professionnel.

© epa european pressphoto agency b.v. / Alamy Stock Photo

[1]track

On a des copains au lycée. Mais c'est beaucoup plus académique qu'un *high school*. Les matches de foot, le théâtre, les **bals**[1] ne sont pas au programme. À la **fin**[2] de la dernière année, la terminale, on passe le bac. Avec le bac, on peut aller à l'université. Les futurs médecins, avocats et beaucoup d'autres diplômés étudient à l'université.

Andia/Alamy Stock Photo

[1]proms [2]end

Les très bons élèves peuvent passer un **concours**[1] pour être reçus dans une grande école. Mais d'abord, il faut faire une **prépa**[2] **pendant**[3] un ou deux ans

YanLev/Shutterstock.com

[1]competitive exam [2]cram school for competitive exams [3]for

C9-19 **Avez-vous compris?**

1. À quel âge est-ce que les élèves doivent choisir une filière (ou spécialisation)?
2. Est-ce qu'il y a beaucoup d'activités extra-scolaires au lycée en France?
3. Quel est le grand examen que tous les lycéens doivent passer?
4. Quel est l'équivalent du *Ivy League* en France?

C9-20 **ET VOUS?**

1. Est-ce que les parents américains s'inquiètent *(worry)* aussi de la réussite scolaire *(academic success)* de leurs enfants?
2. Qu'est-ce qu'on peut faire pour avoir les meilleures chances d'être reçu *(accepted)* dans une bonne université aux États-Unis?
3. Est-ce que vous pensez que le sport et les activités scolaires jouent un trop grand rôle dans les lycées américains?
4. Quel est l'âge optimal pour un(e) élève de choisir sa filière?

Et vous?: Bring your notes from the online activity to class.

Découvrir l'Europe avec Erasmus

On a créé le programme Erasmus en 1987 pour encourager les échanges entre les étudiants de la communauté européenne.

Pour participer, il faut d'abord finir **au moins**[1] une année d'études universitaires. Erasmus offre des **bourses**[2] et des **prêts**[3], et le transfert des crédits est assez facile. Un échange peut **durer**[4] entre 3 mois et un an.

[1]at least [2]scholarship [3]loans [4]last

Le **pays**[1] le plus populaire chez les jeunes? L'Espagne! Après l'Espagne, c'est l'Allemagne et la France.

Dans le film *L'auberge espagnole*, un étudiant français fait une année Erasmus à Barcelone.

[1]country

Ce programme prend son nom d'un intellectuel hollandais de la Renaissance, Érasme de Rotterdam (1469–1536), qui a voyagé dans toute l'Europe.

VOIX EN DIRECT

Sylvie Chin – Son premier semestre en Angleterre

La vie scolaire

Je trouve le système anglais bien différent du système français. Je crois que je préfère le système français, mais c'est peut-être parce que je m'y suis habituée. Les profs n'ont pas du tout la même approche. Ici, ils sont plus décontractés, beaucoup plus relaxes.

Les horaires

En France, les horaires sont fous. On est à la fac parfois de 8 heures à 8 heures! En Angleterre, les cours commencent à 9 heures et ça ne peut pas aller après 6 heures.

C9-21 Avez-vous compris?

1. Qu'est-ce qu'Erasmus? Pourquoi a-t-on créé ce programme?
2. Est-ce que ça coûte cher?
3. Sylvie trouve plus rigoureux la fac française ou la fac anglaise?

C9-22 ET VOUS?

Et vous? Bring your notes from the online activity to class.

1. Est-ce que vous aimeriez étudier à l'étranger pendant vos études universitaires? Pourquoi?
2. Si oui, où aimeriez-vous aller? Pourquoi?
3. Est-ce que c'est une possibilité pour vous? Expliquez.

Comment parler jeune

Expressions

Remarques positives

C'est hyper / super / vachement / trop bien.
C'est cool.
C'est top / génial / d'enfer.
C'est pas mal.
C'est marrant / amusant.
C'est sympa.

Remarques négatives

C'est super / hyper / vachement mauvais.
C'est nul / débile.
C'est bof / pas terrible.
C'est pas très intéressant.

Pour parler des gens

un mec / un type (un homme)
une nana (une fille / une femme)

un(e) pote (un copain / une copine)
un(e) gosse (un[e] enfant)

Pour parler des objets de tous les jours

des fringues *(f pl)* (des vêtements)
une bagnole (une voiture)
la bouffe (la nourriture)

un truc / un machin (une chose)
le fric (l'argent)
un bouquin (un livre)

Pour raccourcir

le frigo (le réfrigérateur)
le/la coloc (le/la colocataire)
le dico (le dictionnaire)
un ordi (un ordinateur)
le petit déj (le petit déjeuner)
le bac (le baccalauréat)
la pub (la publicité)
d'ac (d'accord)
le ciné (le cinéma)

l'appart (l'appartement)
le resto (le restaurant)
le prof (le professeur)
le clip (le vidéo-clip)
la fac (la faculté)
un imper (un imperméable)
à plus (à plus tard)
comme d'hab (comme d'habitude)

La grammaire familière

J'veux pas venir.
T'es là?
T'as faim?

Moi, j'sais pas.
Son nouvel album est hyper cool!

C9-23 🔁 **T'as un dico?**

Posez ces questions à un(e) partenaire. Il/Elle va répondre oui (ouais), non ou utiliser une expression familière.

Modèle: Tu as un dictionnaire?

— *T'as un dico?*
— *Oui (Ouais).*

— T'as vu ce texto?
— Ouais, c'est marrant!

1. Tu as un dictionnaire?
2. Regarde les vêtements qu'elle porte!
3. Tu as vu cet homme?
4. Qu'est-ce qu'il y a à boire dans le réfrigérateur?
5. Il y a de la nourriture?
6. Tu as besoin d'un nouvel ordinateur?
7. Marc vient d'acheter une voiture?
8. Tes copains sont ici?

C9-24 🔁 **Qu'est-ce que tu penses de...?**

Répondez à votre partenaire avec des mots et expressions pour «parler jeune».

Modèle: New York

— *Dis* (Hey), *qu'est-ce que tu penses de New York?*
— *New York? C'est super!*

1. Las Vegas	5. les montres Apple
2. Kim Kardashian	6. le football américain
3. Instagram	7. *Game of Thrones*
4. les voitures Tesla	8. ?

Structure 9.4 **Talking about paying for things** *Les verbes comme **payer***

Structure 9.5 **Using pronouns and demonstrative adjectives for pointing things out** *Lequel et les adjectifs démonstratifs **ce, cet, cette** et **ces***

Expressions

Pour le premier contact
— Je peux vous renseigner? Vous cherchez quelque chose?
— Non, je regarde, tout simplement.

Pour demander un renseignement
Vous avez ce modèle en bleu?
Je peux l'essayer?
Où sont les cabines d'essayage?
— Quelle est votre pointure?
— Je fais du 39.

— Vous faites quelle taille?
— Je fais du 40.

Pour parler des prix
— C'est combien, cette chemise?
— Elle est en solde à 48 euros.

— Combien coûtent ces bottes?
— Elles sont à 100 euros.
— C'est très cher!
— Mais regardez, c'est une bonne marque

C9-25 On paie combien?

À tour de rôle, dites combien on paie ces objets et vêtements.

Modèle: Tu as payé combien tes lunettes de soleil Chanel? (350 $)
J'ai payé 350 $.

- une robe Dior: 2 200 $
- une chemise polo Lacoste: 110 $
- une écharpe Hermès: 395 $
- un sac Louis Vuitton: 1 300 $
- une montre Cartier: 6 050 $

1. Angelina Jolie, vous avez payé combien votre robe Dior?
2. Les hommes paient combien une chemise polo Lacoste?
3. Tu as donné une écharpe Hermès à ta mère? Tu l'as payée combien?
4. Regarde ce sac Louis Vuitton. On paie en général combien un sac comme ça?
5. Cet homme porte une montre Cartier. Combien a-t-il payé cette montre?

C9-26 Tu aimes ces bottes?

Avec un(e) partenaire, parlez des objets dans la vitrine.

Modèle: les chaussures
— *Tu aimes ces chaussures?*
— *Lesquelles?*
— *Ces baskets en solde à 41 euros.*

1. le haut *(top)* (le pullover / le débardeur / la chemise)
2. la robe
3. le jean
4. les chaussures (les tongs *[flip flops]* / les baskets / les tennis, ...)
5. l'écharpe

C9-27 Dans une boutique

Vous entrez dans une boutique pour trouver des vêtements. Suivez *(Follow)* les directives pour inventer un jeu de rôles. Puis jouez la scène devant la classe.

Le vendeur / La vendeuse: Il/Elle accueille *(welcomes)* le/la client(e) et demande s'il/si elle a besoin d'aide *(needs help)*.

Le/La client(e): Il/Elle dit *(says)* ce qu'il/elle cherche.

Créez 3 échanges entre les deux personnes.

Sondage: Le shopping
Vous avez peut-être complété une activité en ligne sur ce sujet. Maintenant, discutez: Quels sont les avantages et les inconvénients du shopping en ligne? Quels sont les dangers de payer avec une carte de crédit?

Vidéo: Les copains

C9-28 **ET VOUS?**

1. Est-ce qu'Élodie a raison de chercher un nouvel appartement? Expliquez pourquoi.
2. Vous parlez avec un(e) mauvais(e) colocataire qui ne fait pas sa part du ménage. Qu'est-ce que vous lui dites (*say to him/her*)?

C9-29 **À VOUS!** **À vous!:** Bring your notes from the online activity to class.

Maintenant, c'est à vous d'écrire votre propre dialogue pour vous plaindre des (*to complain about*) tâches ménagères.

- Deux ami(e)s se retrouvent au café.
- Une personne ne va pas bien et l'autre personne le remarque (*notices*).
- La personne qui ne va pas se plaint de son/sa colocataire.
- L'ami(e) donne des conseils.
- La personne qui se plaint dit qu'elle a trouvé un autre logement.
- Un(e) troisième ami(e) arrive et dit quel est son problème.

Paul:
> Tu fais la tête. Qu'est-ce qui ne va pas?
> T'exagères un peu, non?
> Tu peux lui dire quelque chose. Par exemple: …

Élodie:
> L'appart est dans un état pas possible.
> C'est une catastrophe!

Soyez prêt(e)s à jouer la conversation devant la classe.

C9-30 **Situation à jouer**

You have watched the scene between Paul and Élodie where she complains about her roommate. Write a 4-line dialogue between Élodie and her roommate.

C9-31 **Explorez en ligne.**

Le bac

French high school seniors can be consumed by the **bac** exam. Fortunately, they have websites dedicated to this exam such as **toutpourlebac.com.** Share what you found on this site. What did you think of the sample test questions? How does the **bac** compare with exams such as the SAT, AP, or ACT that Americans take?

Synthèse

Lecture

C9-32 **Avant de lire**

Eugène Ionesco est un écrivain français d'origine roumaine. Son «Conte pour enfants de moins de trois ans» est un des contes (stories) qu'il a racontés à sa petite fille.

Quelle(s) activité(s) vos parents vous proposaient quand ils étaient occupés?

Stratégie de lecture: Using your imagination

To understand this playful story written to distract a small child, imagine a child knocking on his/her parent's door and the parent sending the child on a hunting expedition throughout the house to find him/her. Look for childlike language and magical thinking.

Read the title and the first sentence of the story, then answer the questions.

1. Quand l'histoire a-t-elle lieu?
   le matin, l'après-midi, le soir, la nuit
2. Où se passe l'histoire?
   dans un parc, chez quelqu'un, au travail
3. Qui est Josette?
   le père, la mère, une enfant

Alan Bailey/Shutterstock.com

Premier conte pour enfants de moins de trois ans

Eugène Ionesco

knocks / pork / won't allow / health / has indigestion

Grandma

somewhere else

child's pronunciation of pantoufles (slippers)

fists / cries

1　Ce matin, comme d'habitude, Josette **frappe**° à la porte de la chambre à coucher de ses parents. Papa n'a pas très bien dormi. Maman est partie à la campagne pour quelques jours. Alors papa a profité de cette absence pour manger beaucoup de saucisson, pour boire de la bière, 5　pour manger du pâté de **cochon**°, et beaucoup d'autres choses que maman l'**empêche**° de manger parce que c'est pas bon pour la **santé**°. Alors, voilà, papa **a mal au foie**°, il a mal à l'estomac, il a mal à la tête et ne voudrait pas se réveiller. Mais Josette frappe toujours à la porte. Alors papa lui dit d'entrer.

10　Elle entre, elle va chez son papa. Il n'y a pas maman.
Josette demande: — O' elle est maman?
Papa répond: Ta maman est allée se reposer à la campagne chez sa maman à elle.
Josette répond: Chez **Mémé**°?
15　Papa répond: Oui, chez Mémé.
— Écris à maman, dit Josette. Téléphone à maman, dit Josette.
Papa dit: Faut pas téléphoner.
Et puis papa dit pour lui-même: parce qu'elle est peut-être **autre part**°…
Josette dit: Raconte une histoire avec maman et toi, et moi.
20　— Non, dit papa, je vais aller au travail. Je me lève, je vais m'habiller.
Et papa se lève. Il met sa robe de chambre rouge, par-dessus son pyjama, il met les pieds dans ses «**poutoufles**°». Il va dans la salle de bains. Il ferme la porte de la salle de bains. Josette est à la porte de la salle de bains. Elle frappe avec ses petits **poings**°, elle **pleure**°. Josette
25　dit: Ouvre-moi la porte. Papa répond: Je ne peux pas.

naked

Je suis tout **nu**°, je me lave, après je me rase. — Tu rases ta barbe avec du savon, dit Josette. Je veux entrer. Je veux voir. Papa dit: Tu ne peux pas me voir, parce que je ne suis plus dans la salle de bains.

Josette dit (derrière la porte): Alors, où tu es? Papa répond: Je ne sais pas, va voir. Je suis peut-être dans la salle à manger, va me chercher. Josette **court**° dans la salle à manger, et papa commence sa toilette. Josette court avec

runs

30   ses petites jambes, elle va dans la salle à manger. Papa est tranquille, mais pas pour longtemps. Josette arrive

again

de nouveau° devant la porte de la salle de bains, elle crie à travers la porte: Je t'ai cherché. Tu n'es pas dans la salle à manger. Papa dit: Tu n'as pas bien cherché. Regarde sous la table.

Josette retourne dans la salle à manger. Elle revient.

Elle dit: Tu n'es pas sous la table. Papa dit: Alors va voir dans le salon. Regarde bien si je suis sur le fauteuil, sur le

35   canapé, derrière les livres, à la fenêtre. Josette s'en va. Papa est tranquille, mais pas pour longtemps.

Josette revient.

Elle dit: Non, tu n'es pas dans le fauteuil, tu n'es pas à la fenêtre, tu n'es pas sur le canapé, tu n'es pas derrière les livres, tu n'es pas dans la télévision, tu n'es pas dans le salon. Papa dit: Alors, va voir si je suis dans la cuisine.

Josette court à la cuisine. Papa est tranquille, mais pas pour longtemps.

40   Josette revient. Elle dit: Tu n'es pas dans la cuisine. Papa dit: Regarde bien, sous la table de la cuisine, regarde bien si je suis dans le buffet, regarde bien si je suis dans les casseroles, regarde bien si je suis dans le four avec le poulet.

Josette va et vient. Papa n'est pas dans le four, papa n'est pas dans les casseroles, papa n'est pas dans le buffet,

doormat / pocket

papa n'est pas sous le **paillasson**°, papa n'est pas dans la **poche**° de son pantalon, dans la poche du pantalon, il y a

handkerchief

45   seulement le **mouchoir**°.

Josette revient devant la porte de la salle de bains.

Josette dit: J'ai cherché partout. Je ne t'ai pas trouvé. Où tu es? Papa dit: Je suis là. Et papa, qui a eu le temps de faire sa toilette, qui s'est rasé, qui s'est habillé, ouvre la porte. Il dit: Je suis là. Il prend Josette dans ses **bras**°, et voilà aussi la

arms

porte de la maison qui s'ouvre, au fond du couloir, et c'est maman qui arrive. Josette **saute des**° bras de son papa, elle

leaps from

50   **se jette**° dans les bras de sa maman, elle l'embrasse, elle dit: — Maman, j'ai cherché papa sous la table, dans l'armoire,

throws herself

sous le tapis, derrière la glace, dans la cuisine, dans la poubelle, il n'était pas là.

Papa dit à maman: Je suis content que tu sois revenue. Il faisait beau à la campagne? . . . Comment va ta mère? . . .

Josette dit: Et Mémé, elle va bien? . . . On va chez elle? . . .

Eugène Ionesco, «Conte no 4», in *Contes 1, 2, 3, 4* © Éditions Gallimard; www.gallimard.fr.

Synthèse

Intégration and **Et vous?** Bring your notes from the online activities to class.

C9-33 Intégration

1. Que fait Josette tous les matins?
2. Où est sa mère?
3. Pourquoi est-ce que son père a mal?
4. Pourquoi est-ce que son père ne veut pas téléphoner à sa mère?
5. Où est-ce que son père va pour faire sa toilette?
6. Où va Josette dans la maison pour trouver son père?
7. Ionesco écrit cette histoire dans un style d'enfant, avec des répétitions et des expressions enfantines. Trouvez-en quelques exemples.

C9-34 ET VOUS?

Avec un(e) partenaire, créez une petite conversation entre un adulte et un enfant de moins de 3 ans. Chaque personne doit parler 4 fois. Puis jouez la scène devant la classe.

C9-35 Expression écrite

MA GÉNÉRATION

Expression écrite: Refer to the online for **Deuxième activité**, **Troisième activité**, and **Quatrième activité**.

In this essay, you're going to write about your generation: What you watch and listen to, what you buy and how you shop, how you study, and how you use social media. You'll be writing with the pronoun **nous** and **on**. This is a casual essay written from your personal experience so you can use familiar language you learned in **Comment parler jeune**.

Première étape: In groups, brainstorm a list of characteristics that represent the young people of your generation. Take good notes to use in your composition.

- Vous êtes de quelle génération? (baby boom, GenX, millénium [GenY], etc.)
- Comment êtes-vous? (ouverts / tolérants / mondialisés / travailleurs / respectueux)
- Qu'est-ce que vous regardez / écoutez? (à la télé, au ciné, sur le portable, à la radio...)
- Quels réseaux sociaux utilisez-vous?
- Qu'est-ce que vous achetez et comment? Quelles marques sont importantes pour vous?
- Est-ce qu'étudier à l'étranger comme on fait en Europe avec Erasmus est important?
- Pour vous, réussir c'est...: (aider [to help] les autres / fonder une famille / avoir des amis / avoir une bonne éducation / avoir une carrière importante / faire une différence dans le monde / devenir riche)

Structure 9.1

Describing your daily routine *Les verbes pronominaux (suite)*

Pronominal verbs are useful for talking about daily routines. To conjugate these verbs in the past, you need to use the **passé composé** with the auxiliary verb **être.** In most cases, the past participle agrees with the subject.

> Hier, les enfants se sont levé**s** à 8 heures. Leur mère s'est levé**e** à 7 heures.
> *Yesterday, the children got up at 8 am. Their mother got up at 7 am.*

However, when the past participle is followed by a direct object, such as a part of the body, there is no agreement. Notice that French uses the definite article **le/la/les** with parts of the body whereas English uses a possessive.

Camille s'est lavé <u>les cheveux</u>.   *Camille washed her hair.*

direct object

Les enfants se sont lavé <u>les mains</u>.   *The children washed their hands.*

direct object

Structure 9.2

Direct and indirect commands *L'impératif et plus*

The imperative is used for giving commands and directions and to make suggestions. The three forms of the imperative, **tu, nous,** and **vous,** are similar to the present indicative tense, but the subject pronoun is omitted.

présent	impératif	
Tu passes l'aspirateur.	Passe l'aspirateur.	*Vacuum.*
Nous rangeons la maison.	Rangeons la maison.	*Let's straighten the house.*
Vous nettoyez la salle de bains.	Nettoyez la salle de bains.	*Clean the bathroom.*

For the **tu** command form of -**er** verbs, including **aller,** drop the **s** from the **tu** form of the present tense verb.

With -**ir** and -**re** verbs, the **s** remains.

Mets la table.   *Set the table.*
Finis tes devoirs.   *Finish your homework.*

Avoir and **être** have irregular imperative forms.

avoir	aie	ayons	ayez
Ayez de la patience.		*Be patient.*	

être	sois	soyons	soyez
Soyez raisonnable.		*Be reasonable.*	

In affirmative commands with pronouns, the pronoun follows the verb and is connected to it by a hyphen.

Passe-moi le pain, s'il te plaît.   *Pass me the bread, please.*
Donne-moi ton adresse.   *Give me your address.*
Habille-toi vite!   *Get dressed fast!*

In negative commands, place the pronoun before the verb.

Ne **le** regarde pas comme ça.   *Don't look at him like that.*

Structures

When the pronoun is **y** or **en,** the affirmative **tu** command form always ends in an **s** and is pronounced with a liaison. Compare the following pairs of commands.

Va en cours.	*Go to class.*
Vas-y. /z/	*Go ahead.*
Prends des fruits.	*Have some fruit.*
Prends-en. /z/	*Have some.*

Softening commands

The imperative can sound harsh. Here are suggestions for softening commands. Use the verb **vouloir** or **pouvoir.**

Tu **veux bien** parler plus fort?	*Would you mind speaking louder?*
Tu **peux** parler plus lentement?	*Would you mind speaking more slowly?*

Structure 9.3

Using negative expressions *Les expressions négatives*

In addition to **ne... pas,** French has several negative expressions.

affirmatif		négatif	
toujours	*still*	ne… jamais	*never*
toujours, encore	*still*	ne… plus	*no longer, no more*
déjà	*already*	ne… pas encore ne… toujours pas	*not yet*
quelque chose	*something*	ne… rien	*nothing*
quelqu'un	*someone*	ne… personne	*no one*
et / ou	*and / or*	ne… ni… ni	*neither … nor*
		ne… que	*only*
moi aussi	*me too*	moi non plus	*me neither*

Elle est **toujours** à l'heure, mais son mari **n'**est **jamais** à l'heure.
*She is **always** on time but her husband is **never** on time.*

Tu as **encore** de l'argent? Excellent! Ce restaurant **n'**accepte **plus** les cartes de crédit.
*You **still** have money? Great! This restaurant **doesn't** accept credit cards **anymore**.*

Rien and **personne** can also be used as the subject of a verb.

Rien ne va.	***Nothing** is going right.*
Personne n'est à la maison.	***Nobody** is home.*

The expression **ne... que** expresses a limitation. The English equivalent is *only* or *nothing but.*

Elle **n'**a **que** deux euros.	*She **only** has two euros.*

The negative form of the common expression **moi aussi** is **moi non plus.**

— J'aime me promener.	— *I like to go for walks.*
— **Moi aussi.**	— ***Me too.***
— Je n'aime pas me dépêcher.	— *I don't like to hurry.*
— **Moi non plus.**	— ***Me neither.***

Structure 9.4

Talking about paying for things *Les verbes comme **payer***

Verbs with an infinitive ending in **-yer** change the **y** to **i** in all but the **nous** and **vous** forms. In English, we pay *for* things. In French, there's usually no preposition after **payer.**

payer *(to pay, to pay for)*

je paie	nous payons
tu paies	vous payez
il/elle/on paie	ils/elles paient
passé composé: j'ai payé	
imparfait: je payais	

Elle **paie** son loyer.	*She pays her rent.*
Combien **as-tu payé** cette voiture?	*How much did you pay for that car?*

Common *-yer* verbs

ennuyer *to bore, to annoy*	nettoyer *to clean*
s'ennuyer *to be bored*	employer *to use; to employ*
essayer *to try, to try on*	envoyer *to send*

Structure 9.5

Using pronouns and demonstrative adjectives for pointing things out
*Lequel et les adjectifs démonstratifs **ce, cet, cette** et **ces***

Lequel *(Which one)*

Lequel is frequently used to ask about a choice between people or objects. It replaces the adjective **quel** *(which, what)* and the noun it modifies.

	singulier	pluriel
masculin	lequel	lesquels
féminin	laquelle	lesquelles

Regarde ces chemises.	*Look at these shirts.*
Laquelle préfères-tu?	*Which one do you prefer?*

Demonstrative adjectives

The demonstrative adjectives (**ce, cet, cette, ces**) are equivalent to *this / that* and *these/those*. They're used to refer to specific objets or people.

> Regarde **cette** robe. Elle est jolie, non?
> *Look at this dress. Isn't it pretty?*

Like all other adjectives, they agree with the noun they modify.

ce magasin	cette robe
ces hommes	ces montres

Cet is used before masculine singular nouns beginning with a vowel or a mute **h**.

> **Cet** homme est super riche!   *This/That man is very rich!*

To make a distinction between *this* and *that*, attach the suffixes **-ci** *(here)* and **-là** *(there)* to the noun.

— J'aime ces baskets.	—I like these/those tennis shoes.
— Lesquelles?	—Which ones?
— **Ces** baskets-**là**, en solde.	—Those tennis shoes, on sale.

Vocabulaire

Vocabulaire actif

NOMS

See p. 172 for additional vocabulary.

La routine quotidienne   *Daily life*

une brosse (à dent)   *(tooth)brush*
un rasoir   *rasor*
un réveil   *alarm clock*
un rouge à lèvres   *lipstick*
du savon   *soap*
un sèche-cheveux   *hairdryer*
une serviette   *towel*
du shampooing   *shampoo*

Les logements   *Accommodation*

un chalet   *chalet, cabin*
un château   *castle*
un code   *code*
un étage   *floor*
le 1er (premier) étage   *first floor*
    (= US 2nd floor)
le 2ème (deuxième) étage   *second floor*
    (= US 3rd floor)
un immeuble   *building*
le rez-de-chaussée   *ground floor*

Les pièces de la maison   *Rooms of the house*

le balcon   *balcony*
la chambre   *bedroom*
la chambre principale   *main bedroom,*
    master bedroom
le couloir   *hallway*
la cuisine   *kitchen*
l'entrée *(f)*   *entrance*
le garage   *garage*
la porte d'entrée   *front door*
la salle de bains   *bathroom*

la salle à manger   *dining room*
la salle de séjour / le séjour   *family room*
le salon   *living room*

Meubles et appareils ménagers   *Furniture and household appliances*

l'armoire *(f)*   *closet*
le bidet   *bidet*
le canapé   *couch*
la cheminée   *fireplace*
la commode   *chest of drawers*
la cuisinière   *stove*
la douche   *shower*
l'étagère *(f)*   *shelf*
l'évier *(m)*   *kitchen sink*
le fauteuil   *armchair*
le four   *oven*
un four à micro-ondes/un micro-ondes   *microwave (oven)*
le lavabo   *bathroom sink*
la machine à laver   *washing machine*
un placard   *cupboard*
le plan de travail   *kitchen countertop*
le rangement télévision / le rangement hi-fi   *console*
le réfrigérateur (le frigo)   *refrigerator (fridge)*
la table basse   *coffee table*
les tâches *(f pl)* **ménagères**   *household chores*
les toilettes   *toilet*

L'éducation   *Education*

l'école *(f)* **maternelle**   *preschool*
l'école *(f)* **primaire**   *grammar school*
le collège   *middle school*
le lycée   *high school*
la terminale   *12th grade, senior year*
une grande école   *grande école (selective higher ed schools)*

La mode et le shopping   *Fashion and shopping*

un modèle   *model*
la pointure   *shoe size*
les soldes   *sales*
la taille   *clothing size*
des talons *(m pl)* **hauts**   *high heels*

VERBES

s'amuser   *to have fun*
se brosser (les dents, les cheveux)   *to brush (one's teeth, one's hair)*
se coucher   *to go to bed*
se doucher   *to take a shower, to shower*
employer   *to use, to employ*
s'endormir   *to fall asleep*
ennuyer   *to bore, to annoy*
s'ennuyer   *to be bored*
envoyer   *to send*
essayer   *to try, to try on*
éteindre la lumière   *to turn off the light*
faire un code   *to enter a code*
faire la lessive   *to do the laundry*
faire le lit   *to make the bed*
faire le ménage   *to do housework*
faire la vaisselle   *to do the dishes*
s'habiller   *to put on clothes*
jeter la poubelle   *to take out the trash*
se laver   *to wash oneself*
se lever   *to get up*
se maquiller   *to put on makeup*
mettre la table   *to set the table*
nettoyer   *to clean*
passer l'aspirateur   *to vacuum*
payer   *to pay (for)*

ranger   *to tidy up*
se raser   *to shave*
recycler   *to recycle*
se reposer   *to rest*
se retrouver   *to meet*
se réveiller   *to wake up*

ADJECTIFS

baggy   *baggy*
skinny   *skinny*
à manches courtes   *short-sleeved*
à manches longues   *long-sleeved*
en coton   *made of cotton*
en cuir   *made of leather*
petit(e)   *small*
moyen(ne)   *medium*
large   *large*

EXPRESSIONS

See pp. 170, 175, 176 for additional expressions.

Négation

ne… jamais   *never*
ne… plus   *no longer, no more*
ne… pas encore   *not yet*
ne… rien   *nothing*
ne… personne   *no one*
ne… ni… ni   *neither…nor*
ne… que   *only*
non plus   *neither*

Remarques positives et négatives

See pp. 170, 175 for additional expressions.

C'est trop beau!   *It's beautiful!*
C'est hyper cool!   *It's really cool!*

Dans le magasin   *In the store*

Vous faites quelle taille?   *What is your size?*
Petite ou moyenne.   *Small or medium.*
Ce modèle est un large.   *This model is a large.*

C'est pas trop serré?   *Isn't it too tight?*
Non, elle vous va bien, vraiment comme un
   gant.   *No, it fits you well, really like a glove.*
Oui, c'est peut-être un peu serré. Essayez la
   taille au-dessus.   *Yes, it's maybe a bit tight.
   Try a size up.*
Qu'est-ce que vous en pensez?   *What do you
   think?*
Je ne sais pas. Je dois réfléchir.   *I don't know.
   I need to think about it.*
C'est un peu cher.   *It's a bit expansive.*
Vous payez par carte de crédit ou en
   liquide?   *Are you paying by credit card or in cash?*
Je vais utiliser ma carte.   *I'm going to use my card.*

AUTRE

lequel, laquelle   *which one*
lesquels, lesquelles   *which ones*
ce, cet, cette   *this, that*
ces   *these, those*

Vocabulaire passif

NOMS

une barbe   *beard*
un buffet   *buffet*
une cour   *courtyard*
un look   *appearance*
des qualités *(f pl)*   *advantages; qualities*
le sous-sol   *the basement*
une station (de métro)   *(metro) stop*

VERBES

s'arranger   *to work out*
arriver   *to happen*
débarrasser la table   *to clear the table*
faire sa toilette   *to groom oneself*
s'installer   *to settle down; to move in*
se sécher (les cheveux)   *to dry (one's hair)*

ADJECTIFS

prêt(e)   *ready*
rangé(e)   *organized*
tendance   *trendy*
tout confort   *well equipped*

10 La France et le monde francophone

In this module, you will learn:

- about Paris and the island of Guadeloupe.
- about the geographic and cultural diversity of the French-speaking world.
- expressions for asking for directions and for reserving a room in a hotel.

- how to talk about geography, to explore travel destinations, and to make travel plans.
- about Francophone world music and its variety of voices.
- about the **Québécois** and Francophone identity.

Joseph Sohm/Shutterstock.com

Structure 10.1 **Talking about the future** *Le futur*

Paris

La tour Eiffel

Le musée du Louvre

Le canal Saint-Martin

Les Champs-Élysées

Le jardin du Luxembourg

> **Sondage: Les monuments de Paris**
> Vous avez peut-être complété une activité en ligne sur ce sujet. Maintenant, discutez: Quelles caractéristiques vous ont fait choisir les quatre monuments à visiter?

C10-1 **Visitons Paris.**

À tour de rôle, avec un(e) partenaire, choisissez une photo de Paris. Décrivez la photo à votre partenaire qui vous pose des questions sur votre choix.

Modèle:
— *Moi, je choisis le jardin du Luxembourg.*
— *Est-ce que tu lis au jardin du Luxembourg?*
— *Oui, je lis des livres et le journal.*
— *Est-ce que tu fais du jogging?*
— *Non, je ne fais pas de jogging, mais je regarde les gens sportifs.*

C10-2 ⟳ **Itinéraire touristique**

Servez-vous du plan *(map)* de Paris pour indiquer où iront ces touristes. Utilisez le futur des verbes donnés.

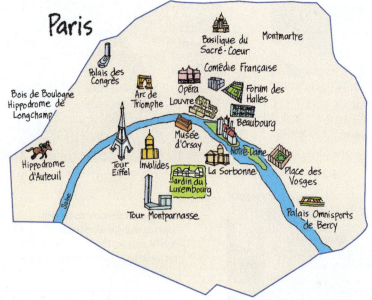

Modèle: **M. Tognozzi aime les courses de chevaux *(horse racing)*. Il (aller)…**
Il ira à l'Hippodrome d'Auteuil.

1. M. et Mme Schmitz veulent visiter la tour qui est devenue le symbole de Paris. Ils (monter)…
2. Mme Tanaka adore les peintres impressionnistes. Elle (visiter)…
3. Vous voulez prendre un goûter dans un café élégant avec vue *(view)* sur l'Arc de Triomphe. Vous (prendre) un café…
4. Je n'aime pas tellement les musées ni les monuments. Je préfère me détendre dans le quartier des étudiants. Je (passer) la journée…
5. Geraldo aime le théâtre de rue. Il (regarder) les mimes et les musiciens…
6. Nous ne voulons pas quitter Paris sans voir *(without seeing)* la Joconde. Cet après-midi, nous (visiter)…

C10-3 ⟳ **Une semaine dans la région**

Avec un(e) partenaire, choisissez votre itinéraire dans la région parisienne. Où irez-vous chaque jour de votre visite?

Suggestions: acheter, admirer, assister à, faire, regarder, rester, visiter

Modèle:
— *Où est-ce que tu iras le premier (deuxième, troisième) jour? Qu'est-ce que tu feras?*
— *Je visiterai la maison de Monet. J'admirerai les beaux jardins.*

Paris	le musée du Louvre	la Joconde
	le Quartier latin	une promenade
	le musée d'Orsay	l'art impressionniste
	Roland-Garros	un match de tennis
	le Marais	un pique-nique sur la place des Vosges
Giverny	la maison de Monet	ses beaux jardins
Versailles	le château	la galerie des Glaces

Courtesy of the authors

C10-4 🔄 **Jouez la scène!**

Avec un(e) partenaire, demandez à l'agent de police devant les Galeries Lafayette comment aller aux endroits indiqués.

Modèle: le jardin des Tuileries

— *Vous pouvez me dire où se trouve le jardin des Tuileries?*

— *Bien sûr. Prenez la rue Caumartin jusqu'au boulevard de la Madeleine. Traversez le boulevard. Continuez tout droit dans la rue Cambron, traversez la rue de Rivoli et le jardin sera juste devant vous.*

1. la gare St-Lazare
2. la place de la Concorde
3. le Palais Royal
4. la Bourse
5. la place Vendôme

C10-5 ♿ **Une visite de Versailles**

Vous visitez le château de Versailles avec un groupe d'amis. Tout le monde ne veut pas voir la même chose. Regardez la carte. Décidez où vous voulez aller et comment y aller. Choisissez le lieu de rendez-vous pour tout le monde à la fin de votre visite.

Modèle:

— *Nous sommes dans la cour royale. Paul et moi voulons visiter l'antichambre des Chiens.*

— *Allez tout droit, puis tournez à droite. Vous traversez le cabinet de la Pendule. L'antichambre des Chiens est devant vous.*

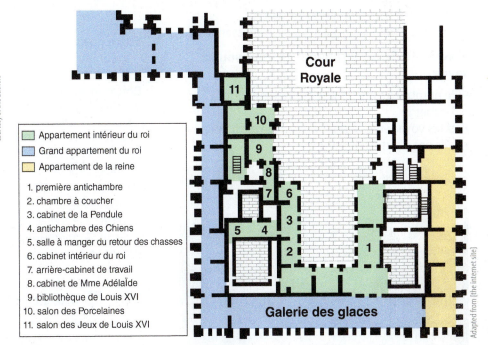

- Appartement intérieur du roi
- Grand appartement du roi
- Appartement de la reine

1. première antichambre
2. chambre à coucher
3. cabinet de la Pendule
4. antichambre des Chiens
5. salle à manger du retour des chasses
6. cabinet intérieur du roi
7. arrière-cabinet de travail
8. cabinet de Mme Adélaïde
9. bibliothèque de Louis XVI
10. salon des Porcelaines
11. salon des Jeux de Louis XVI

Adapted from [the internet site]

C10-6 ⚡ À l'auberge de jeunesse

Créez un dialogue entre un voyageur / une voyageuse et le/la réceptionniste d'une auberge de jeunesse avec les éléments indiqués.

Si vous êtes le voyageur / la voyageuse, vous voulez savoir…

- s'il y a encore de la place
- le tarif pour une nuit
- l'heure à laquelle on ferme les portes de la réception
- si l'auberge est près du centre-ville
- quels sont les lieux touristiques intéressants

Si vous êtes le/la réceptionniste, vous voulez savoir…

- le nombre de personnes qui veulent loger à l'auberge
- si les voyageurs veulent prendre le petit déjeuner
- s'ils ont d'autres questions

Expressions

Pour le/la touriste

Je voudrais une chambre (pas trop chère)
    (pour une/deux personne[s])
        avec un grand lit.
            salle de bains.
            douche.
            Wi-Fi.
C'est combien, la nuit?
Avez-vous une chambre qui coûte moins cher?
            une chambre qui donne sur la cour?
            quelque chose d'autre?
Est-ce que vous avez une connexion Wi-Fi
    pour Internet?
Est-ce que le petit déjeuner est compris?
Bon, ça me convient très bien. Je la prends.
Y a-t-il un autre hôtel près d'ici?

Pour le/la réceptionniste

Vous êtes combien?
Je vous propose une chambre au deuxième étage avec salle de bains et câble.
Je suis désolé(e). L'hôtel est complet.
Le petit déjeuner est compris.
Il y a un supplément de 8 euros pour le petit déjeuner.
Prenez l'ascenseur jusqu'au troisième étage.

C10-7 ⚡ Une situation difficile

Vous avez décidé de passer votre dernière nuit à Paris dans un vrai hôtel, mais il y a un problème. Imaginez le dialogue entre vous et le/la réceptionniste.

Structure 10.2   **Using prepositions with geographical names** *Les prépositions et la géographie*

Structure 10.3   **Avoiding the repetition of place names** *Le pronom **y***

La Guadeloupe

L'île de la Guadeloupe, dans les Caraïbes

Les belles cascades

Le volcan

C10-8 ⚙ Votre séjour en Guadeloupe

A. Vous avez décidé de partir en vacances en Guadeloupe. Qu'y ferez-vous? En groupes, chaque personne choisit une des photos et une activité associée à cette image. Créez un dialogue avec vos partenaires. Chaque personne explique ce qu'elle y fera.

Modèle: *J'irai à la plage Sainte-Anne et je nagerai dans l'eau.*

B. Présentez à la classe ce que vos partenaires feront en Guadeloupe.

Modèle: *Jennifer ira à la plage Sainte-Anne et elle nagera dans l'eau.*

Les plages de sable blanc

Thème 3 La géographie du monde francophone

C10-9 🔁 Publicité pour la Guadeloupe

Vous travaillez pour une agence de communication. Vous préparez une campagne de promotion pour la Guadeloupe et vous décidez d'interviewer des touristes. Parmi *(Among)* les images sur la page précédente, choisissez celle qui représente le mieux la Guadeloupe. Une personne décrit la photo. Puis des touristes parlent de leurs vacances.

La Guadeloupe, l'île _____ (adjectif)! Regardez ce magnifique paysage: (2 phrases qui décrivent la photo + 2 phrases qui décrivent les activités en Guadeloupe)

Questions pour l'interview:

Bonjour, comment vous appelez-vous?

D'où venez-vous?

Que faites-vous en Guadeloupe?

Est-ce que vous aimez la Guadeloupe?

Vocabulaire utile:

faire une promenade	bronzer *(to tan)*
faire du vélo	se relaxer
nager	visiter

C10-10 🔺 Le jeu des pays

Écrivez sur une feuille de papier tous les pays francophones (article + nom) que vous connaissez. Vous avez une minute. Comparez vos notes avec un(e) partenaire: Est-ce que l'orthographe est correcte? Est-ce que le genre est correct? Si oui, vous avez un point. À la fin, comparez vos résultats avec le reste de la classe.

C10-11 🔁 Veux-tu visiter ce pays?

Regardez la carte de l'Afrique au début du livre et demandez à votre partenaire s'il/si elle veut visiter le pays que vous nommez.

Modèle:

— *Est-ce que tu veux aller en Algérie?*

— *Oui, je veux y aller parce que… / Non, je ne veux pas y aller parce que…*

Raisons possibles:

la beauté du pays, le beau temps, les activités intéressantes, les animaux, la gastronomie, etc…

C10-12 🔷 La musique francophone

Vous préparez la fête de la musique qui est célébrée le 21 juin. Vous faites une sélection de chansons. Présentez à vos partenaires les chansons que vous avez choisies en ligne. Ensuite, sélectionnez 2 ou 3 chansons que vous partagerez avec le reste de la classe.

Modèle: *Voici _____ (nom du groupe, du chanteur / de la chanteuse). Il/Elle est (Ils / Elles sont) _____ (3 adjectifs pour décrire le physique et/ou la personnalité). J'ai choisi ce groupe / ce chanteur / cette chanteuse parce que _____ (2 raisons).*

La francophonie: une source des musiques du monde

Voix en direct: Bring your notes from the online activity to class.

Les musiques du monde représentent la diversité artistique qui **dépasse**[1] les **frontières**[2] nationales. C'est le résultat des échanges entre des musiciens de toutes les cultures. Dans les musiques du monde francophone, on entend souvent un **mélange**[3] de paroles en français avec des paroles en langues étrangères. Dans la musique raï, par exemple, des mots arabes se mélangent au français. L'inspiration rythmique, mélodique et instrumentale de ces chanteurs vient de tous les **coins**[4] du monde.

[1]transcends [2]borders [3]mix [4]corners

C10-13 Avez-vous compris?

1. Qu'est-ce que les musiques du monde représentent?
2. Qu'est-ce qui vient de tous les coins du monde?

VOIX EN DIRECT

Artiste: Tiken Jah* Fakoly

Chanson: «Le pays va mal»

Pays: Côte d'Ivoire

Genre: Reggae

«Le reggae, c'est comme le **battement de cœur**[1]. On le **sent**[2] avant de l'entendre… Mon message est **plutôt**[3] international, j'informe les gens, j'**éveille**[4] les consciences, j'éduque; j'explique ici pourquoi l'Afrique va mal.»

[1]heartbeat [2]feels [3]rather [4]awaken
*«Tiken» est une déformation d'un mot malinké qui signifie «petit garçon» et «Jah» est le mot reggae pour «Dieu». Tiken se prononce «chicken».

C10-14

1. Est-ce que Tiken Jah Fakoly parle seulement de l'amour et des sentiments dans ses chansons?
2. Est-ce que vous écoutez des musiques du monde? Pouvez-vous citer quelques artistes de ce genre? Est-ce que les paroles sont toujours en anglais?
3. Pourquoi les jeunes aiment-ils les musiques du monde?

Structure 10.4 **Making recommendations** *Il faut et il vaut mieux* + infinitif

Structure 10.5 **Expressing** *to know* *Savoir et connaître*

C10-15 ⚡ Quelques conseils d'un(e) ami(e)

Vous allez voyager pour la première fois dans un pays francophone. Vous êtes un peu inquiet/inquiète. Un(e) ami(e) essaie de vous rassurer. Imaginez le dialogue. Utilisez **il faut** et **il vaut mieux**.

Expressions

Le voyageur / La voyageuse inexpérimenté(e):

J'ai peur de…
   rater l'avion.
   me perdre dans la ville.
   ne pas comprendre les gens.

Pour l'ami(e) compatissant(e):

Il vaut mieux / Il faut…
   vérifier les horaires d'avion.
   te promener avec des amis.
   ne pas oublier ton passeport

C10-16 ⚡ À l'aéroport

Vous êtes à l'aéroport au moment d'enregistrer vos bagages. Vous demandez l'aide et les conseils des agents au sol *(check-in agents)*. Avec votre partenaire, imaginez le dialogue entre le voyageur / la voyageuse et l'agent au sol. Utilisez les expressions **il faut** et **il vaut mieux.**

Expressions

Est-ce que je peux vous renseigner?
Je peux enregistrer combien de bagages?
Il y a quelque chose de moins cher?
J'ai un (billet) aller-retour.
Est-ce qu'il y a un autre vol plus tard/tôt?

C10-17 ⚡ Je vous propose d'aller à…

Vous travaillez pour une agence de voyages. Vous voulez proposer un voyage sur mesure *(custom fit)* à votre client(e). Posez-lui des questions, puis faites vos recommandations: **Je vous propose de…**

Agent de voyages:	Client(e):
Vous recherchez la relaxation ou des vacances actives?	Moi, j'ai envie de / je veux…
Vous préférez les centres urbains ou la nature?	Moi, je préfère…
Quel(s) pays aimeriez-vous visiter?	J'aimerais visiter / connaître…
Que pensez-vous de…?	Cette destination a l'air intéressante parce que…
Quels sports ou activités vous intéressent?	J'aimerais apprendre à…
Vous voulez loger dans des hôtels de luxe ou voyager pour moins cher?	J'aimerais mieux…

C10-18 ⚡ Un petit tour du monde

Posez ces questions à un(e) partenaire. Utilisez **tu sais** ou **tu connais.**

Modèle: … la principauté d'Andorre?

— *Tu connais la principauté d'Andorre?*
— *Non, je ne connais pas.*

1. … quelle est la capitale de la Belgique?
2. … un bon restaurant haïtien?
3. … La Nouvelle-Orléans?
4. … s'il y a un métro à Montréal?
5. … si Genève est la capitale de la Suisse?
6. … qui est le président de la République française?

Le château Frontenac à Québec

C10-19 Devinez!

Identifiez ces pays. Consultez les cartes au début du livre.

1. C'est un petit pays francophone au nord de la France.
2. C'est un très petit pays au sud-ouest de la France.
3. C'est une province francophone canadienne au nord du Vermont.
4. C'est un grand pays francophone au sud de la République centrafricaine.
5. C'est une île dans les Caraïbes au nord-ouest de la Guadeloupe.

C10-20 Projets de voyage

Après un stage à Montréal, des étudiants rentrent chez eux. Vous êtes l'agent de voyages chargé des réservations. Avec un(e) partenaire, trouvez la destination de chaque étudiant.

Villes: Alger, Montréal, Rome, Abidjan, Dakar, Conakry, Madrid
Pays: le Canada, l'Algérie, la Côte d'Ivoire, l'Italie, la Guinée, le Sénégal, l'Espagne

Modèle: Ousmane est sénégalais.
Il vient du Sénégal? Alors, il va à Dakar au Sénégal.

1. Fatima est algérienne.
2. Franco et Silvia sont italiens.
3. Lupinde est ivoirien.
4. Tierno est guinéen.
5. Jean-Paul et Claire sont québécois.
6. Guadalupe est espagnole.

Le jet d'eau de Genève, en Suisse

Le festival des Francofolies de Montréal

La langue et l'identité

Quand la France **a cédé**[1] la Nouvelle-France (le Canada) aux Anglais au 18ᵉ siècle, le français est devenu une langue fragile en Amérique. Les Québécois, la minorité francophone au Canada, **ont dû lutter**[2] pour leur **survie**[3] culturelle.

Le drapeau québécois, avec ses fleurs de lys, représente l'attachement québécois à la francophonie.

Traditionnellement, les symboles de l'identité québécoise ont été la langue française et le catholicisme. Après la **Révolution tranquille**[4] des années 1960, les écoles publiques ont largement remplacé l'école catholique dans l'éducation au Québec.

[1]*gave up* [2]*have had to fight* [3]*survival* [4]*Peaceful revolution*

En 1977, on a voté la **loi**[1] 101, ou Charte de la langue française. Avec cette loi, le français devient la seule langue de la région et les immigrés sont aussi **scolarisés**[2] en français. Pour les jeunes Québécois d'aujourd'hui, la langue française symbolise toujours leur identité. Mais ils **voient**[3] aussi que c'est utile d'être bilingues, de parler français, anglais et même d'autres langues.

[1]*law* [2]*taught* [3]*see*

Un panneau (*sign*) au Québec

C10-21 **Avez-vous compris?**

1. Quand le français devient-il une langue fragile au Québec?
2. Les anglophones au Canada étaient protestants. Et les francophones?
3. Comment est-ce que la Charte de la langue française protège (*protects*) le français au Québec?
4. Est-ce que les jeunes Québécois pensent que le français est un symbole important de leur identité culturelle? Expliquez.

C10-22 **ET VOUS?**

> **Et vous?:** Bring your notes from the online activity to class.

La loi 101, ou Charte de la langue française, affirme que le français est la seule langue de la province québécoise. Est-ce que c'est une loi juste (*fair*) pour les Anglophones, les Québécois et les immigrés du Québec? Quels en sont les avantages et/ou les inconvénients?

Vocabulaire utile:

défendre sa culture	*to defend one's culture*
imposer quelque chose à quelqu'un	*to impose something on someone*
protéger sa culture	*to protect one's culture*
la mondialisation	*globalization*

C10-23 **À VOUS!**

L'identité des États-Unis: Vous allez discuter avec la classe des éléments qui représentent le mieux les États-Unis. Choisissez deux symboles des États-Unis. Puis, écrivez deux phrases pour décrire chaque symbole. Écrivez une autre phrase pour expliquer votre choix.

Partagez vos informations avec la classe. Donnez:

1. les deux symboles (vous pouvez apporter une photo)
2. la description de chaque symbole
3. la raison de votre choix

C10-24 Vidéo: Les copains

En groupes, discutez d'un voyage que vous voulez faire dans un pays francophone. Vous pouvez être vous-même ou imaginer un personnage que vous aimeriez *(would like to)* jouer.

Pour commencer la conversation:

- Quel pays allez-vous visiter?
- Que savez-vous sur ce pays?
- Quels animaux vivent dans ce pays?

Expressions utiles:
- Regardez là, c'est _____.
- C'est magnifique. / C'est un beau paysage.
- J'adore. / J'aime bien.

C10-25 Situation à jouer

🍴	Menu 20/42 s.c. Carte 40/60 s.c.
⚬—	36 chambres H.S. 120/160 s.c. 1/2 pension/pers.
8—	12 appartements à partir 180 s.c. 1/2 pension/pers.
⚏	10 s.c.
🍴	oui avec supplément
✈	oui
✈	Chambéry 110 km Genève-Lyon 150 km
🏊	Privée
↕	500 m
⛷	3 km
🚗 P	

Déjeuner en terrasse, Ski, Vidéo, Sauna, Gym-room
Lunch on terrace, Skiing, Video, Sauna, Jacuzzi

Chalet de montagne raffiné et élégant situé au cœur de Méribel et des 3 Vallées. Plein sud, au calme et en bordure des pistes

Elegant, refined mountain chalet situated in the heart of Meribel and 3 Valleys alongside ski-slopes. South-facing.

73550 **MÉRIBEL** (Savoie)
Tél. **79.08.60.03**
Télex 309 623
Fax. 79.08.58.38
Prop. Evelyne et Jean Buchert
F.H. non
F.A. 23-04/17-12

CC AE VISA ⬭ E

© Relais & Châteaux®

Vous voulez passer quelques jours dans les Alpes. Téléphonez à l'hôtel Le Grand Cœur à Méribel pour vous renseigner et faire des réservations. Le/La réceptionniste va répondre à vos questions. Travaillez avec un(e) partenaire. Utilisez la brochure pour guider votre conversation.

C10-26 Explorez en ligne.

Les auberges de jeunesse

Partagez vos découvertes au sujet d'une auberge de jeunesse de votre choix. Pourquoi l'avez-vous choisie? Qu'avez-vous appris?

> **Explorez en ligne:** Bring your notes from the online activity to class.

Synthèse

Lecture

Avant de lire

Cette chanson écrite par Tiken Jah Fakoly, compositeur *(songwriter)* et interprète *(singer)* de Côte d'Ivoire parle des problèmes dans le pays. Avant de lire les paroles *(lyrics)*, réfléchissez aux problèmes sociaux qui pourraient être abordés dans la chanson. Regardez cette liste et comparez-la à la vôtre *(yours)*.

• la pauvreté *(poverty)*
• l'intolérance religieuse
• la polygamie
• le SIDA *(AIDS)*
• la violence et la guerre *(war)*
• le matérialisme
• la peur des étrangers *(outsiders; foreigners)*
• la corruption
• les divisions sociales

Stratégie de lecture: Identifying repetition

In both song lyrics and poetry, key words and phrases are frequently repeated for emphasis. As you read «Le pays va mal», pay attention to repetition.

Which words are repeated throughout the lyrics? What main message do they convey?

Francesca Moore/Alamy stock photo

Le pays va mal
Tiken Jah Fakoly

[Refrain]
1   Le pays va mal
    Mon pays va mal
    Mon pays va mal
    De mal en mal°   *From bad to bad*
5   Mon pays va mal
    Avant on ne parlait pas de nordistes ni de sudistes
    Mais aujourd'hui tout est **gâté**°   *ruined*
    L'armée est divisée
    Les étudiants sont divisés
10 La société est divisée
    Même nos mères au marché sont divisées

[Refrain]
Avant on ne parlait pas de chrétiens ni de musulmans
Mais aujourd'hui ils ont tout gâté
15 L'armée est divisée
Les étudiants sont divisés
La société est divisée
Même nos mères au marché sont divisées
Nous **manquons**° de **remèdes**°

lack / solutions

20 Contre l'injustice, le tribalisme, la xénophobie
Après l'**ivoirité**°
Ils ont créé les ou les é o les é
[Refrain]
Djamana gnagamou'na[1]
Obafé kan'gnan djamana gnagamou he
25 Djamana gnagami'na lou ho
Obafé kan'gnan djamana gnagamou
Magô mi ba'fé kagnan djamana gnagamou
Allah ma'ho kili tchi'la
Djamana gnagamou'la lou ho
30 Djamana gnagamou'la
[Refrain]

Ivory Coast identity recently used to exclude others

[1]Le pays est dans la confusion
Ils veulent **foutre le bordel**° chez nous
Que tous **ceux**° qui veulent la **perte**° de notre **patrie**°
Soient châtiés par Dieu°
La confusion **règne**°
C'est le **sauve-qui-peut**° général

cause chaos (vulgar)
those / downfall /homeland
Be punished by God
reigns
every man for himself

C10-28 | **À VOUS!**

1. Pensez à un autre chanteur «engagé» qui parle des problèmes dans son pays ou dans le monde. Qui est-ce? Qu'est-ce qu'il dit?
2. Est-ce que vous pensez que c'est le rôle des artistes d'exposer l'injustice et de dire la vérité?

À vous!: Bring your notes from the online activity to class.

C10-29 | **Expression écrite**

PRÉSENTATION D'UN PAYS FRANCOPHONE

In groups of two or three, prepare a presentation on a French-speaking country of your choice and create a written product such as a poster or a travel brochure to accompany your presentation.

- **Première étape:** Find one or two partners. Then with your group, decide which French-speaking country you are going to present. You can refer to the ones presented in this module or you can choose one from the maps at the beginning of the manual.

- **Troisième étape:** Report your findings to the group. Then decide what the presentation is going to include and which member of the group is going to work on which slide.

- **Cinquième étape:** Present your French-speaking country to the class or hand out your work to the instructor.

Expression écrite: Refer to the online for **Deuxième étape** and **Quatrième étape.**

Structures

Structure 10.1

Talking about the future *Le futur*

The future stem of regular **-er** and **-ir** verbs is the infinitive. For **-re** verbs, drop the final **e** from the infinitive. The future endings are always regular. They are similar to the present tense forms of the verb **avoir**.

parler *(to speak)*

je parler**ai**	nous parler**ons**
tu parler**as**	vous parler**ez**
il/elle/on parler**a**	ils/elles parler**ont**

partir *(to leave)*

je partir**ai**	nous partir**ons**
tu partir**as**	vous partir**ez**
il/elle/on partir**a**	ils/elles partir**ont**

rendre *(to return; to give back)*

je rendr**ai**	nous rendr**ons**
tu rendr**as**	vous rendr**ez**
il/elle/on rendr**a**	ils/elles rendr**ont**

Je **voyagerai** en France cet été.   *I will travel to France this summer.*

Verbs with irregular future stem

infinitive	stem	future
être	ser-	je serai
avoir	aur-	j'aurai
aller	ir-	j'irai
faire	fer-	je ferai

infinitive	stem	future
pouvoir	pourr-	je pourrai
venir	viendr-	je viendrai
voir	verr-	je verrai
vouloir	voudr-	je voudrai
savoir	saur-	je saurai

Verbs with spelling changes

To form the future of spelling-change verbs, start with the **il/elle/on** form of the present tense and add **-r** before the future endings.

present **il/elle/on** form + **-r** + future endings

infinitive	stem	future
acheter	(il/elle/on) achèt-	j'achèterai, tu achèteras
appeler	(il/elle/on) appelle-	j'appellerai, tu appelleras
payer	(il/elle/on) paie-	je paierai, tu paieras

Using the future in hypothetical clauses

Sentences with an *if* clause and a *results* clause use the present in the *if* clause and the future in the *results* clause.

S'il neige, nous **irons** faire du ski.   *If it snows, we'll go skiing.*

Using the future in clauses following *when*

Unlike English, French uses the future after **quand, lorsque** *(when)*, and **aussitôt que** *(as soon as)* when the main verb is in the future.

future clause + **quand, aussitôt que,** or **lorsque** + future clause

Je **ferai** des promenades quand je **serai** à Paris.   *I'll take walks when I'm in Paris.*

Structure 10.2

Using prepositions with geographical names *Les prépositions et la géographie*

Talking about cities

The names of most cities are considered proper nouns and do not require definite articles.

A few cities have the definite article as a part of their name. Note that the articles are capitalized. Ex: **La Nouvelle-Orléans, Le Havre**

Determining the gender of states, countries, and continents

Names of states, countries, and continents are, with a few exceptions, feminine if they end in **-e** and masculine if they end otherwise. Use the definite article.

masculine	feminine	plural
le Canada	la Californie	les Antilles *(f)*
le Sénégal	la France	les États-Unis *(m)*

Note the following exceptions: **le Mexique, le Maine.**

Expressing movement *to* or *from* cities, countries, and states

When you wish to express movement *to, at,* or *in a place,* or *from a place,* the choice of the preposition varies as shown in this chart.

	cities	countries, states, and regions		
		masculine beginning with a consonant	feminine or masculine beginning with a vowel	plural
to / at / in	**à** Paris	**au** Sénégal	**en** Californie	**aux** États-Unis
from	**de** Los Angeles	**du** Portugal	**de** Californie	**des** Pays-Bas

The pattern for states is less fixed. Feminine names follow the preceding pattern (**en, de**). However, for masculine names, **dans le** is generally preferred in place of **au.**

Il travaille **dans le** Maryland.	*He works in Maryland.*
Nous habitons **en** Californie.	*We live in California.*

Structure 10.3

Avoiding the repetition of place names *Le pronom y*

Pronouns are used to avoid repeating nouns. The pronoun **y** is used to replace phrases that begin with a variety of prepositions such as **à, chez, dans, sur,** and **en** (but *not* **de**). When the prepositional phrase names a location, **y** is roughly the equivalent of the English *there.*

— Mousassa est **en Afrique**?	*— Is Mousassa in Africa?*
— Oui, il **y** est.	*— Yes, he is **there**.*

Y can also replace prepositional phrases if these do not include a person.

Je pense à ma mère / à elle.	*I'm thinking about my mother / about her.*
Je vais à Genève. J'y vais.	*I'm going to Geneva / there.*

Structures

Placing *y* in sentences

Place the pronoun **y** in sentences according to these guidelines:

1. In simple tenses, **y** goes before the conjugated verb.
2. In the **futur proche** and two-verb sentences, **y** goes between the conjugated verb and the infinitive.
3. In the **passé composé, y** goes before the auxiliary.
4. One of the most frequent uses of **y** is in the combination **il y en a,** where **y** precedes the pronoun **en.**

Structure 10.4

Making recommendations *Il faut et il vaut mieux + infinitif*

The impersonal expression **il faut** followed by the infinitive expresses necessity or obligation, and is generally interchangeable with the expression **il est nécessaire de.**

Il faut acheter le billet.   ***You have to buy*** *the ticket.*

Il vaut mieux, which expresses what one should do, is frequently used for giving advice.

Il vaut mieux prendre un parapluie.   ***You should take*** *an umbrella.*

To express what one shouldn't or mustn't do, use **il ne faut pas.**

Il ne faut pas oublier ton passeport.   ***You mustn't forget*** *your passport.*

Structure 10.5

Expressing *to know* *Savoir et connaître*

In French, *to know* is expressed by either the verb **savoir** or the verb **connaître,** depending on the context.

Using *savoir* and *connaître*

Savoir is used for knowing information, facts, or how to do something.

savoir *(to know facts, to know how to)*

je sais	nous savons
tu sais	vous savez
il/elle/on sait	ils/elles savent
passé composé: j'ai su	

Connaître means *to know,* in the sense of being acquainted or familiar with something or someone.

connaître *(to know / be familiar with)*

je connais	nous connaissons
tu connais	vous connaissez
il/elle/on connaît	ils/elles connaissent
passé composé: j'ai connu	

Structural hint for determining whether to use *connaître* or *savoir*

Savoir can be followed by a clause. **Connaître** cannot. It can only be followed by a noun or a pronoun.

| Je sais que tu m'attends. | *I know that you're waiting for me.* |
| Tu connais cette chanson? | *Do you know (Are you familiar with) this song?* |

Special meanings

| Nous l'**avons su** hier. | *We **found out** yesterday.* |
| Il l'**a connu** il y a dix ans. | *He **met** her (**for the first time**) ten years ago.* |

Vocabulaire actif

NOMS

La ville   *The city*

une carte   *map*
une chasse au trésor   *treasure hunt*
un escalier   *stairs*
la place   *square*
le quartier   *neighborhood*
un roman   *novel*
une rue   *street*

Mots apparentés: une avenue, un boulevard, une direction, une statue

À l'hôtel   *At the hotel*

un ascenseur   *elevator*
une chambre pour   *single bedroom*
   une personne
une chambre pour   *double bedroom*
   deux personnes

Mots apparentés: le câble, un supplément

Les animaux et la nature   *Animals and nature*

un arbre   *tree*
une cascade   *waterfall*
une île   *island*
l'outre-mer *(m)*   *overseas*
une perle   *pearl*
une plage   *beach*
un roi   *king*
le sable   *sand*
un singe   *monkey; ape*
un temple hindou   *hindu temple*

Mots apparentés: un animal, une antilope, un archipel, un contraste, un désert, un éléphant, une forêt, un gorille, un hippopotame, la jungle, un léopard, un lion, un volcan

Pays, États et capitales   *Countries, states, and capitals*

le monde   *world*
un pays   *country*
l'Allemagne *(f)*   *Germany*
l'Angleterre *(f)*   *England*
les Antilles *(f pl)*   *West Indies*
la Côte d'Ivoire   *Ivory Coast (Yamoussoukro)*
   (Yamoussoukro)
l'Espagne *(f)*   *Spain*
les États-Unis *(m pl)*   *the United States*
le Maroc (Rabat)   *Morocco (Rabat)*
le Mexique   *Mexico*
la République   *Democratic Republic*
   Démocratique du Congo   *of Congo*
   (la RDC) (Kinshasa)   *(Kinshasa)*
l'Union *(f)* européenne   *European Union*
le Viêt Nam   *Vietnam*

Mots apparentés: l'Afrique *(f)*, l'Amérique *(f)* du Nord, l'Amérique *(f)* du Sud, l'Asie *(f)*, le Burkina Faso (Ouagadougou), la Californie, le Cameroun (Yaoundé), le Canada, la Chine, l'Europe *(f)*, la France, la Louisiane, le Maryland, la Russie, le Sénégal (Dakar), le Texas, la Tunisie (Tunis)

Les voyages   *Travels*

l'aéroport *(m)*   *airport*
un avion   *plane*
les bagages *(m pl)*   *luggage*

un bateau   *boat*
un (billet) aller-retour   *round-trip (ticket)*
un (billet) aller simple   *one-way (ticket)*
la classe affaires   *business class*
la classe économique   *coach class*
une place   *seat*
des tongs *(f pl)*   *flip-flops*
un vol   *flight*

Mots apparentés: une réservation, un taxi, un train, le nord, le sud, l'est, l'ouest

Culture et événements   *Culture and events*

un bayou   *bayou, swamp*
une course automobile   *car race*
le flamand   *Flemish*
la langue officielle   *official language*
Mardi Gras   *Fat Tuesday*
la musique québécoise   *music from Quebec*

Mots apparentés: une colonie, le créole, un festival de jazz, l'indépendance *(f)*, le vaudou

VERBES

admirer   *to admire*
connaître   *to know, to be familiar with*
découvrir   *to discover*
enregistrer   *to register*
être compris(e)   *to be included*
être désolé(e)   *to be sorry*
être prêt(e) à   *to be ready to*
profiter (de)   *to take advantage of; to enjoy*
rendre   *to return, to give back*
renseigner   *to help (with information)*
savoir   *to know (facts, how to)*
traverser   *to cross*

Vocabulaire

ADJECTIFS

cajun   *Cajun*
célèbre   *famous*
complet / complète   *full; complete*
frais / fraîche   *fresh*
magnifique   *magnificent, marvelous*
or   *gold, golden*
prévu(e)   *scheduled*
touristique   *touristic*

EXPRESSIONS

Demander son chemin   *Asking directions*

Excusez-moi, monsieur/ madame…   *Excuse-me, sir / ma'am…*
Pardon, mademoiselle…   *Sorry, ma'am…*
Est-ce que je peux vous déranger?   *May I interrupt you?*
Vous pouvez me dire où se trouve le Louvre?   *Can you tell me where the Louvre is?*
Dans quelle direction est le musée d'Orsay?   *In which direction is the Orsay museum?*
Pardon, monsieur, le Louvre, s'il vous plaît?   *Sorry, sir, the Louvre, please?*

S'il vous plaît, où se trouve le Louvre?   *Please, where is the Louvre?*
Prenez le boulevard.   *Take the boulevard.*
Continuez tout droit.   *Continue straight ahead.*
Tournez à droite/à gauche dans la rue du Bac.   *Turn right/left on Bac street.*
Le musée d'Orsay sera en face de vous.   *The Orsay museum will be in front of you.*
C'est loin/près d'ici?   *Is it far from/close to here?*
C'est tout près.   *It's very close.*
Quittez la gare et allez en direction du centre-ville.   *Leave the train station and take the direction for downtown.*
Vous allez jusqu'au bout de la rue…   *You go to the end of the street…*
Vous allez jusqu'à la rue…   *You go to the street…*
Vous allez traverser la place.   *You are going to cross the square.*

À l'hôtel   *At the hotel*
See p. 190.

Les voyages   *Travels*
C'est parti!   *We're off!*
en RER   *by RER (Paris area commuter train)*

faire une pause   *to take a break*
faire une réservation   *to make a reservation*
faire la valise   *to pack, to prepare the suitcase*
non échangeable   *non exchangeable*
non remboursable   *non refundable*
on récapitule   *let's review (recapitulate)*
passer quelques jours   *to spend a few days*
quelque chose de moins cher   *something less expensive*
un peu juste   *a little close (schedule) / tight (clothing)*
voyager en classe économique   *to travel coach class*

AUTRES

aussitôt que   *as soon as*
jusqu'à   *up to*
lorsque   *when*
plus tard   *later*
plus tôt   *earlier*
si   *if*
sur les bords de la Seine   *along the Seine*

Vocabulaire passif

NOMS

une croisière   *cruise*
le dépaysement   *change of scenery*
la détente   *relaxation*
un(e) fan   *fan*
un papillon   *butterfly*
un paysage   *landscape*
la plongée libre   *snorkeling*
la plongée sous-marine   *scuba diving*

un rêve   *dream*
la savane   *savannah*
un tube *(fam)*   *hit (popular song)*

> **Mots apparentés:** le canoë (kayak), une destination, la diversité, l'équateur *(m)*, le golf, la population, une province, le rafting, la religion, le surf

VERBES

accueillir   *to greet, to welcome*
se dépayser   *to have a change of scenery*
se détendre   *to relax*
se repérer   *to find one's way*

La santé et le bonheur

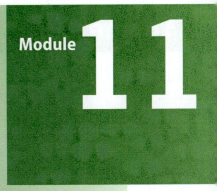

In this module, you will learn:

- parts of the body.
- how to describe common illnesses and their treatment.
- how to talk to a doctor or pharmacist.
- how to give advice.

- about health and well-being.
- about the French healthcare system.
- how French people perceive happiness and well-being.

la tête

le cou

la poitrine

le dos

l'estomac (m) /
le ventre

le genou

la jambe

la cheville

l'épaule (f)

le bras
le coude

le poignet
la main
le doigt

le pied

Pressmaster/Shutterstock.com

le front

l'œil (m)

l'oreille (f)

la joue

le menton

le sourcil

les yeux

le nez

les lèvres (f pl);
la bouche

la langue

Denis Makarenko/Shutterstock.com

les dents (f pl)

Irina Bg/Shutterstock.com

C11-1 🎲 **Qu'est-ce que c'est?**

Votre professeur va prononcer des parties du corps. Identifiez-les.

C11-2 🎲 **Jacques a dit** *(Simon says)*

Votre professeur va donner des ordres. S'il/Si elle utilise «Jacques a dit», suivez l'ordre. S'il/Si elle ne dit pas «Jacques a dit», ne le suivez pas.

C11-3 ♻️ **Associations**

À tour de rôle, dites une partie du corps. Les membres de votre groupe vont donner les autres parties du corps qui y sont associées.

Modèle: la bouche
les lèvres, les dents, la langue

1. la tête
2. les jambes
3. le bras
4. la main
5. les yeux

Structure 11.1 **Talking about health and feelings** *Expressions idiomatiques avec **avoir***

Elle a mal à la tête.

Il a mal au ventre.

Il s'est foulé la cheville.

C11-4 🔁 **J'ai souvent…**

Avec un(e) partenaire, complétez ces phrases à tour de rôle.

1. J'ai souvent sommeil quand / pendant *(during)*…
2. Ma mère dit…, mais elle a tort.
3. Mes amis disent que… et ils ont raison.
4. J'ai peur de/des…
5. … a toujours l'air content(e).
6. J'ai envie de…

C11-5 ♻ **Mimons *(Let's mime)*!**

Par groupes de 3, jouez la personne qui a ces problèmes à tour de rôle.

- Étudiant(e) 1 choisit une expression de la liste et mime.
- Étudiant(e) 2 demande: Qu'est-ce qu'il/elle a?
- Étudiant(e) 3 identifie le problème.

Problèmes possibles:

avoir mal à la tête/à l'estomac / à la jambe / à l'oreille /
   à la gorge / au pied
avoir peur des chiens / de la hauteur *(heights)* / des insectes
avoir honte
avoir l'air triste
avoir froid

C11-6 🔁 **Interaction**

Posez ces questions à un(e) partenaire. Après chaque réponse, demandez: Et toi? Votre partenaire répond à son tour.

1. Qu'est-ce que tu fais quand tu veux dormir, mais que tu n'as pas sommeil?
2. Qu'est-ce que tu as envie de faire ce week-end?
3. Qui, dans la classe, a l'air content(e) / fatigué(e) / énervé(e)?
4. Tu as peur des araignées *(spiders)* / des chiens / de la hauteur *(heights)*?
5. Tu as du mal à étudier devant la télé?
6. Est-ce que tu as besoin d'étudier maintenant?
7. Quand tu as tort, est-ce que tu as du mal à l'admettre *(admit)*?

Pourquoi ne sont-ils pas au travail?

Jean-Claude: Il a la grippe.
Les symptômes: de la température, de la toux, des courbatures *(achiness)*, des frissons *(chills)*

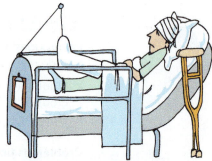

Christophe: Il a une fracture.
Les symptômes: il a une jambe cassée, il a du mal à marcher

Nathalie: Elle a un rhume.
Les symptômes: elle tousse, elle éternue, elle a le nez qui coule

Isabelle: Elle est enceinte.
Les symptômes: elle a un gros ventre, elle a envie de manger des choses bizarres

Laurent: Il est déprimé.
Les symptômes: il est toujours triste, il est très négatif

C11-7 ⚡ Symptômes

Avec un(e) partenaire, faites une liste des symptômes que vous associez à chaque condition médicale.

1. un rhume
2. un os *(bone)* cassé
3. être enceinte
4. être déprimé(e)
5. la grippe

C11-8 📷 Où Paul a-t-il mal?

Devinez où Paul a mal.

Modèle: Il a trop mangé.
Il a mal à l'estomac.

1. Il passe des heures devant son ordinateur.
2. Il est tombé en faisant du ski *(while skiing)*.
3. Il a une migraine.
4. Il fait beaucoup de tennis.
5. C'est un lanceur *(pitcher)* de base-ball.
6. Il a mangé beaucoup de bonbons *(candies)* et de chips.
7. Il a travaillé toute la journée dans le jardin.

Structure 11.2   **Saying when and how long**   *L'emploi de depuis*

Le médecin
Qu'est-ce qui ne va pas?
Qu'est-ce que vous avez?
Vous avez bonne / mauvaise mine.
Où avez-vous mal?
Quels sont vos symptômes?
Depuis quand avez-vous ces migraines?
C'est grave. / Ce n'est pas grave.
Je vous fais une ordonnance pour…
Je vais prendre votre température.

Le/La patient(e)
Je ne me sens pas bien du tout.
J'ai mal à la tête.
J'ai du mal à avaler.
Je fais une dépression. / Je suis déprimé(e).
Je crois que je suis allergique.
Je tousse beaucoup.
J'ai beaucoup de stress.

Quelqu'un en bonne santé
Je me sens très bien.
Je suis en (pleine/bonne) forme.
Je suis ici pour un check-up.

C11-9 🔁 Chez le médecin

Monsieur Lefèvre est chez le médecin parce qu'il ne se sent pas bien et il pense avoir la grippe. Complétez le dialogue.

DOCTEUR: Bonjour, Monsieur Lefèvre. Comment allez-vous?
PATIENT: Ah! Je ne _____ pas bien du tout.
DOCTEUR: Qu'est-ce qui ne _____ pas?
PATIENT: Je crois que j'ai _____, mais je ne suis pas sûr.
DOCTEUR: Quels sont vos _____?
PATIENT: J'ai mal à _____. J'ai mal à _____, j'ai des courbatures partout et j'ai de la fièvre.
DOCTEUR: Laissez-moi prendre votre _____. Oui, elle est un peu élevée (high). Depuis quand _____ malade?
PATIENT: Depuis _____.
DOCTEUR: Je vais examiner la gorge. Ouvrez la _____ et faites «Ah…». Oui, vous avez les glandes enflées (swollen glands). Mais ce n'est pas _____. Je vous fais une _____ pour des antibiotiques.

C11-10 🔁 Tu as mauvaise mine.

Votre copain / copine est malade. Vous allez lui poser des questions et lui donner des conseils.

Modèle:
— *Je me sens malade. Je tousse et j'ai de la fièvre.*
— *Ah oui, tu as mauvaise mine. Tu as vu le médecin?*

Copain / Copine malade	**Questions et conseils**
Je me sens malade.	Qu'est-ce qui ne va pas?
J'ai mal à la tête / à l'estomac.	Qu'est-ce que tu as?
J'ai beaucoup de stress.	Depuis quand?
Je tousse beaucoup.	Tu as vu le médecin?
	Tu dois prendre de l'aspirine.
	Tu dois aller au lit.
	Il faut faire du yoga.
	Il faut prendre de la vitamine C.

C11-11 ♻ Interaction

Par petits groupes, posez-vous des questions avec **depuis quand**.

Modèle: savoir lire
— *Depuis quand sais-tu lire?/Tu sais lire depuis quand?*
— *Je sais lire depuis l'âge de sept ans.*

1. être en cours aujourd'hui
2. habiter dans cette ville
3. être étudiant(e) ici
4. étudier le français
5. connaître ton/ta meilleur(e) ami(e)
6. savoir conduire

La santé: un droit ou un privilège?

En Europe

Courtesy of Sécurité Sociale

Est-ce que tous les citoyens d'un pays ont **droit**[1] aux **soins**[2] médicaux? La réponse en France et dans toute l'Union européenne est affirmative! L'**assurance maladie**[3] est basée sur le principe de l'égalité d'accès aux soins sans discrimination.

[1]right [2]care [3]healthcare

Les Français utilisent leur système.

Les Français sont les plus gros **consommateurs**[1] de médicaments du monde. Ce système **coûte**[2] cher à l'**État**[3] et depuis les années 1990, la «sécu» est en déficit. Mais il est bien moins **coûteux**[4] que le système de santé américain.

[1]consumers [2]costs [3]State [4]expensive

Les mesures gouvernementales

Courtesy of Serial Buveur Social Loseur

Le gouvernement lance des campagnes de prévention contre l'alcoolisme, le **tabagisme**[1] et l'obésité. Pour combattre le *binge drinking*, il a augmenté l'âge auquel on peut acheter de l'alcool, **passant de**[2] 16 à 18 ans. Il encourage aussi la médecine alternative non traditionnelle.

[1]tobacco addiction [2]going from

C11-12 **Avez-vous compris?**

1. Le système de santé est basé sur quel principe dans les pays de l'Union européenne?
2. Des systèmes de santé français et américain, lequel coûte le plus cher?

Et vous?: Bring your notes from the online activity to class.

C11-13 **ET VOUS?**

1. Est-ce que vous pensez que tous les Américains doivent avoir accès aux soins médicaux?
2. Quelles sont les pratiques qu'il faut encourager pour la bonne santé des gens?
3. Est-ce que c'est le rôle du gouvernement d'encourager des comportements sains *(healthy)*? Donnez deux exemples de campagnes *(campaigns)* américaines pour promouvoir *(promote)* la santé.
4. Est-ce que le *binge drinking* est un problème sur votre campus? Expliquez.

Structure 11.3 **Giving advice** *Le subjonctif (introduction)*

Structure 11.4 **Giving and reporting advice** *Dire avec l'objet indirect*

Used with the infinitive	**Used with the subjunctive**
Il faut	Il faut que
Il vaut mieux	Il est essentiel que
Il est important de	Il est important que
Il est nécessaire de	Il est nécessaire que
Je vous conseille de	Je veux / voudrais que
Il ne faut pas	

C11-14 **Des conseils**

Donnez des conseils. Choisissez parmi *(among)* les options données.

1. Je prends régulièrement des bains de soleil.
2. Je me mets facilement en colère.
3. Je m'endors souvent pendant mon premier cours le matin.
4. Je suis obsédé(e) par le travail. J'ai besoin de réussir à tout prix.
5. J'ai besoin de perdre 10 kilos.
6. Je bois trop de bière le week-end.
7. J'ai une mauvaise toux, mais je ne peux pas m'empêcher de fumer.

a. Il faut que vous buviez avec modération.
b. Il faut que vous arrêtiez de fumer tout de suite.
c. Il est nécessaire que vous vous détendiez plus souvent avec vos amis.
d. Il est important de vous coucher à une heure raisonnable!
e. Il est nécessaire que vous mettiez de la crème solaire.
f. Il est essentiel que vous suiviez votre régime.
g. Il vaut mieux compter jusqu'à dix avant de répondre.

Sondage: Les parents
Vous avez peut-être complété une activité en ligne sur ce sujet. Maintenant, discutez: Pensez-vous que vos parents avaient raison de vous obliger à faire des choses? Êtes-vous une meilleure personne pour avoir des parents stricts ou indulgent *(lenient)*? Allez-vous être un parent strict ou indulgent?

Thème 4 Comment donner des conseils

C11-15 🔁 C'est embêtant!

On est très exigeant *(demanding)* envers vous. Avec un(e) partenaire, formez des phrases avec un élément de chaque colonne.

©Sheff/Shutterstock.com

Modèle: *Ma mère veut que je dépense moins d'argent.*

mes copains	vouloir	dépenser moins d'argent pour…
ma mère	désirer	lui écrire plus souvent
mon père	exiger	être plus ponctuel(le)
mon patron	préférer	sortir plus souvent
mon/ma meilleur(e) ami(e)		leur dire mes secrets
mes parents		partir en vacances
Alex, tu		me détendre plus
Claire et Simon, vous		devenir expert(e) à l'ordinateur

C11-16 🔁 Je lui dis de…

Comment est-ce que vous répondez dans ces situations? Travaillez avec un(e) partenaire, puis partagez vos réponses avec la classe.

Modèles: Votre copain / copine travaille tout le temps.
Je lui dis d'aller au cinéma avec moi.

Vos copains fument.
Je leur dis de ne pas fumer.

1. Votre copain / copine a beaucoup de stress.
2. Vos frères ont de mauvaises notes *(grades)* en cours.
3. Votre copain / copine grossit.
4. Votre mère passe tous les week-ends à faire le ménage.
5. Vos petits cousins sont trop timides pour parler en classe.
6. Vos copains vont rarement en cours.

©wavebreakmedia/Shutterstock.com

Structure 11.5 **Making descriptions more vivid** *Les adverbes*

C11-17 🎴 **Un mini cours de yoga**

Vous allez faire un peu de yoga. D'abord, regardez les photos et lisez les directives. Puis suivez les instructions de votre professeur.

On commence dans une posture assise, les yeux fermés. Bien. Vous allez porter votre attention sur votre respiration. Vous allez inspirer *(inhale)* par le nez et vous allez expirer *(exhale)* calmement par la bouche. Vous allez laisser *(let)* vos épaules se détendre complètement.

Nous allons nous mettre debout. Les deux pieds se touchent. Les bras sont le long du corps et on regarde devant nous.

En expirant, on va plier les genoux. Et puis, on va lever les bras vers le ciel.

Maintenant, on va revenir dans notre position de détente *(relaxation)*. Alors, asseyez-vous. Fermez les yeux et comptez jusqu'à 5, puis respirez calmement. Maintenant, ouvrez les yeux.

C11-18 ♻ **Conseils**

Complétez les conseils avec l'adverbe approprié.

1. Pour être heureux et rester en bonne forme, il faut faire de l'exercice _____.
   a. régulièrement   b. rapidement
   c. traditionnellement

2. On peut devenir malade si on ne mange pas _____.
   a. vite   b. toujours   c. sainement

3. Parfois, quand on est stressé, c'est une bonne idée de se promener _____.
   a. certainement   b. lentement
   c. traditionnellement

4. En classe, il vaut mieux participer _____.
   a. absolument   b. mal   c. activement

5. Il est difficile de supporter les gens qui parlent _____.
   a. constamment   b. joliment   c. patiemment

6. Si un de vos amis a des problèmes, il faut l'écouter _____.
   a. essentiellement   b. joliment   c. attentivement

Paul et Élodie écoutent **attentivement**.

C11-19 Prononcez!

A. Prononcez les verbes et les adverbes. Notez bien les différences.

1. **Verbes:** ils passent, ils lisent, ils exigent, ils se sentent, elles toussent, elles souffrent, elles se détendent
2. **Adverbes:** doucement, heureusement, gravement, vraiment, absolument, facilement

B. Maintenant, lisez les phrases à voix haute (*out loud*).

1. Ils courent rapidement.
2. Elles chantent constamment.
3. Ils parlent lentement.
4. Elle répond patiemment.
5. Ils jouent activement.
6. Elles s'habillent différemment.

C11-20 Comment est-ce que tu... ?

Posez les questions à votre partenaire. Il/Elle vous répond avec un adverbe.

Adverbes: lentement, fort, doucement, vite, tranquillement, patiemment, attentivement, rapidement, sainement, intelligemment, mal, bien

Modèle:
— *Comment est-ce que tu parles français?*
— *Je parle français lentement.*

1. Comment est-ce que tu manges?
2. Comment est-ce que tu marches?
3. Comment est-ce que tu chantes?
4. Comment est-ce que tu écris?
5. Comment est-ce que tu lis?

C11-21 Le bien-être

Demandez à votre partenaire si les éléments de la liste sont importants pour son bien-être.

Modèle: la télévision
— *La télé est importante dans ta vie* (life)?
— *Pas vraiment. Je ne regarde pas beaucoup la télé. Je peux me passer de* (do without) *la télévision.*

1. Facebook ou Twitter
2. l'activité physique
3. le silence ou la méditation
4. la nature
5. le chocolat
6. une tasse de café le matin
7. la musique
8. les jeux électroniques

Être heureux dans la vie

Yuganov Konstantin/Shutterstock.com

Plus de huit Français sur dix pensent que le bonheur est «un **art de vivre**[1]» qu'il faut cultiver chaque jour par une attitude positive. Les jeunes sont les plus optimistes. Ils affirment qu'il faut profiter des petits plaisirs de la vie. Comment? La famille et les amis. Et **sortir du quotidien**[2] pendant les vacances. Les Français pensent que faire plaisir aux autres **plutôt que de**[3] **se faire plaisir**[4] les **rend**[5] heureux.

[1]art of living [2]take a break from the daily routine [3]instead of [4]focusing on their own pleasure [5]makes

C11-22 **Avez-vous compris?**

1. Qu'est-ce que la majorité des Français pensent du bonheur?
2. Qui sont les plus optimistes en France?
3. Pour sortir de la routine, qu'est-ce qu'on peut faire?

VOIX EN DIRECT

Pour vous, c'est quoi le bonheur?

Gwenaëlle Maciel

Je pense que la première des choses pour être heureux, c'est **d'être bien dans sa peau**[1], bien dans son corps et essayer d'aimer la **vie**[2], apprécier toutes les petites choses qui font que la vie est belle. Être heureux, c'est dans la tête, il faut être bien dans sa tête, et puis essayer de **diffuser**[3] **autour de soi**[4] ce **bien-être**[5].

[1]to feel good about oneself (**peau** = skin) [2]life [3]spread [4]around oneself [5]well-being

C11-23

1. Selon Gwenaëlle, où est-ce qu'on trouve le bonheur?
2. Pour Delphin, qu'est-ce qui fait le bonheur?

Voix en direct & Et vous?: Bring your notes from the online activities to class.

C11-24 **ET VOUS?**

1. Est-ce que vous pensez que le bonheur est une attitude, un choix (choice)? Expliquez.
2. Quelle est votre recette du bonheur?

Synthèse

Maintenant, c'est à vous d'écrire votre propre conversation. Suivez ces étapes pour créer votre dialogue.

- Trois ami(e)s se rencontrent après un match de tennis/de basket/de foot, etc.
- Un(e) des ami(e)s a mal au bras/à la jambe/à la tête, etc. Il/Elle se plaint *(complains)*.
- Les autres lui demandent ce qu'il/elle a.
- La personne avec le problème répond plus en détail.
- Les ami(e)s lui donnent des conseils pour aller mieux.

Incluez des expressions et des structures du module. Soyez prêt(e)s à jouer la conversation devant la classe.

Vidéo: Bring your notes from the online activity to class.

C11-26 **Situation à jouer**

Depuis quelques jours, vous avez un problème qui vous inquiète. Vous êtes silencieux/silencieuse et vous avez l'air déprimé(e). Votre ami(e) veut savoir pourquoi vous faites une dépression. Il/Elle essaie de vous conseiller.

Vocabulaire utile: se détendre, le manque *(lack)* de temps, aller en vacances, prendre le temps de, faire du yoga, méditer, aller voir un psy *(see a psychiatrist)*

C11-27 **Explorez en ligne.**

Doctissimo

Partagez vos découvertes sur Doctissimo au sujet de la santé. Quelle rubrique *(rubric)* avez-vous choisie? Qu'avez-vous appris? Quelles impressions retenez-vous *(do you retain)* de ce site?

Lecture

C11-28 Avant de lire ♻

Ce texte fait partie de la série «Le petit Nicolas». L'histoire est racontée *(told)* du point de vue d'un petit garçon des années 1950.

Quand vous étiez petit(e) et que vous restiez à la maison parce que vous étiez malade, qu'est-ce que vous faisiez pour vous amuser?

- regarder la télé
- aller sur mon smartphone lire
- faire mes devoirs
- jouer avec mes frères / sœurs
- manger
- jouer à la poupée / aux legos / aux petites voitures

> **Avant de lire:** Bring your notes from the online activity to class.

Stratégie de lecture: Identifying key elements in a short story

You are about to read a narrative piece of children's fiction. To help you understand this short story, try to identify the following 4 key elements while you read.

- **Characters:** Who is the protagonist, or main character?
- **Setting:** Where and when does the story take place?
- **Plot:** What series of events occurs?
- **Conflict:** What kind of struggle is the main character engaged in?

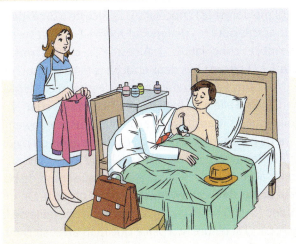

Je suis malade
par Sempé et Goscinny

I got

Watch what he eats

1 Hier je me sentais très bien, la preuve, j'ai mangé un tas de caramels, de bonbons, de gâteaux, de frites et de glaces, et, dans la nuit, je me demande pourquoi, comme ça, **j'ai été**° très malade. Le
5 docteur est venu ce matin. […] Il a dit à maman: «**Mettez-le à la diète**° et surtout, qu'il reste couché, qu'il se repose.» Et il est parti.
Maman m'a dit: «Tu as entendu ce qu'a dit le docteur. J'espère que tu vas être très sage et très
10 obéissant.» Moi, j'ai dit à maman qu'elle pouvait être tranquille. C'est vrai, j'aime beaucoup ma maman et je lui obéis toujours. […] J'ai pris un livre et j'ai commencé à lire.

Synthèse

J'étais en train de lire, [...] quand maman est entrée suivie d'Alceste. Alceste, c'est mon copain. [...] «Que portes-tu
15   là, Alceste?» elle a demandé. «Des chocolats», a répondu Alceste. Maman, alors, a dit à Alceste [...] qu'elle ne voulait
pas qu'il me donne les chocolats. [...] Alceste a dit à maman qu'il ne pensait pas me donner les chocolats, qu'il les
avait apportés pour les manger lui-même. [...] Alceste s'est assis à côté de mon lit et il me regardait sans rien dire, en
mangeant ses chocolats. [...] «Alceste», j'ai dit, «tu m'en donnes de tes chocolats?» — «T'es pas malade?» m'a répondu

fought   Alceste. [...] Et il s'est mis deux chocolats dans la bouche, alors on **s'est battus**°.
20   Maman est arrivée en courant et elle n'était pas contente. Elle a dit à Alceste de partir. [...]

yell / crushed   Maman, quand elle a vu mon lit, elle s'est mise à **crier**°. [...] En nous battant, Alceste et moi on **a écrasé**° quelques
sheets   chocolats sur les **draps**°; il y en avait aussi sur mon pyjama et dans mes cheveux. Maman [...] a changé les draps, elle
m'a amené à la salle de bains, [...] et elle m'a mis un pyjama propre. [...] Après maman m'a couché et elle m'a dit de

bother   ne plus la **déranger**°. Je suis resté seul et je me suis remis à mon livre et j'avais de plus en plus faim. [...] Je me suis
icebox (fig)   25   levé pour aller voir s'il n'y aurait pas quelque chose de bon dans la **glacière**°.
a lot of   Il y avait **un tas de**° bonnes choses dans la glacière. On mange très bien à la maison. J'ai pris dans mes bras une cuisse
shouting   de poulet, [...] du gâteau à la crème et une bouteille de lait. «Nicolas!» J'ai entendu **crier**° derrière moi. [...] C'était
maman. [...] J'ai pleuré [...] parce que maman avait l'air fâchée comme tout. Alors maman [...] m'a emmené à la salle
de bains, [...] et elle m'a changé de pyjama. [...]
30   De retour dans mon lit, [...] j'ai décidé de dessiner. Je suis allé chercher tout ce qu'il me fallait dans le bureau de
papa. [...] J'ai pris le vieux stylo de papa. [...]
Vite, vite, vite, je suis rentré dans ma chambre et je me suis couché. J'ai commencé à dessiner des trucs formidables:

war ships   des **bateaux de guerre**°. [...] Comme je ne faisais pas de bruit depuis un moment, maman est venue voir ce qui
started shouting   se passait. Elle **s'est mise à crier de nouveau**°. Il faut dire que le stylo de papa perd un peu d'**encre**°. [...] C'est très
again / ink   35   pratique pour dessiner les explosions, mais je me suis mis de l'encre partout et aussi sur les draps et le couvre-lit. [...]
Maman [...] a changé les draps du lit, elle m'a emmené dans la salle de bains, [...] et elle m'a mis une vieille chemise
de papa à la place de mon pyjama, parce que de pyjama propre, je n'en avais plus.
Le soir, le docteur est venu mettre sa tête sur ma poitrine, je lui ai tiré la langue, il m'a donné une petite tape sur la

healed   joue et il m'a dit que j'étais **guéri**° et que je pouvais me lever. Mais on n'a vraiment pas de chance avec les maladies,
40   à la maison, aujourd'hui. Le docteur a trouvé que maman avait mauvaise mine et il lui a dit de se coucher et de se
mettre à la diète.

R. Goscinny et J-J. Sempé, extrait de "Je suis malade", *Le Petit Nicolas*, IMAV éditions, Paris 2012.

C11-29 **À VOUS!**

A. (jeu de rôle, 2 personnes) Le père n'est pas content du comportement de Nicolas. Il le gronde (*scolds*). Nicolas répond poliment.

Le père

Nicolas…	obéir à maman
Il faut que tu + subjonctif	être sage
Il ne faut pas que tu + subjonctif	prendre mes affaires
Il est important que tu + subjonctif	rester au lit
Maman t'a dit de + infinitif	manger des bonbons
Il est important de + infinitif	prendre des choses du frigo
C'est méchant de + infinitif	

Nicolas

Oui, papa.	Désolé, papa.
Non, papa.	Je sais, papa.
Je t'écoute, papa.	Je vais être sage, papa.

B. (jeu de rôle entre les parents de Nicolas) Le père rentre du travail. Il demande à la mère pourquoi elle a mauvaise mine. Elle lui raconte les ennuis de sa journée et il lui pose des questions.

1. Avec votre partenaire, mettez les phrases dans l'ordre chronologique.

Le docteur m'a dit de le mettre au lit.
Alceste a mangé du chocolat devant Nicolas.
Nicolas et Alceste se sont battus à propos du chocolat.
Le docteur est venu examiner Nicolas.
Son copain Alceste est venu le voir.
Nicolas avait mal à l'estomac ce matin et le docteur est venu.
Nicolas a écrasé le chocolat sur son pyjama et ses draps.
Nicolas a pris ton stylo qui perd de l'encre.
Il y avait de l'encre partout.
J'ai dû (encore) tout nettoyer. (deux fois)

2. Maintenant, jouez le dialogue.

Le père: Qu'est-ce qui s'est passé? Tu as mauvaise mine. Ah non! Vraiment? C'est pas possible! Ah, chérie! Ah, ma pauvre!

La mère: J'ai passé une journée très difficile. (Racontez les événements dans le bon ordre.) Utilisez **d'abord, puis, alors, ensuite, enfin.**

C11-30 **Expression écrite**

UNE CAMPAGNE D'ÉDUCATION: LA SANTÉ POUR TOUS!

Refer to the online for **the Troisième étape.**

In this presentation, you will campaign for the health and wellness of others.

■ **Première étape:** In a group of 3, choose the subject you want to work on: tobacco addiction, drug addiction, binge drinking, obesity, anorexia, stress, etc. Decide also who is your targeted audience: school children, university students, parents, etc.

■ **Deuxième étape:** You've worked with your partners to choose your subject and audience. (Suggestions: **le tabagisme, le «binge-drinking», l'obésité, l'anorexie, le stress**) Now agree on a slogan that will summarize your message. You are going to write a text that will persuade your targeted audience.

Modèle: *Mangez bien, mangez sain!*

In class, sketch out a rough draft of your campaign. Use expressions to give advice, as well as the imperative. Decide who will work on what slides. Make sure to use images to illustrate your presentation.

■ **Quatrième étape:** Decide in which order the slides are going to be presented. Practice the presentation with your group. Don't read your notes but instead look at your audience. Present your campaign to the class and hand out your text to the instructor.

Structures

Structure 11.1

Talking about health and feelings *Expressions idiomatiques avec* **avoir**

The verb **avoir** is used in many idiomatic expressions describing physical states and emotions. You are already familiar with some of them.

avoir trente ans	*to be thirty years old*
avoir faim	*to be hungry*
avoir soif	*to be thirsty*

Here are some additional expressions with **avoir.**

avoir mal (à)	*to have an ache*	Elle a mal à la tête.
avoir peur (de)	*to be afraid (of)*	Il a peur de voyager seul.
avoir honte (de)	*to be ashamed (of/to)*	Il a honte de sa mauvaise note.
avoir raison (de)	*to be right (to)*	Elle a raison de partir.
avoir tort (de)	*to be wrong (to)*	Tu as tort de mentir *(lie).*
avoir sommeil	*to be sleepy*	Elle a sommeil.
avoir de la patience	*to be patient*	Ayez de la patience.
avoir chaud/froid	*to be hot/cold*	J'ai froid.
avoir de la chance (de)	*to be lucky (to)*	Elle a de la chance d'avoir gagné.
avoir hâte (de)	*to look forward (to)/ to be anxious (to)*	J'ai hâte d'aller en France.
avoir l'air (de)	*to look/to seem*	Elle a l'air fatiguée. Ça a l'air bon.
avoir envie de	*to want (something/ to do something)*	Tu as envie d'une glace? Vous avez envie d'aller au cinéma?
avoir du mal à	*to have difficulty*	On a du mal à comprendre.
avoir besoin de	*to need (something/ to do something)*	Elle a besoin d'argent. J'ai besoin de dormir.

Structure 11.2

Saying when and how long *L'emploi de* **depuis**

French uses the preposition **depuis** with the present tense to talk about actions that began in the past and continue into the present.

Il **est** au lit **depuis** deux jours.	*He has been in bed for two days.*
Depuis quand **habites**-tu ici?	*How long have you lived here?*

In negative sentences, use the **passé composé** with **depuis.**

Je n'ai pas vu Jules **depuis** longtemps.	*I haven't seen Jules for a long time.*

Structure 11.3

Giving advice *Le subjonctif (introduction)*

The subjunctive is a verb form designed for expressing obligations and giving firm advice.

Some expressions of obligation:

expressions	+ sujet	+ subjonctif	
Il faut que Il est nécessaire que Il est important que Je veux que	tu	répondes	à mes textos.

Le prof veut que nous parlions français en classe.	*The prof wants us to speak French in class.*

Regular subjunctive forms

To form the subjunctive for most verbs, start with the third-person plural verb stem **(ils/elles)** of the present tense and add the endings **-e, -es, -e, -ions, -iez, -ent.**

third-person plural	subjunctive stem	subjunctive
vendent	vend-	que je vend**e**
disent	dis-	que tu dis**es**
finissent	finiss-	que vous finiss**iez**
sortent	sort-	que nous sort**ions**
étudient	étud-	qu'elle étudi**e**

Irregular subjunctive forms

The verbs **être** and **avoir** have irregular stems and endings.

être		avoir	
que je sois	que nous soyons	que j'aie	que nous ayons
que tu sois	que vous soyez	que tu aies	que vous ayez
qu'il/elle soit	qu'ils/elles soient	qu'il/elle ait	qu'ils/elles aient

Several verbs have a second subjunctive stem for the **nous** and **vous** forms.

boire		prendre		venir		payer	
boive	buvions	prenne	prenions	vienne	venions	paie	payions
boives	buviez	prennes	preniez	viennes	veniez	paies	payiez
boive	boivent	prenne	prennent	vienne	viennent	paie	paient

Other verbs that follow this pattern are **croire, devoir,** and **voir.**

The following five verbs have an irregular subjunctive stem. Note that **aller** and **vouloir** have a different stem in the **nous** and **vous** forms.

pouvoir	savoir	faire	aller	vouloir
puisse	sache	fasse	aille	veuille
puisses	saches	fasses	ailles	veuilles
puisse	sache	fasse	aille	veuille
puissions	sachions	fassions	allions	voulions
puissiez	sachiez	fassiez	alliez	vouliez
puissent	sachent	fassent	aillent	veuillent

Structure 11.4

Giving and reporting an advice   *Dire avec l'objet indirect*

To report what people tell you to do, you'll need to use the verb **dire** (*to say* or *to tell*) with an indirect object, followed by an infinitive.

dire *(to say/to tell)*

je dis	nous disons
tu dis	vous dites
il/elle/on dit	ils/elles disent
passé composé: j'ai dit	
imparfait: je disais	
futur: je dirai	

Dire is a communication verb and takes the preposition **à**, and therefore is followed by an indirect object. Use an indirect object pronoun to replace an indirect object.

Ma mère **dit à mon frère** de ranger sa chambre. Elle **lui dit** de ranger sa chambre. *My mother **tells my brother** to tidy up his bedroom. She **tells him** to tidy up his bedroom.*

Structure 11.5

Making descriptions more vivid   *Les adverbes*

Some common adverbs you have already learned are:

bien   mal   souvent   rarement   assez   beaucoup   vachement *(fam)*

Many adverbs end in **-ment,** the equivalent of *-ly* in English.

Most adverbs: add **-ment** to the feminine form of the adjective.
lent → lente → lentement   actif → active → activement

If the masculine form of the adjective ends in a vowel, add **-ment** to the masculine adjective.

probable → probablement   vrai → vraiment

If the masculine adjective ends in **-ent** or **-ant,** drop the **-nt** and add **-mment.** Both endings are pronounced the same, **-amment.**

évident → évidemment   constant → constamment

Vocabulaire

Vocabulaire actif

NOMS

Le corps   *The body*

le bras   *arm*
la cheville   *ankle*
le cou   *neck*
le coude   *elbow*
le doigt   *finger*
le dos   *back*
l'épaule (f)   *shoulder*
l'estomac (m)   *stomach*
le genou   *knee*
la jambe   *leg*
la main   *hand*
le pied   *foot*
le poignet   *wrist*
la poitrine   *chest*
la tête   *head*
le ventre   *stomach*

Le visage   *The face*

la bouche   *mouth*
les dents (f pl)   *teeth*
le front   *forehead*
la joue   *cheek*
la langue   *tongue*
les lèvres (f pl)   *lips*
le menton   *chin*
le nez   *nose*
l'œil (m sing)/les yeux (pl)   *eye(s)*
l'oreille   *ear*
le sourcil   *eyebrow*

Les problèmes   *Physical or emotional*
physiques ou   *problems*
émotionnels

une blessure   *injury, wound*
la grippe   *flu*

un médicament   *medication*
un mouchoir   *tissue*
une ordonnance   *prescription*
un pansement   *bandage*
une piqûre   *shot*
un régime   *diet*
un rhume   *cold*
un sentiment   *feeling*
la toux   *cough*

Mots apparentés: un accident, un check-up, une constipation, une dépression, une fracture, une migraine, un symptôme, la température

VERBES

avoir l'air (de)   *to look, to seem*
avoir besoin de   *to need*
avoir bonne/mauvaise mine   *to look well/ill*
avoir de la chance (de)   *to be lucky (to)*
avoir chaud   *to be hot*
avoir envie de   *to want (something/to do something)*
avoir froid   *to be cold*
avoir hâte (de)   *to look forward (to)/to be anxious (to)*
avoir honte (de)   *to be ashamed (of)*
avoir mal à la gorge   *to have a sore throat*
avoir mal à la tête   *to have a headache*
avoir mal au ventre   *to have a stomach ache*
avoir du mal à   *to have difficulty*
avoir de la patience   *to be patient*
avoir peur (de)   *to be afraid (of)*
avoir raison (de)   *to be right (to)*
avoir sommeil   *to be sleepy*
avoir tort (de)   *to be wrong (to)*
se casser le bras   *to break one's arm*
  (la jambe…)   *(leg …)*
se couper le doigt   *to cut one's finger*
dire (à)   *to say, to tell*

être enceinte   *to be pregnant*
être enrhumé(e)   *to be congested*
être au régime   *to be on a diet*
faire une dépression   *to suffer from depression*
se fouler la cheville   *to sprain one's ankle*
pleurer   *to cry*
(ne pas) se sentir bien   *to (not) feel well*
sourire (il sourit)   *to smile*
tousser   *to cough*

ADJECTIFS

allergique (à)   *allergic (to)*
cassé(e)   *broken*
déprimé(e)   *depressed*
en (bonne/pleine) forme   *great/in great shape*
maigre   *skinny*
malade   *sick*
(très) stressé(e)   *(very) stressed (out)*

ADVERBES

activement   *actively*
bien   *well*
constamment   *constantly*
couramment   *fluently*
doucement   *gently, softly; quietly*
évidemment   *obviously, evidently*
lentement   *slowly*
mal   *bad*
rapidement   *fast*
vraiment   *really, truly*

EXPRESSIONS

de mauvaise humeur   *in a bad mood*
Qu'est-ce qui ne va pas?   *What's wrong?*
Qu'est-ce que vous avez?   *What do you have?*
Vous avez bonne /   *You look well/ill.*
  mauvaise mine.
Où avez-vous mal?   *Where do you hurt?*

Quels sont vos symptômes?
What are your symptoms?
Depuis quand avez-vous ces migraines?
How long have you had migraines?
C'est grave. / Ce n'est pas grave.
It's serious. / It isn't serious.
Je vous fais une ordonnance pour des médicaments contre la migraine.
I'll write you a prescription for migraine medication.
Je vais prendre votre température.
I'm going to take your temperature.

Je ne me sens pas bien du tout.   *I don't feel well at all.*
Je crois que je suis allergique.   *I think I'm allergic.*
Je tousse beaucoup.   *I cough a lot.*
Je suis très stressé(e).   *I'm really stressed out.*
Je suis déprimé(e).   *I'm depressed.*
Je me sens très bien.   *I feel great.*
Je suis en (bonne / pleine) forme.   *I'm feeling great. / I'm feeling in great shape.*
Je suis ici pour un check-up.   *I'm here for a check up.*
Il (ne) faut (pas)   *One must (not)*
Il (ne) faut (pas) que   *One must (not)*

Il (ne) vaut mieux (pas)   *One should (not)*
Il est nécessaire de/que   *One needs to*
Il est important de/que   *It is important to/that*
Je vous conseille de   *I advise you to*
Il est essentiel de/que   *It is essential that*
Je veux / voudrais que   *I want / would like to*

DIVERS

depuis   *since; for*

Vocabulaire passif

NOMS

l'assurance médicale   *medical insurance*
les béquilles *(f pl)*   *crutches*
le bien-être   *well-being*
le bonheur   *happiness*
un conseil   *piece of advice*
des courbatures *(f pl)*   *achiness*
la hanche   *hip*
un ongle   *fingernail*
un orteil   *toe*
un os   *bone*
une pilule   *pill*
une posture de yoga   *yoga position*
une radio(logie)   *X-ray*

un remède   *remedy*
le sang   *blood*
la santé   *health*
un sourire   *smile*
les urgences *(f pl)*   *ER*

Mots apparentés: une allergie, un cancer, un muscle

VERBES

avaler   *to swallow*
se blesser   *to get hurt, to get injured*
bouger   *to move*

conseiller   *to give advice*
éternuer   *to sneeze*
s'étirer   *to stretch*
se faire mal   *to hurt oneself*
guérir   *to heal*
se moucher   *to blow one's nose*
perdre connaissance   *to faint, to lose consciousness*

L'amour et l'amitié

In this module, you will:

- talk about love and friendships.
- talk about personal and social values.
- retell what happened in the **Les copains** video.
- talk about hypothetical situations.

- learn how French society's views on marriage have changed.
- get to know some different views on friendship.

il/Alamy Stock Photo

Structure 12.1   **Talking about relationships** *Les verbes pronominaux (suite)*

C12-1 ⬥ **Les grands classiques**

Résumez ces films et cette pièce classiques en mettant les phrases dans l'ordre.

Dans le film *Casablanca:*

1. Ils se séparent finalement sur une piste d'atterrissage *(on an airstrip).*
2. Ils se retrouvent à Casablanca.
3. La première fois, ils se quittent sur le quai d'une gare.
4. Bogart et Bergman se rencontrent à Paris.

WARNER BROS/THE KOBAL COLLECTION/Jack Woods/Picture Desk

Dans le film *Autant en emporte le vent* (Gone with the Wind):

1. Ils s'installent dans une grande maison somptueuse.
2. Rhett Butler et Scarlett O'Hara se rencontrent pendant un bal juste avant la guerre de Sécession.
3. Ils se séparent à la fin, mais est-ce pour toujours?
4. Ils se retrouvent à Atlanta pendant la guerre.
5. Ils se marient.

Dans la pièce *Roméo et Juliette:*

1. Juliette se tue *(kills herself)* en voyant Roméo mort.
2. Ils tombent tout de suite amoureux.
3. Les deux amoureux se marient en secret.
4. Leurs familles s'opposent au mariage.
5. Juliette prend du poison pour faire semblant de *(to pretend)* mourir.
6. Roméo et Juliette se rencontrent à un bal.
7. En voyant Juliette qu'il pense morte, Roméo se suicide.

C12-2 ⬥ **Où aller pour rencontrer quelqu'un**

Par groupes de 3, mettez les quatre meilleurs lieux de rencontres dans votre ordre de préférence. Ensuite, indiquez le lieu où les chances de rencontres sont les moins bonnes et dites pourquoi.

Modèle:

— *Moi, je pense qu'une fête est numéro un.*
— *Oui, c'est possible parce qu'on va souvent à une fête pour rencontrer des gens.*
— *Alors, qu'est-ce qu'on met en numéro deux?*

les concerts de rock

les vacances

les transports en commun

le lieu de travail

un lavomatic *(laundromat)*

un match de sport

un club ou une association

un centre commercial

un café

un dîner entre amis

une fête

un site de rencontres en ligne

un travail bénévole

la cafétéria de l'université

Thème 1 Une histoire d'amour

C12-3 ♻ Histoires sentimentales

Avec un(e) partenaire, racontez l'histoire suggérée par les photos. Utilisez les verbes donnés et votre imagination! Après, présentez votre histoire à la classe.

1.

se parler, s'amuser, s'entendre bien

se fiancer, s'aimer

se disputer, se fâcher

2.

s'entendre bien, se promener

s'amuser, s'aimer, s'embrasser

C12-4 ♻ Histoire de couple

La classe va choisir un couple célèbre (Peter Pan et Wendy, Sherlock Holmes et John Watson, Katniss et Peeta, Harry Potter et Ron, etc.). Par groupe de 2 ou 3, racontez une étape de leur relation. Après, présentez votre histoire d'amour/d'amitié à la classe.

- la rencontre
- la vie à deux / le partenariat
- des problèmes
- la fin

C12-5 ♻ L'actualité des stars

Par groupes de 3, complétez les phrases avec les noms des stars ou des personnages des films ou livres. Qui dans la classe connaît le mieux les stars?

1. _____ et _____ sortent ensemble depuis longtemps, mais ils ne sont pas mariés.
2. _____ et _____ viennent de se marier.
3. _____ et _____ s'entendent très bien.
4. _____ et _____ se sont disputé(e)s.
5. _____ et _____ se séparent.

C12-6 ♻ Interaction

À tour de rôle, posez les questions à un(e) partenaire. Est-ce que vos réponses sont similaires?

1. Est-ce que tu t'entends bien avec ta copine/ton copain? Quand est-ce que vous vous êtes disputés la dernière fois?
2. Vaut-il mieux s'installer ensemble avant de se marier?
3. À ton avis, quel est le meilleur âge pour un homme pour se marier? Et pour une femme? Combien de temps avant de se marier doit-on se fiancer?
4. Doit-on s'acheter des alliances?
5. Quel genre de cérémonie de mariage aimerais-tu?
6. Doit-on se séparer si un(e) partenaire trompe l'autre?

Le couple en transition

La révolution culturelle des années 1970 a beaucoup changé la vie de couple en France. Les **pressions sociales**[1] en faveur du mariage ont peu à peu **disparu**[2], et aujourd'hui, environ neuf couples sur dix commencent leur vie commune en union libre.

[1]*social pressures* [2]*disappeared*

Le couple français typique a deux enfants **en moyenne**[1] par contraste au couple américain qui en a moins de deux.

[1]*on average*

Les couples qui veulent être reconnus par la **loi**[1], sans se marier, peuvent signer un pacte civil de solidarité (PACS). Les partenaires **s'engagent à**[2] vivre ensemble et à s'apporter une aide matérielle.

Richard Villalon/Fotolia

[1]*law* [2]*agree to*

Depuis 2013, la loi pour «le mariage pour tous» permet aux couples homosexuels de se marier et aussi d'adopter des enfants.

Trixi/Shutterstock.com

C12-7 **Avez-vous compris?**

Associez les éléments de gauche aux éléments de droite.

1. _____ Plus de 50 % des couples français le font.
2. _____ une union autre que le mariage reconnue par la loi française
3. _____ un changement récent

a. commencer une vie ensemble sans être mariés
B. Les couples homosexuels peuvent se marier.
c. le PACS

C12-8 **ET VOUS?**

1. Les jeunes couples que vous connaissez ont combien d'enfants en moyenne?
2. À votre avis *(In your opinion)*, quel est le changement le plus important pour les couples d'aujourd'hui?

Et vous?: Bring your notes from the online activity to class.

Thème 2 Valeurs et opinions

Structure 12.2 **Talking about what you see and what you believe** *Les verbes **voir** et **croire***

C12-9 **Une bonne cause**

A.  Manu, Paul et Élodie discutent du chanteur Jean-Jacques Goldman et de son travail pour L'Arche, une fondation humanitaire. Lisez le dialogue et répondez aux questions.

MANU: Vous connaissez Jean-Jacques Goldman?

PAUL: Oui, bien sûr. C'était le chanteur préféré de ma mère.

MANU: Regardez ici. Selon *(According to)* ce sondage, c'est la personnalité préférée des Français. Vous voyez?

ÉLODIE: Ah, oui, je vois.

PAUL: Vous avez vu la vidéo qu'il a faite l'année passée pour la fondation de L'Arche, cette association qui aident les handicapés mentaux? C'était un lipdub de sa chanson «Je te donne». Il l'a faite pour collecter des fonds *(raise money)*.

MANU: Je connais cette vidéo! Je crois qu'il est important d'accepter toutes les différences, comme il dit dans la chanson. Les gens de L'Arche croient que les personnes handicapées doivent exprimer *(express)* leur créativité et qu'ils ont des talents que nous devons apprécier.

ÉLODIE: Je crois que Goldman est un bon modèle. Le respect mutuel est une valeur importante.

1. Qui est Jean-Jacques Goldman?
2. Pour qui est-ce que Goldman a fait une vidéo?
3. Est-ce que Manu a déjà vu la vidéo?
4. Que croient les gens de L'Arche?
5. Que croit Élodie?

B. 🔀 Par groupes de 3, répondez aux questions.
1. Que pensez-vous de la cause que Jean-Jacques Goldman a choisie?
2. Avez-vous travaillé avec des personnes handicapées mentales?

3. Donnez un exemple d'une célébrité qui s'engage dans des causes humanitaires.
4. Qui admirez-vous le plus en raison des causes qu'il/elle soutient *(supports)*?
5. Et vous, que faites-vous autour de vous pour aider les autres? Pourquoi?
6. Quelle valeur est-ce que cela représente pour vous?

C12-10 **Voir, c'est croire**

A. Cochez tout ce que vous avez vu hier ou aujourd'hui. Qui a vu…?

☐ un documentaire
☐ les actualités du jour à la télé
☐ une exposition d'art
☐ un membre de sa famille
☐ un match de football
☐ un chat mignon
☐ une photo sur Facebook
☐ un tableau d'un artiste célèbre
☐ une carte de la France
☐ une éclipse solaire

☐ un film au cinéma
☐ un film sur Netflix
☐ un(e) ami(e) d'enfance
☐ un(e) ami(e) de lycée
☐ un match de football américain
☐ un chien adorable
☐ un professeur dans son bureau
☐ un catalogue en ligne
☐ le menu d'un restaurant
☐ une étoile filante *(shooting star)*

B. 🔁 Maintenant, pour chaque élément que vous avez vu, demandez à un(e) partenaire s'il/si elle a vu la même chose. La paire avec le plus grand nombre d'éléments en commun gagne.

Modèle:
— *Moi, j'ai vu un documentaire sur le Brésil hier soir. Et toi?*
— *Je n'ai pas vu de documentaire. / Moi, j'ai vu un documentaire aussi, mais c'était sur la planète Mars.*

Jean-Jacques Goldman

C12-11 **Les valeurs générationnelles et sociales**

A. ⟳ Avec un(e) partenaire, lisez ces remarques sur les valeurs. Répondez par **Je crois que oui. / Je crois que non. / Je ne sais pas.**

1. Les jeunes d'aujourd'hui s'intéressent moins à la politique que les jeunes des années 1970.
2. Les familles d'aujourd'hui sont plus égalitaires qu'autrefois *(before)*.
3. Chez les jeunes, le désir de réussir dans sa carrière est souvent plus important que le désir de fonder une famille.
4. Dans la société américaine, le bien-être de l'individu est plus important que celui *(that)* du groupe.
5. Parmi *(Among)* les valeurs partagées par les Français, les plus respectées sont l'égalité, la politesse, la liberté et l'esprit de famille.

B. 🏷 Maintenant, écrivez votre propre *(own)* comparaison générationnelle et sociale. Présentez-la à la classe pour voir ce qu'en pensent vos camarades de classe.

C12-12 ⟳ **Les valeurs d'aujourd'hui**

Comparez la vie d'aujourd'hui à celle de la génération de vos parents. Commencez avec **Je crois que...**

Modèle: les femmes / indépendantes

Je crois que les femmes d'aujourd'hui (de la génération de mes parents) sont (étaient) plus indépendantes.

1. les jeunes / conservateurs
2. les mariages / durables
3. les problèmes / complexes
4. les rôles sexuels / distincts
5. les femmes / ambitieuses
6. le style de vie / actif
7. les rencontres / difficiles
8. la famille / stable

C12-13 **Sondage: Croyances**

A. ⟳ Interviewez un(e) partenaire sur ses croyances *(beliefs)*. Demandez-lui d'élaborer sur quelques réponses.

Modèle: OVNI (objets volants non identifiés) *(UFOs)*
— *Tu crois aux OVNI?*
— *Oui, j'y crois. / Non, je n'y crois pas.*

1. le destin *(fate)*
2. l'astrologie
3. le paradis
4. le karma
5. les miracles
6. les voyants *(fortune tellers)*
7. les extra-terrestres
8. le couple parfait
9. les mondes parallèles
10. le pouvoir de la méditation

B. 🏷 Analysez les réponses.
1. Quelles croyances sont les plus partagées?
2. Quelles croyances sont les moins partagées?

C12-14 ⟳ **Êtes-vous d'accord?**

Réagissez à ces propos sur l'amitié et l'amour. Utilisez ces expressions.

oui
Ah, ça oui!
C'est vrai, ça!
Absolument!

Tout à fait.
Je suis tout à fait d'accord!

non
Ah, non alors!
Absolument pas.
Pas du tout!
Je suis pas d'accord. *(fam)*
C'est pas vrai! *(fam)*

l'incertitude
C'est bien possible.
Ça se peut.
Peut-être.
Tu crois? / Vous croyez?
Bof! Je sais pas. *(fam)*

1. On achète un plaisir, mais pas le bonheur.
2. Respecter votre ami(e), c'est accepter vos différences.
3. Les amis d'enfance, c'est pour la vie. Même si on n'a plus rien en commun, il est bien de garder contact avec ses vieux amis.
4. La vie n'est complète que quand on est deux.
5. On ne doit jamais mélanger *(mix)* le travail et la vie privée.
6. Si on était de vrais amis, on se dirait tout.

Perspectives sur l'amitié

Voix en direct: Bring your notes from the online activity to class.

Pour les Français, comme pour les Américains, l'amitié est essentielle au bonheur. **Cependant**[1], les Français et les Américains n'expriment pas toujours ce sentiment de la même manière et ça cause parfois des **malentendus**[2]. Les Américains en France ont souvent l'impression que les Français sont fermés, qu'ils ne répondent pas à leurs efforts pour les connaître. Les Français trouvent que les Américains donnent l'impression de ne pas prendre l'amitié au sérieux: ils **sourient**[3] beaucoup et font des remarques comme «*We'll have to get together*», qui sont plus des formules de politesse.

© Lucky Business/Shutterstock.com

[1]*However* [2]*misunderstandings* [3]*smile*

VOIX EN DIRECT

C'est quoi pour vous l'amitié?
L'amitié, c'est quelqu'un sur qui on peut toujours **compter**[1], quelqu'un avec qui on peut discuter de tout… sans être jugé…

Et vous avez combien d'amis?
De très bons amis, je dirais deux. D'amis, après, de manière générale, peut-être quinze, dix, quinze? Mais de bonnes amies, deux. On se connaît depuis qu'on a 14 ans. Donc, ça fait dix ans, un peu plus.

Olivia Rodes: 26 ans, professeur d'anglais dans un institut privé, Cholet, France

[1]*count*

C12-16

1. Olivia dit qu'elle n'a que deux bonnes amies. Est-ce le cas pour vous? Quelle est la différence entre l'amitié que vous partagez avec vos bons amis et la relation que vous avez avec vos autres amis?
2. Dans votre culture, est-il important de rester en contact avec les amis d'enfance? Est-ce que l'amitié est pour la vie *(life)* ou est-ce que vous changez d'amis avec les changements de la vie?
3. Est-ce que vos amis vous ressemblent? Qu'est-ce que vous avez en commun?
4. Est-ce que vous avez des amis partout dans le monde? Comment restez-vous en contact?

C12-15 Avez-vous compris?

1. Si on n'a pas d'ami(e)s, on ne peut pas être heureux.
   ○ les Français   ○ les Américains   ○ les deux
2. Ils sont d'apparence fermés et distants.
   ○ les Français   ○ les Américains   ○ les deux
3. Ils n'ont pas l'air de prendre l'amitié au sérieux.
   ○ les Français   ○ les Américains   ○ les deux

Structure 12.3 Expressing emotions *Le subjonctif (suite)*

C12-17  **Réagissez!**

Que pensez-vous de ces opinions et faits? Réagissez avec une expression qui indique un sentiment.

> **Expressions**
>
> Je suis content(e) que
>   triste que
>   surpris(e) que
>   désolé(e) que
>   ravi(e) que
>   étonné(e) que

Modèle: Les femmes d'aujourd'hui sont plus indépendantes.
Je suis content(e) que les femmes d'aujourd'hui soient plus indépendantes.

1. Les pères d'aujourd'hui s'occupent plus de leurs enfants.
2. Beaucoup de mariages se terminent par un divorce.
3. Les hommes se marient souvent avec des femmes beaucoup plus jeunes.
4. Beaucoup d'enfants habitent avec un seul parent.
5. Avant 1910 en France, les amoureux ne pouvaient pas s'embrasser dans la rue.
6. Une famille française reçoit une allocation familiale (de l'argent du gouvernement) pour chaque enfant.
7. Les femmes ne reçoivent pas le même salaire que les hommes pour le même travail.

C12-18 **Vos sentiments, vos certitudes, vos doutes**

D'abord, décidez avec un(e) partenaire si les phrases doivent être terminées par le subjonctif ou l'indicatif. Puis complétez les phrases ensemble.

Modèle: Mes parents sont contents que je…
Mes parents sont contents que j'aille à l'université.

1. Ma mère a peur que je…
2. Mon copain / Ma copine croit que…
3. Je pense que…
4. Je suis sûr(e) que…
5. Mes amis doutent que…
6. Je suis étonné(e) que…
7. Je suis content(e) que…
8. Je ne crois pas que…

C12-19 **Opinions sur *Les copains***

Donnez votre opinion sur ces faits.

> **Expressions**
>
> Il est surprenant, nécessaire, triste, possible que
>
> Je suis content(e), heureux / heureuse, étonné(e), surpris(e), triste que

Modèle: Paul ne sait pas faire de yoga.
Je suis surpris(e) que Paul ne sache pas faire de yoga.

1. Paul et Élodie peuvent se parler facilement.
2. Paul a du mal à parler avec sa copine Éloïse.
3. Éloïse ne comprend pas.
4. Manu et Élodie s'entendent bien.
5. Élodie laisse son sac dans le métro.
6. La grand-mère de Manu est malade.
7. Élodie va en Guadeloupe avec Manu.
8. Élodie ne connaît rien sur la Guadeloupe.

C12-20 ♻ *Les copains* et vous

A. Par groupes de 3, choisissez la meilleure réponse pour compléter les phrases à propos d'Élodie et de ses copains.

1. Paul est content de…
   a. pouvoir faire un stage au Chili.
   b. se faire mal au foot.
   c. partir en vacances au Chili.

2. Élodie a peur de…
   a. faire du yoga.
   b. faire du babysitting.
   c. perdre son sac.

3. Manu doute de/d'…
   a. aller voir sa grand-mère en Guadeloupe.
   b. trouver un poste à plein temps comme journaliste.
   c. pouvoir danser le zouk.

B. Maintenant, avec votre groupe, complétez les phrases avec des détails de la série **Les copains** et présentez vos opinions à la classe.

1. Nous sommes contents de…
2. Nous sommes tristes de…
3. Nous avons peur de…
4. Nous doutons de…

C12-21 ♻ Rubrique conseils

Lisez cette lettre et partagez votre réponse à Patrick avec les membres de votre groupe. Choisissez la meilleure réponse et présentez-la à la classe.

Bring your notes from the online activity to class.

Prince charmant recherche Cendrillon désespérément.

Ma vie ne rime à rien *(seems meaningless)*. Je me suis marié trop jeune avec un amour de vacances. Après cinq années d'incompréhension totale est venu le divorce: dépression, séparation avec les enfants, tentative de suicide. Depuis un an, je suis tout seul. Pourtant *(However)*, j'essaie de remonter la pente *(to get back on my feet)*. J'ai un physique plutôt plaisant *(rather pleasing)*, genre Brad Pitt, et je ne suis pas un reclus.

Je fais du sport, j'ai des loisirs. Je suis sensible, pas trop timide. Seulement, je suis trop sérieux, trop romantique, peut-être. Je crois encore au coup de foudre *(love at first sight)*, mais il faut croire que c'est démodé *(old-fashioned)*. Je pense que la fidélité est essentielle pour un couple, alors qu'autour de *(around)* moi, je ne vois que l'adultère.

N'existe-t-il plus de jeunes filles sérieuses? Le romantisme est-il mort? Je suis la preuve qu'il reste encore des hommes fidèles, sérieux et voulant vivre une grande passion. Que pensez-vous de ma conception de la vie? Suis-je démodé et ridicule? Merci de tout cœur pour vos lettres.

Patrick

Adapté de *Femme Actuelle*

Structure 12.4 **Narrating in the past** *Le passé composé et l'imparfait (suite)*

C12-22 ⚡ Le bon ordre

Avec un(e) partenaire, racontez l'histoire d'amour de Paul et Éloïse. Mettez les événements dans l'ordre chronologique. L'équipe qui finit la première gagne!

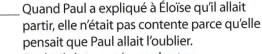

___ Quand Paul a expliqué à Éloïse qu'il allait partir, elle n'était pas contente parce qu'elle pensait que Paul allait l'oublier.

___ Paul a été accepté pour le stage.

___ Paul et Éloïse se sont connus il y a 5 ans.

___ Paul et Éloïse se sont disputés et la jeune femme a jeté les affaires de Paul par la fenêtre.

___ Le lendemain, Paul a confié à Élodie qu'il s'intéressait à une autre femme.

___ Il y a quelques mois, Paul a sollicité un stage au Chili pour travailler sur des éoliennes.

C12-23 ⚡ Et après?

Voici des événements qui ont eu lieu *(took place)* dans **Les copains**. Avec un(e) partenaire, dites ce qui s'est passé après. Utilisez le passé composé.

Modèle: Épisode 1: Paul est arrivé au café.

Après, Élodie a présenté Paul à ses copains Manu et Jérôme.

1. Épisode 5: Paul et Manu ont parlé de leurs préférences musicales.
2. Épisode 7: Élodie, Manu et Paul se sont retrouvés au restaurant.
3. Épisode 8: Manu et Élodie se sont promenées au square René Le Gall.
4. Épisode 9: La grand-mère de Manu est tombée malade.
5. Épisode 11: Paul a joué au foot.
6. Épisode 12: Paul a parlé à Éloïse de son stage au Chili.

C12-24 ⚡ Description

Avec un(e) partenaire, faites une description des personnages dans les contextes donnés. Utilisez l'imparfait. Comparez vos réponses avec celles d'un autre groupe.

Modèle: Quand Manu parlait de son travail comme journaliste, elle…

… était très modeste.

1. Selon Élodie, sa colocataire…
2. Quand Paul parlait du match de foot, il…
3. Pendant que Manu et Élodie faisaient du babysitting, elles…
4. Avant d'aller en Guadeloupe avec Manu, Élodie…

C12-25 ⚡ Anecdote

Racontez une anecdote personnelle en 4 ou 5 phrases. Votre partenaire va réagir pendant que *(while)* vous racontez.

Expressions pour raconter: alors, d'abord, et puis, ensuite, euh, après, enfin

Expressions pour réagir: Ah oui?, Et alors?, Ah bon?, Vraiment?, Pas possible!, Dis donc!, Oh là là!, Super!, Mince!

1. la dernière fois que vous êtes allé(e) à un match de sport
2. la dernière fois que vous êtes allé(e) à un concert
3. le premier jour de votre travail actuel
4. votre meilleure fête d'anniversaire

Structure 12.5 **Expressing hypothesis** *Le conditionnel*

C12-26 Testez-vous!

A. Que feriez-vous dans ces situations?

1. Si mes parents critiquaient constamment mon/ma meilleur(e) ami(e), …
   - ○ je leur dirais qu'ils ne le/la connaissent pas.
   - ○ je serais fâché(e) contre eux.
   - ○ je le/la défendrais.
   - ○ je leur expliquerais qu'ils ont tort.

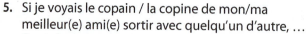

Si j'avais plus de temps, j'irais au restaurant avec mes amis.

2. Si j'avais un gros problème personnel, …
   - ○ je le confierais à mes parents.
   - ○ j'en parlerais avec mon/ma meilleur(e) ami(e).
   - ○ je préférerais en discuter avec un conseiller religieux ou un psychologue.
   - ○ je le garderais pour moi.

3. Si mon/ma meilleur(e) ami(e) déménageait dans une autre ville, …
   - ○ notre amitié ne serait plus la même.
   - ○ je serais triste, mais heureux/heureuse pour lui/elle.
   - ○ nous resterions en contact grâce à *(thanks to)* Internet et à nos portables.

4. Si mon/ma meilleur(e) ami(e) et moi voulions sortir avec la même personne, …
   - ○ nous nous disputerions.
   - ○ nous en parlerions pour trouver une solution.
   - ○ ce serait la fin de notre amitié.

5. Si je voyais le copain / la copine de mon/ma meilleur(e) ami(e) sortir avec quelqu'un d'autre, …
   - ○ je lui en parlerais.
   - ○ je ne lui dirais rien.
   - ○ je dirais quelque chose à son copain/sa copine infidèle.

6. Si je n'aimais pas le nouveau copain/la nouvelle copine de mon ami(e), …
   - ○ j'attendrais patiemment leur rupture.
   - ○ je lui demanderais ce qu'il/elle aime chez elle/lui.
   - ○ je ferais de mon mieux pour l'accepter.

B. 👥 Maintenant, travaillez en groupes pour créer votre propre situation avec trois solutions possibles.

C12-27 🔁 Prononcez!

À tour de rôle, prononcez un des verbes des deux colonnes. Sans regarder, l'autre personne va identifier si c'est l'imparfait ou le conditionnel.

imparfait	conditionnel
1. je parlais	je parlerais
2. tu te lavais	tu te laverais
3. elle tombait	elle tomberait
4. nous disions	nous dirions
5. vous vouliez	vous voudriez
6. ils aimaient	ils aimeraient
7. tu faisais	tu ferais
8. nous prenions	nous prendrions

C12-28 **Si j'étais une couleur, je serais le rouge.**

A. D'abord, travaillez individuellement. Utilisez votre imagination pour compléter ces phrases. Choisissez trois phrases que vous avez complétées et réécrivez-les sur trois bouts (*slips*) de papier.

1. Si j'étais une couleur, je serais…
2. Si j'étais une saison, je serais…
3. Si j'étais une chanson, je serais…
4. Si j'étais un animal, je serais…
5. Si j'étais un(e) acteur / actrice, je serais…
6. Si j'étais une ville, je serais…
7. Si j'étais un film, je serais…
8. Si j'étais _____, je serais…

Courtesy of FDJ

Le logo de la loterie française

B. ♻ Mettez-vous par groupes de 5 et placez tous vos trois phrases dans un chapeau. À tour de rôle, tirez (*pull out*) un bout de papier du chapeau, lisez la phrase et devinez (*guess*) qui elle décrit.

C12-29 **Mettez-vous à la place de…**

Si vous étiez à la place des personnages de la vidéo **Les copains** à la fin de la série, que feriez-vous? Complétez les phrases, puis partagez vos réponses avec un(e) partenaire. Ensuite, comparez vos réponses avec le reste de la classe. Est-ce que vous êtes de la même opinion?

1. Si j'étais Manu, …
2. Si j'étais Élodie, …
3. Si j'étais Paul, …
4. Si j'étais Éloïse, …

C12-30 **Imaginez votre réaction!**

Que feriez-vous dans ces situations? Demandez à un(e) partenaire ce qu'il/elle ferait, puis présentez ses réponses à la classe.

Modèle: gagner un million de dollars au loto

— *Que ferais-tu si tu gagnais au loto?*
— *Si je gagnais au loto, j'achèterais une maison.*

1. gagner un million de dollars au loto
2. pouvoir aller n'importe où
3. pouvoir manger n'importe quoi sans grossir
4. pouvoir exercer le métier de mes rêves (*dreams*)
5. pouvoir choisir de parler trois langues couramment

C12-31 **Interaction**

Posez ces questions sur l'amitié à votre partenaire.

1. Pour toi, l'amitié est-elle une valeur importante? Quelles sont les qualités de ton/ta meilleur(e) ami(e): un bon sens de l'humour, la fidélité, l'honnêteté, un esprit ouvert (*open mind*), la gentillesse, l'intelligence, …?
2. Est-ce que tes parents connaissent ton/ta meilleur(e) ami(e)? Est-il/elle comme un membre de ta famille? Est-ce que tes parents critiquent tes amis?
3. Est-ce qu'entre amis, vous vous prêtez facilement de l'argent? Des affaires (*belongings*)?
4. Est-ce que vous vous confiez vos secrets? Pourquoi?
5. Qu'est-ce qui détruit (*destroys*) une amitié: la jalousie des autres, l'opinion des parents, le manque de temps, les déménagements (*moves*), …?

> **Sondage: Que feriez-vous?**
> Vous avez peut-être complété une activité en ligne sur ce sujet. Maintenant, discutez: Quelle serait la meilleure décision pour Paul et pour Éloïse? Pourquoi? Quelle serait une grosse erreur?

Synthèse

C12-32 Vidéo: Les copains

Maintenant, c'est à vous d'écrire votre propre dialogue. Suivez ces étapes pour créer votre conversation.

- Un couple se parle.
- Ils se disputent.
- Ils se fâchent.
- Ils se quittent. / Ils s'embrassent.

Incluez des indications dans votre script pour les gestes et les mouvements. Soyez prêts à jouer la conversation devant la classe.

> Bring your notes from the online activity to class.

C12-33 Situations à jouer

1. Un copain / Une copine vous confie qu'il/elle va se marier avec une femme / un homme riche, mais qu'il/elle n'est pas sûr(e) d'aimer. Donnez-lui des conseils.
2. *Le Journal du Dimanche* publie une liste des personnalités les plus admirées des Français (voir Explorez en ligne.). Créez votre liste du Top 10 pour les Américains. Ensuite, par groupes de 4 ou 5, mettez-vous d'accord sur les trois personnalités les plus admirées aux États-Unis. Enfin, faites part de vos résultats à la classe et expliquez vos choix.

C12-34 Explorez en ligne.

Les personnalités préférées des Français

Partagez vos découvertes au sujet de ce que vous avez appris sur une des personnalités préférées des Français. Pourquoi, à votre avis *(in your opinion)*, fait-elle partie de la liste?

> Bring your notes from the online activity to class.

Lecture

C12-35 **Avant de lire** ♻

Vous allez lire une histoire à propos d'une des femmes du prophète Mohammed.

1. Mohammed est le prophète de quelle religion?
   - le christianisme
   - le judaïsme
   - l'islam
   - le bouddhisme

2. Quels adjectifs associez-vous à une femme musulmane du 7e siècle?
   - timide
   - fière
   - obéissante
   - chaste
   - forte de caractère
   - faible de caractère
   - courageuse
   - religieuse
   - indépendante

STOCKFOLIO®/Alamy Stock Photo

Stratégie de lecture: Summarizing

Summarizing is an important tool in building reading comprehension. When you summarize, you identify key elements and use your own words to retell the main ideas of the text. The process of summarizing also helps you remember what you have read. In French, you can use the present or the past tense to retell the story. Here we will use the present.

After you read the story and answer some basic comprehension questions, you will develop your summarizing skills and write a summary of *L'affaire du collier*.

Read the first paragraph of the story, then select the main ideas you would most likely use when writing a summary.

a. The story takes place in 627.
b. Aïcha is the wife of the prophet Mohammed.
c. She is his second wife.
d. She is accompanying her husband on an expedition through the desert.
e. The caravan stops at a camp.
f. Aïcha notices that she has lost her necklace and sets off to find it.
g. She travels in a chair carried by several men.
h. The caravan leaves without noticing that she is not in her chair.

Synthèse

«L'affaire du collier»

Extrait des *Femmes du Prophète*, Magali Morsi

necklace 1   C'est en 627 qu'il faut situer l'affaire du **collier**°. Aïcha, qui était la deuxième femme du prophète Mohammed, accompagnait son mari dans une de ses expéditions, lorsque, au campement, elle s'est aperçue de la **perte**° de son collier précieux qu'elle

loss affectionnait. Elle est partie le chercher et **pendant**° ce

during 5 temps-là, la caravane a repris la route sans s'apercevoir que la **frêle**° Aïcha n'était plus dans la **litière**° qui la transportait.

frail / enclosed Retrouvant le campement désert quand elle y est retournée,
chair carried on Aïcha s'est assise et a attendu patiemment.
the back of an   Un beau jeune homme est passé et ici l'histoire prend
animal or by men l'aspect d'une légende **dorée**°. C'était Safwan ibn al-Muattal

10 qui, **apercevant**° l'épouse du prophète, est descendu de son

golden **chameau**° sur lequel il a placé Aïcha, et, conduisant le chameau

catching sight of par la **bride**°, a ramené la jeune femme auprès de sa famille.

camel   L'affaire **a fait du bruit**°. Aïcha a tout de suite remarqué la

bridle froideur de son mari. La rumeur est vite devenue scandale. Le

caused rumors 15 prophète a interrogé Aïcha et ses **proches parents**° qui, pour la plupart, n'ont pas pris la défense de la jeune épouse. Il y avait

close relatives même la menace du divorce.
   N'oublions pas qu'Aïcha n'avait que 13 ans à cette époque

20 mais la **bien-aimée**° avait un esprit extrêmement fort. Elle a

beloved refusé de se justifier devant son mari ou devant sa famille, disant qu'elle ne devait demander qu'à Dieu de l'innocenter. Et, en effet, peu après, elle a vu son mari revenir à elle avec le

suspicion 25 sourire: «Dieu», a-t-il dit, «l'avait lavée de tout **soupçon**°.» Une fois de plus, Aïcha a montré son caractère fier. À sa mère qui lui disait de remercier le prophète de son indulgence, Aïcha a répondu qu'elle n'avait de remerciements à rendre qu'à Dieu. Et Aïcha est redevenue la bien-aimée de Mohammed.

Source: Magali Morsi, "L'affaire du collier" in *Femmes du Prophète*, Éditions Mercure de France

---

C12-36 **La fin de l'histoire**

> **Un résumé:** Bring your notes from the online activity to class.

Voici le commencement du résumé que vous avez fait en ligne. Présentez à la classe la fin de votre résumé.

Pendant une expédition dans le désert avec son mari Mohammed, Aïcha perd son collier. Elle quitte le campement pour le chercher, mais quand elle y retourne, la caravane n'est plus là et elle est seule. Un beau jeune homme retrouve Aïcha et la ramène à sa famille. Mohammed se demande si Aïcha le trompe avec le jeune homme…

C12-37   **À VOUS!**

1. Imaginez la conversation entre Aïcha et sa mère ou son père à son retour au campement. Utilisez ces expressions:

il faut que	ce n'est pas vrai que
je ne crois pas que	tu devrais
je ne veux pas que	c'est un scandale que

2. La chanson «Aïcha», écrite par Jean-Jacques Goldman et chantée par Khaled, est à propos d'une belle femme admirable et fière. Écoutez cette chanson sur YouTube. Écrivez le refrain.

> **À vous!:** Bring your notes from the online activity to class.

C12-38 **Expression écrite**

DES CONSEILS

In this essay, you will write a 2–3 paragraph letter asking for advice about a personal issue (real or imagined). A classmate will give you advice in a written response. Likewise, you will read a classmate's letter and give him/her your best advice in a 1–2 paragraph response. Use **tu** in your letter.

- **Première étape:** Give the first version of your letter to your partner to ask him/her if he/she can guess the person's mood. Is the person sad, angry, depressed . . . ? If the person's mood isn't immediately evident, revise your letter to make it clear.

- **Troisième étape:** Exchange your letter with that of your partner. Write a reply to his/her letter in which you give him/her advice. Use the subjunctive, the conditional, and the indicative to explain your point of view.

Modèle: *Il faut que tu sortes davantage* (more).
Il est important de s'amuser de temps en temps.
Il est clair que tu passes trop de temps chez toi.

Expression écrite: Bring your work from the online **Deuxième étape** to class.

Structures

Structure 12.1

Talking about relationships *Les verbes pronominaux (suite)*

Reflexive verbs

In **Modules 4** and **10,** you learned a number of pronominal verbs used reflexively, such as **se laver, s'habiller,** and **se coucher.**

Reciprocal verbs

Many common French verbs can be used pronominally (with **me/te/se...** preceding the verb) to express reciprocal actions between two or more people.

Nous **nous comprenons** très bien.   *We understand each other very well.*

These verbs are commonly used with a reciprocal meaning:

s'écrire	s'aimer	se rencontrer	se téléphoner	se disputer
s'adorer	se comprendre	se parler	se voir	se retrouver

Pronominal verbs with idiomatic meanings

Neither reflexive nor reciprocal, the following verbs have special idiomatic meanings in the pronominal form. They do not translate word for word.

s'amuser *to enjoy oneself; to have fun*	se méfier de *to be suspicious of*
se demander *to wonder*	se mettre à *to begin, start doing something*
se dépêcher *to hurry*	s'occuper de *to look after, take care of*
s'ennuyer *to be bored*	se rendre compte de/que *to realize*
s'entendre bien/mal *to get along well/badly*	se servir de *to use*
se fâcher contre *to get angry with*	se souvenir de *to remember*
s'intéresser à *to be interested in*	se fiancer *to get engaged*
se marier *to get married*	

Je **me suis rendu compte** qu'elle m'aimait.   *I realized she loved me.*

Nous **nous marierons** en mai.   *We will get married in May.*

Past tense

Pronominal verbs use the auxiliary **être** in the **passé composé.** The past participle agrees with the subject.

Ma copine et moi, nous **nous sommes disputés** hier soir.
My girlfriend and I, we argued last night.

To be more casual, instead of using **nous,** use the subject pronoun **on.** People use **on** for **nous** when they're speaking casually. **On** is considered plural here. The past participle therefore takes a final **s.**

Ma copine et moi, **on** s'est disputés hier soir.
My girlfriend and I, we argued last night.

However, when the reflexive pronoun represents an indirect object, there is no past participle agreement. Most communication verbs, such as **se dire, se téléphoner, se parler, se répondre, se demander,** and **s'écrire** take indirect objects and thus no agreement.

Nous nous sommes **dit** la vérité.   *We told each other the truth.*
Elles se sont **écrit** tous les mois.   *They wrote each other every month.*

Structure 12.2

Talking about what you see and what you believe *Les verbes **voir** et **croire***

voir *(to see)*		croire *(to believe)*	
je vois	nous vo**yons**	je crois	nous cro**yons**
tu vois	vous vo**yez**	tu crois	vous cro**yez**
il/elle/on voit	ils/elles voi**ent**	il/elle/on croit	ils/elles croi**ent**
passé composé: j'ai vu		passé composé: j'ai cru	
imparfait: je vo**y**ais		imparfait: je cro**y**ais	
futur: je verrai		futur: je croirai	

Tu vois la tour Eiffel?	*Do you see the Eiffel Tower?*
Je ne crois pas cette histoire.	*I don't believe this story.*

Voir can be used figuratively as a synonym for **comprendre.**

— Tu comprends?	*Do you understand?*
— Oui, je vois.	*Yes, I see.*

Revoir *(To see again)* is conjugated like **voir.**

On se revoit chaque été.	*We see each other again every summer.*

Use **croire à/en** for things you believe in:

Il croit au Père Noël.	*He believes in Santa Claus.*
Je crois en Dieu.	*I believe in God.*

Structure 12.3

Expressing emotions *Le subjonctif (suite)*

You have already learned to use the subjunctive after expressions of obligation and necessity. The subjunctive is also used following expressions of feeling and emotion.

some expressions of feelings

Je suis
{
content(e) que
heureux (heureuse) que
ravi(e) *(delighted)* que
étonné(e) *(astonished)* que
surpris(e) que
désolé(e) que
triste que
malheureux (malheureuse) que
}
tu pars aujourd'hui.

J'ai peur que
Je regrette que
Il est surprenant que
}
vous soyez malade.

The subjunctive is also used after expressions of doubt and uncertainty.

expressions of doubt or uncertainty

Ils doutent que
Ils ne croient pas que
Ils ne pensent pas que
Ils ne sont pas certains / sûrs que
Il est possible que
}
ma sœur fasse des efforts.

Affirmative statements such as **je crois que** and **je pense que** use the indicative.

expressions of certainty

Je suis sûr(e) que
Je crois que
Il est clair que
}
ma sœur fait des efforts.

If the subject of the main clause and of the subordinate clause is the same, an infinitive is used rather than the subjunctive.

Marc est content de revenir.	*Marc is happy to come back.*

Structure 12.4

Narrating in the past *Le passé composé et l'imparfait (suite)*

To tell a story in the past in French, you need to use both the **passé composé** and the **imparfait.**

Use the **imparfait** for describing:

• age	Il avait 10 ans.
• looks	Elle était jolie.
• identity	Elle s'appelait Claudine.
• weather	Il faisait froid.
• what people used to do	Elle jouait avec ses copines.
• feelings and thoughts	Elle était contente. Elle pensait à sa famille.

Structures

Use the **passé composé** to talk about specific events and actions that happened in the past. Common expressions that precede the **passé composé** include:

• un jour, un matin	Un jour, il s'est réveillé très tôt.
• tout d'un coup (all of a sudden)	Tout d'un coup, il a entendu un bruit.
• soudain (suddenly)	Soudain, elle est tombée par terre.

Structure 12.5

Expressing hypothesis   *Le conditionnel*

The conditional is formed by adding the **imparfait** endings to the future stem.

aimer

j'aimer**ais**	nous aimer**ions**
tu aimer**ais**	vous aimer**iez**
il/elle/on aimer**ait**	ils/elles aimer**aient**

Vous **aimeriez** partir en vacances?   *You'd like to go on vacation?*

Verbs that have an irregular stem in the future tense have the same irregular stem in the conditional.

infinitif	conditionnel	infinitif	conditionnel
avoir	j'aurais	faire	je ferais
être	je serais	pouvoir	je pourrais
aller	j'irais	venir	je viendrais
devoir	je devrais	voir	je verrais
savoir	je saurais	vouloir	je voudrais

The conditional is used to imagine and hypothesize: **si + imparfait + conditionnel**

Si j'avais de l'argent, j'achèterais une voiture.   *If I had money, I'd buy a car.*

The **conditionnel de politesse,** or polite conditional, is used for softening demands or requests, and is most often used with the verbs **aimer, vouloir,** and **pouvoir.**

Je **voudrais** un café.   *I would like a coffee.*

The conditional of **devoir** means *should* and is used to give advice.

Tu **devrais** sortir plus souvent.   *You should go out more often.*

The conditional of **pouvoir** means *could* and makes requests polite. It's also useful for hypothesizing.

Tu **pourrais** *m'aider?*
Could you help me?

Si j'étais plus riche, je **pourrais** voyager dans le monde entier.
If I were richer, I could travel around the world.

Vocabulaire actif

VERBES

s'acheter   *to buy (for) oneself*
s'adorer   *to love, adore each other*
s'aimer   *to love each other*
s'amuser   *to enjoy oneself; to have fun*
s'appeler   *to be called, named;*
   to phone each other
s'asseoir   *to sit down*
se comprendre   *to understand each other*
croire   *to believe*
se demander   *to ask each other; to wonder*
se dépêcher   *to hurry*
se dire   *to tell each other*
se disputer   *to argue*
s'écrire   *to write each other*
s'empêcher de   *to prevent oneself from*
s'ennuyer   *to be bored*
s'entendre bien / mal   *to get along well / badly*
se fâcher (contre)   *to get angry (with)*
se fiancer (avec)   *to get engaged (with)*
s'inquiéter   *to worry*
s'installer   *to settle in*
s'intéresser à   *to be interested in*
se marier (avec)   *to get married (with)*
se méfier (de)   *to be wary (of), suspicious (of)*
se mettre à   *to begin, start doing something*

s'occuper de   *to look after, take care of*
se parler   *to talk to each other*
se promener   *to take a walk*
se regarder   *to look at each other*
se rencontrer   *to meet each other*
se rendre compte de/que   *to realize*
se répondre   *to reply to, to answer each other*
revoir   *to see again*
se revoir   *to see each other again*
se retrouver   *to meet up; find each other again*
se séparer   *to split up, break up*
se servir de   *to use*
se souvenir de   *to remember*
se téléphoner   *to phone each other*
tromper   *to be unfaithful to*
voir   *to see*
se voir   *to see each other*

EXPRESSIONS

Sentiments   *Feelings*
je(ne) suis(pas) content(e) que/de   *I am (not) happy that/to*
je suis désolé(e) que/de   *I am sorry that/to*
je suis étonné(e) que/de   *I am astonished that/to*
je suis heureux / heureuse que/de   *I am happy that/to*
je suis malheureux / malheureuse que/de *I am unhappy that/to*

j'ai peur que/de   *I am afraid that/to*
je suis ravi(e) que/de   *I am delighted that/to*
je regrette que/de   *I regret that/to*
il est surprenant que/de   *it is surprising that/to*
je suis surpris(e) que/de   *I am surprised that/to*
je suis triste que/de   *I am sad that/to*

Doute   *Doubt*
je doute que/de   *I doubt that/to*
je ne crois pas que   *I don't believe that*
je ne pense pas que   *I don't think that*
je ne suis pas certain(e) / sûr(e) que/de *I'm not certain / sure that/to*
il est possible que / de   *it is possible that/to*

Certitude   *Certainty*
il est clair que   *it is clear that*
je crois que   *I believe that*
je suis sûr(e) que/de   *I am sure that/to*

AUTRES

un jour   *one day*
un matin   *one morning*
tout d'un coup   *all of a sudden*
soudain   *suddenly*
si   *if*
je devrais   *I should*
je pourrais   *I could*

Vocabulaire

Vocabulaire passif

NOMS

une alliance *wedding ring*
une bague (de fiançaille) *(engagement) ring*
le coup de foudre *love at first sight*
une éolienne *wind turbine*
un(e) époux / épouse *spouse*
un(e) fiancé(e) *fiancé(e)*
la fidélité *fidelity*
l'incompréhension (f) *misunderstanding*
la jalousie *jealousy*
le lendemain *following day*
une lune de miel *honeymoon*
un(e) reclus(e) *recluse*
un sentiment *feeling*
une valeur *value*
la vérité *truth*
la vie conjugale *married life*
la vie sentimentale *love life*

Mots apparentés: un couple, un divorce, un mariage, la passion, une rupture, un scandale, une séparation

VERBES

s'en aller *to leave; to go away*
apercevoir *to see*
s'apercevoir *to notice*
compter (sur) *to count (on)*
confier *to confide*
convaincre *to convince*
critiquer *to criticize*
se décider (à) *to come to a decision (to do something)*
divorcer *to divorce*
douter *to doubt*
embrasser *to kiss*
s'embrasser *to kiss each other*
flirter *to flirt*
fonder une famille *to start a family*
se pacser *to become civil partners through the PACS*
se préoccuper (de) *to worry (about)*
prouver *to prove*
réagir *to react*
regretter *to regret*

rompre (avec) *to break up (with)*
tomber amoureux / amoureuse (de) *to fall in love (with)*

ADJECTIFS

déprimé(e) *depressed*
douteux / douteuse *doubtful*
engagé(e) *active*
évident(e) *obvious*
incroyable *incredible*
romantique *romantic*

DIVERS

autrefois *in the past*
honnête *honest*

VERBES AUXILIAIRES: AVOIR et ÊTRE

Infinitif Participe passé				
	Présent	**Passé composé**	**Imparfait**	**Passé simple**
avoir	ai	ai eu	avais	
	as	as eu	avais	
eu	a	a eu	avait	eut
	avons	avons eu	avions	
	avez	avez eu	aviez	
	ont	ont eu	avaient	eurent
être	suis	ai été	étais	
	es	as été	étais	
été	est	a été	était	fut
	sommes	avons été	étions	
	êtes	avez été	étiez	
	sont	ont été	étaient	furent

Indicatif			Présent du conditionnel	Présent du subjonctif	Impératif
Plus-que-parfait	**Futur**	**Futur antérieur**			
avais eu	aurai	aurai eu	aurais	aie	
avais eu	auras	auras eu	aurais	aies	aie
avait eu	aura	aura eu	aurait	ait	
avions eu	aurons	aurons eu	aurions	ayons	ayons
aviez eu	aurez	aurez eu	auriez	ayez	ayez
avaient eu	auront	auront eu	auraient	aient	
avais été	serai	aurai été	serais	sois	
avais été	seras	auras été	serais	sois	sois
avait été	sera	aura été	serait	soit	
avions été	serons	aurons été	serions	soyons	soyons
aviez été	serez	aurez été	seriez	soyez	soyez
avaient été	seront	auront été	seraient	soient	

Verbes conjugués avec *être* au passé composé

aller	entrer	partir	revenir
arriver	monter	rentrer	sortir
descendre	mourir	rester	tomber
devenir	naître	retourner	venir

VERBES RÉGULIERS

Infinitif Participe passé	Présent	Passé composé	Imparfait	Passé simple
parler	parle	ai parlé	parlais	
	parles	as parlé	parlais	
parlé	parle	a parlé	parlait	parla
	parlons	avons parlé	parlions	
	parlez	avez parlé	parliez	
	parlent	ont parlé	parlaient	parlèrent
finir (choisir, grossir,	finis	ai fini	finissais	
réfléchir, réussir)	finis	as fini	finissais	
	finit	a fini	finissait	finit
	finissons	avons fini	finissions	
	finissez	avez fini	finissiez	
fini	finissent	ont fini	finissaient	finirent
vendre (attendre,	vends	ai vendu	vendais	
rendre, répondre)	vends	as vendu	vendais	
	vend	a vendu	vendait	vendit
	vendons	avons vendu	vendions	
vendu	vendez	avez vendu	vendiez	
	vendent	ont vendu	vendaient	vendirent

VERBES PRONOMINAUX

Infinitif Participe passé	Présent	Passé composé	Imparfait	Passé simple
se laver	me lave	me suis lavé(e)	me lavais	
	te laves	t'es lavé(e)	te lavais	
lavé	se lave	s'est lavé(e)	se lavait	se lava
	nous lavons	nous sommes lavé(e)s	nous lavions	
	vous lavez	vous êtes lavé(e)(s)	vous laviez	
	se lavent	se sont lavé(e)s	se lavaient	se lavèrent

Indicatif			Présent du conditionnel	Présent du subjonctif	Impératif
Plus-que-parfait	**Futur**	**Futur antérieur**			
avais parlé	parlerai	aurai parlé	parlerais	parle	
avais parlé	parleras	auras parlé	parlerais	parles	parle
avait parlé	parlera	aura parlé	parlerait	parle	
avions parlé	parlerons	aurons parlé	parlerions	parlions	parlons
aviez parlé	parlerez	aurez parlé	parleriez	parliez	parlez
avaient parlé	parleront	auront parlé	parleraient	parlent	
avais dormi	dormirai	aurai dormi	dormirais	dorme	
avais dormi	dormiras	auras dormi	dormirais	dormes	dors
avait dormi	dormira	aura dormi	dormirait	dorme	
avions dormi	dormirons	aurons dormi	dormirions	dormions	dormons
aviez dormi	dormirez	aurez dormi	dormiriez	dormiez	dormez
avaient dormi	dormiront	auront dormi	dormiraient	dorment	
avais fini	finirai	aurai fini	finirais	finisse	
avais fini	finiras	auras fini	finirais	finisses	finis
avait fini	finira	aura fini	finirait	finisse	
avions fini	finirons	aurons fini	finirions	finissions	finissons
aviez fini	finirez	aurez fini	finiriez	finissiez	finissez
avaient fini	finiront	auront fini	finiraient	finissent	
avais vendu	vendrai	aurai vendu	vendrais	vende	
avais vendu	vendras	auras vendu	vendrais	vendes	vends
avait vendu	vendra	aura vendu	vendrait	vende	
avions vendu	vendrons	aurons vendu	vendrions	vendions	vendons
aviez vendu	vendrez	aurez vendu	vendriez	vendiez	vendez
avaient vendu	vendront	auront vendu	vendraient	vendent	

Indicatif			Présent du conditionnel	Présent du subjonctif	Impératif
Plus-que-parfait	**Futur**	**Futur antérieur**			
m'étais lavé(e)	me laverai	me serai lavé(e)	me laverais	me lave	
t'étais lavé(e)	te laveras	te seras lavé(e)	te laverais	te laves	lave-toi
s'était lavé(e)	se lavera	se sera lavé(e)	se laverait	se lave	
nous étions lavé(e)s	nous laverons	nous serons lavé(e)s	nous laverions	nous lavions	lavons-nous
vous étiez lavé(e)(s)	vous laverez	vous serez lavé(e)(s)	vous laveriez	vous laviez	lavez-vous
s'étaient lavé(e)s	se laveront	se seront lavé(e)s	se laveraient	se lavent	

VERBES AVEC CHANGEMENTS ORTHOGRAPHIQUES

Infinitif Participe passé	Présent	Passé composé	Imparfait	Passé simple
acheter (se lever, se promener) acheté	achète achètes achète achetons achetez achètent	ai acheté as acheté a acheté avons acheté avez acheté ont acheté	achetais achetais achetait achetions achetiez achetaient	 acheta achetèrent
appeler (jeter) appelé	appelle appelles appelle appelons appelez appellent	ai appelé as appelé a appelé avons appelé avez appelé ont appelé	appelais appelais appelait appelions appeliez appelaient	 appela appelèrent
commencer (prononcer) commencé	commence commences commence commençons commencez commencent	ai commencé as commencé a commencé avons commencé avez commencé ont commencé	commençais commençais commençait commencions commenciez commençaient	 commença commencèrent
manger (changer, nager, voyager) mangé	mange manges mange mangeons mangez mangent	ai mangé as mangé a mangé avons mangé avez mangé ont mangé	mangeais mangeais mangeait mangions mangiez mangeaient	 mangea mangèrent
payer (essayer, employer) payé	paie paies paie payons payez paient	ai payé as payé a payé avons payé avez payé ont payé	payais payais payait payions payiez payaient	 paya payèrent
préférer (espérer, répéter) préféré	préfère préfères préfère préférons préférez préfèrent	ai préféré as préféré a préféré avons préféré avez préféré ont préféré	préférais préférais préférait préférions préfériez préféraient	 préféra préférèrent

Indicatif			Présent du conditionnel	Présent du subjonctif	Impératif
Plus-que-parfait	Futur	Futur antérieur			
avais acheté	achèterai	aurai acheté	achèterais	achète	
avais acheté	achèteras	auras acheté	achèterais	achètes	achète
avait acheté	achètera	aura acheté	achèterait	achète	
avions acheté	achèterons	aurons acheté	achèterions	achetions	achetons
aviez acheté	achèterez	aurez acheté	achèteriez	achetiez	achetez
avaient acheté	achèteront	auront acheté	achèteraient	achètent	
avais appelé	appellerai	aurai appelé	appellerais	appelle	
avais appelé	appelleras	auras appelé	appellerais	appelles	appelle
avait appelé	appellera	aura appelé	appellerait	appelle	
avions appelé	appellerons	aurons appelé	appellerions	appelions	appelons
aviez appelé	appellerez	aurez appelé	appelleriez	appeliez	appelez
avaient appelé	appelleront	auront appelé	appelleraient	appellent	
avais commencé	commencerai	aurai commencé	commencerais	commence	
avais commencé	commenceras	auras commencé	commencerais	commences	commence
avait commencé	commencera	aura commencé	commencerait	commence	
avions commencé	commencerons	aurons commencé	commencerions	commencions	commençons
aviez commencé	commencerez	aurez commencé	commenceriez	commenciez	commencez
avaient commencé	commenceront	auront commencé	commenceraient	commencent	
avais mangé	mangerai	aurai mangé	mangerais	mange	
avais mangé	mangeras	auras mangé	mangerais	manges	mange
avait mangé	mangera	aura mangé	mangerait	mange	
avions mangé	mangerons	aurons mangé	mangerions	mangions	mangeons
aviez mangé	mangerez	aurez mangé	mangeriez	mangiez	mangez
avaient mangé	mangeront	auront mangé	mangeraient	mangent	
avais payé	paierai	aurai payé	paierais	paie	
avais payé	paieras	auras payé	paierais	paies	paie
avait payé	paiera	aura payé	paierait	paie	
avions payé	paierons	aurons payé	paierions	payions	payons
aviez payé	paierez	aurez payé	paieriez	payiez	payez
avaient payé	paieront	auront payé	paieraient	paient	
avais préféré	préférerai	aurai préféré	préférerais	préfère	
avais préféré	préféreras	auras préféré	préférerais	préfères	préfère
avait préféré	préférera	aura préféré	préférerait	préfère	
avions préféré	préférerons	aurons préféré	préférerions	préférions	préférons
aviez préféré	préférerez	aurez préféré	préféreriez	préfériez	préférez
avaient préféré	préféreront	auront préféré	préféreraient	préfèrent	

VERBES IRRÉGULIERS

Infinitif Participe passé	Présent	Passé composé	Imparfait	Passé simple
aller	vais	suis allé(e)	allais	
	vas	es allé(e)	allais	
allé	va	est allé(e)	allait	alla
	allons	sommes allé(e)s	allions	
	allez	êtes allé(e)(s)	alliez	
	vont	sont allé(e)s	allaient	allèrent
boire	bois	ai bu	buvais	
	bois	as bu	buvais	
bu	boit	a bu	buvait	but
	buvons	avons bu	buvions	
	buvez	avez bu	buviez	
	boivent	ont bu	buvaient	burent
conduire	conduis	ai conduit	conduisais	
	conduis	as conduit	conduisais	
conduit	conduit	a conduit	conduisait	conduisit
	conduisons	avons conduit	conduisions	
	conduisez	avez conduit	conduisiez	
	conduisent	ont conduit	conduisaient	conduisirent
connaître **(paraître)**	connais	ai connu	connaissais	
	connais	as connu	connaissais	
	connaît	a connu	connaissait	connut
connu	connaissons	avons connu	connaissions	
	connaissez	avez connu	connaissiez	
	connaissent	ont connu	connaissaient	connurent
courir	cours	ai couru	courais	
	cours	as couru	courais	
couru	court	a couru	courait	courut
	courons	avons couru	courions	
	courez	avez couru	couriez	
	courent	ont couru	couraient	coururent
croire	crois	ai cru	croyais	
	crois	as cru	croyais	
cru	croit	a cru	croyait	crut
	croyons	avons cru	croyions	
	croyez	avez cru	croyiez	
	croient	ont cru	croyaient	crurent
devoir	dois	ai dû	devais	
	dois	as dû	devais	
dû	doit	a dû	devait	dut
	devons	avons dû	devions	
	devez	avez dû	deviez	
	doivent	ont dû	devaient	durent

Indicatif			Présent du conditionnel	Présent du subjonctif	Impératif
Plus-que-parfait	**Futur**	**Futur antérieur**			
étais allé(e)	irai	serai allé(e)	irais	aille	
étais allé(e)	iras	seras allé(e)	irais	ailles	va
était allé(e)	ira	sera allé(e)	irait	aille	
étions allé(e)s	irons	serons allé(e)s	irions	allions	allons
étiez allé(e)(s)	irez	serez allé(e)(s)	iriez	alliez	allez
étaient allé(e)s	iront	seront allé(e)s	iraient	aillent	
avais bu	boirai	aurai bu	boirais	boive	
avais bu	boiras	auras bu	boirais	boives	bois
avait bu	boira	aura bu	boirait	boive	
avions bu	boirons	aurons bu	boirions	buvions	buvons
aviez bu	boirez	aurez bu	boiriez	buviez	buvez
avaient bu	boiront	auront bu	boiraient	boivent	
avais conduit	conduirai	aurai conduit	conduirais	conduise	
avais conduit	conduiras	auras conduit	conduirais	conduises	conduis
avait conduit	conduira	aura conduit	conduirait	conduise	
avions conduit	conduirons	aurons conduit	conduirions	conduisions	conduisons
aviez conduit	conduirez	aurez conduit	conduiriez	conduisiez	conduisez
avaient conduit	conduiront	auront conduit	conduiraient	conduisent	
avais connu	connaîtrai	aurai connu	connaîtrais	connaisse	
avais connu	connaîtras	auras connu	connaîtrais	connaisses	connais
avait connu	connaîtra	aura connu	connaîtrait	connaisse	
avions connu	connaîtrons	aurons connu	connaîtrions	connaissions	connaissons
aviez connu	connaîtrez	aurez connu	connaîtriez	connaissiez	connaissez
avaient connu	connaîtront	auront connu	connaîtraient	connaissent	
avais couru	courrai	aurai couru	courrais	coure	
avais couru	courras	auras couru	courrais	coures	cours
avait couru	courra	aura couru	courrait	coure	
avions couru	courrons	aurons couru	courrions	courions	courons
aviez couru	courrez	aurez couru	courriez	couriez	courez
avaient couru	courront	auront couru	courraient	courent	
avais cru	croirai	aurai cru	croirais	croie	
avais cru	croiras	auras cru	croirais	croies	crois
avait cru	croira	aura cru	croirait	croie	
avions cru	croirons	aurons cru	croirions	croyions	croyons
aviez cru	croirez	aurez cru	croiriez	croyiez	croyez
avaient cru	croiront	auront cru	croiraient	croient	
avais dû	devrai	aurai dû	devrais	doive	
avais dû	devras	auras dû	devrais	doives	dois
avait dû	devra	aura dû	devrait	doive	
avions dû	devrons	aurons dû	devrions	devions	devons
aviez dû	devrez	aurez dû	devriez	deviez	devez
avaient dû	devront	auront dû	devraient	doivent	

Infinitif Participe passé	Présent	Passé composé	Imparfait	Passé simple
dire dit	dis dis dit disons dites disent	ai dit as dit a dit avons dit avez dit ont dit	disais disais disait disions disiez disaient	dit dirent
dormir (partir, sortir) dormi	dors dors dort dormons dormez dorment	ai dormi as dormi a dormi avons dormi avez dormi ont dormi	dormais dormais dormait dormions dormiez dormaient	dormit dormirent
écrire (décrire) écrit	écris écris écrit écrivons écrivez écrivent	ai écrit as écrit a écrit avons écrit avez écrit ont écrit	écrivais écrivais écrivait écrivions écriviez écrivaient	écrivit écrivirent
envoyer envoyé	envoie envoies envoie envoyons envoyez envoient	ai envoyé as envoyé a envoyé avons envoyé avez envoyé ont envoyé	envoyais envoyais envoyait envoyions envoyiez envoyaient	envoya envoyèrent
faire fait	fais fais fait faisons faites font	ai fait as fait a fait avons fait avez fait ont fait	faisais faisais faisait faisions faisiez faisaient	fit firent
falloir fallu	faut	a fallu	fallait	fallut
lire lu	lis lis lit lisons lisez lisent	ai lu as lu a lu avons lu avez lu ont lu	lisais lisais lisait lisions lisiez lisaient	lut lurent
mettre (permettre, promettre, remettre) mis	mets mets met mettons mettez mettent	ai mis as mis a mis avons mis avez mis ont mis	mettais mettais mettait mettions mettiez mettaient	mit mirent
mourir mort	meurs meurs meurt mourons mourez meurent	suis mort(e) es mort(e) est mort(e) sommes mort(e)s êtes mort(e)(s) sont mort(e)s	mourais mourais mourait mourions mouriez mouraient	mourut moururent

Indicatif			Présent du conditionnel	Présent du subjonctif	Impératif
Plus-que-parfait	Futur	Futur antérieur			
avais dit	dirai	aurai dit	dirais	dise	
avais dit	diras	auras dit	dirais	dises	dis
avait dit	dira	aura dit	dirait	dise	
avions dit	dirons	aurons dit	dirions	disions	disons
aviez dit	direz	aurez dit	diriez	disiez	dites
avaient dit	diront	auront dit	diraient	disent	
avais écrit	écrirai	aurai écrit	écrirais	écrive	
avais écrit	écriras	auras écrit	écrirais	écrives	écris
avait écrit	écrira	aura écrit	écrirait	écrive	
avions écrit	écrirons	aurons écrit	écririons	écrivions	écrivons
aviez écrit	écrirez	aurez écrit	écririez	écriviez	écrivez
avaient écrit	écriront	auront écrit	écriraient	écrivent	
avais envoyé	enverrai	aurai envoyé	enverrais	envoie	
avais envoyé	enverras	auras envoyé	enverrais	envoies	envoie
avait envoyé	enverra	aura envoyé	enverrait	envoie	
avions envoyé	enverrons	aurons envoyé	enverrions	envoyions	envoyons
aviez envoyé	enverrez	aurez envoyé	enverriez	envoyiez	envoyez
avaient envoyé	enverront	auront envoyé	enverraient	envoient	
avais fait	ferai	aurai fait	ferais	fasse	
avais fait	feras	auras fait	ferais	fasses	fais
avait fait	fera	aura fait	ferait	fasse	
avions fait	ferons	aurons fait	ferions	fassions	faisons
aviez fait	ferez	aurez fait	feriez	fassiez	faites
avaient fait	feront	auront fait	feraient	fassent	
avait fallu	faudra	aura fallu	faudrait	faille	
avais lu	lirai	aurai lu	lirais	lise	
avais lu	liras	auras lu	lirais	lises	lis
avait lu	lira	aura lu	lirait	lise	
avions lu	lirons	aurons lu	lirions	lisions	lisons
aviez lu	lirez	aurez lu	liriez	lisiez	lisez
avaient lu	liront	auront lu	liraient	lisent	
avais mis	mettrai	aurai mis	mettrais	mette	
avais mis	mettras	auras mis	mettrais	mettes	mets
avait mis	mettra	aura mis	mettrait	mette	
avions mis	mettrons	aurons mis	mettrions	mettions	mettons
aviez mis	mettrez	aurez mis	mettriez	mettiez	mettez
avaient mis	mettront	auront mis	mettraient	mettent	
étais mort(e)	mourrai	serai mort(e)	mourrais	meure	
étais mort(e)	mourras	seras mort(e)	mourrais	meures	meurs
était mort(e)	mourra	sera mort(e)	mourrait	meure	
étions mort(e)s	mourrons	serons mort(e)s	mourrions	mourions	mourons
étiez mort(e)(s)	mourrez	serez mort(e)(s)	mourriez	mouriez	mourez
étaient mort(e)s	mourront	seront mort(e)s	mourraient	meurent	

Infinitif Participe passé	Présent	Passé composé	Imparfait	Passé simple
naître	nais	suis né(e)	naissais	
	nais	es né(e)	naissais	
né	naît	est né(e)	naissait	naquit
	naissons	sommes né(e)s	naissions	
	naissez	êtes né(e)(s)	naissiez	
	naissent	sont né(e)s	naissaient	naquirent
offrir (souffrir)	offre	ai offert	offrais	
	offres	as offert	offrais	
offert	offre	a offert	offrait	offrit
	offrons	avons offert	offrions	
	offrez	avez offert	offriez	
	offrent	ont offert	offraient	offrirent
ouvrir (couvrir,	ouvre	ai ouvert	ouvrais	
découvrir)	ouvres	as ouvert	ouvrais	
	ouvre	a ouvert	ouvrait	ouvrit
ouvert	ouvrons	avons ouvert	ouvrions	
	ouvrez	avez ouvert	ouvriez	
	ouvrent	ont ouvert	ouvraient	ouvrirent
pleuvoir				
plu	pleut	a plu	pleuvait	plut
pouvoir	peux	ai pu	pouvais	
	peux	as pu	pouvais	
pu	peut	a pu	pouvait	put
	pouvons	avons pu	pouvions	
	pouvez	avez pu	pouviez	
	peuvent	ont pu	pouvaient	purent
prendre (apprendre,	prends	ai pris	prenais	
comprendre)	prends	as pris	prenais	
	prend	a pris	prenait	prit
	prenons	avons pris	prenions	
pris	prenez	avez pris	preniez	
	prennent	ont pris	prenaient	prirent
recevoir	reçois	ai reçu	recevais	
	reçois	as reçu	recevais	
reçu	reçoit	a reçu	recevait	reçut
	recevons	avons reçu	recevions	
	recevez	avez reçu	receviez	
	reçoivent	ont reçu	recevaient	reçurent
savoir	sais	ai su	savais	
	sais	as su	savais	
su	sait	a su	savait	sut
	savons	avons su	savions	
	savez	avez su	saviez	
	savent	ont su	savaient	surent

Indicatif			Présent du conditionnel	Présent du subjonctif	Impératif
Plus-que-parfait	**Futur**	**Futur antérieur**			
étais né(e)	naîtrai	serai né(e)	naîtrais	naisse	
étais né(e)	naîtras	seras né(e)	naîtrais	naisses	nais
était né(e)	naîtra	sera né(e)	naîtrait	naisse	
étions né(e)s	naîtrons	serons né(e)s	naîtrions	naissions	naissons
étiez né(e)(s)	naîtrez	serez né(e)(s)	naîtriez	naissiez	naissez
étaient né(e)s	naîtront	seront né(e)s	naîtraient	naissent	
avais offert	offrirai	aurai offert	offrirais	offre	
avais offert	offriras	auras offert	offrirais	offres	offre
avait offert	offrira	aura offert	offrirait	offre	
avions offert	offrirons	aurons offert	offririons	offrions	offrons
aviez offert	offrirez	aurez offert	offririez	offriez	offrez
avaient offert	offriront	auront offert	offriraient	offrent	
avais ouvert	ouvrirai	aurai ouvert	ouvrirais	ouvre	
avais ouvert	ouvriras	auras ouvert	ouvrirais	ouvres	ouvre
avait ouvert	ouvrira	aura ouvert	ouvrirait	ouvre	
avions ouvert	ouvrirons	aurons ouvert	ouvririons	ouvrions	ouvrons
aviez ouvert	ouvrirez	aurez ouvert	ouvririez	ouvriez	ouvrez
avaient ouvert	ouvriront	auront ouvert	ouvriraient	ouvrent	
avait plu	pleuvra	aura plu	pleuvrait	pleuve	
avais pu	pourrai	aurai pu	pourrais	puisse	
avais pu	pourras	auras pu	pourrais	puisses	
avait pu	pourra	aura pu	pourrait	puisse	
avions pu	pourrons	aurons pu	pourrions	puissions	
aviez pu	pourrez	aurez pu	pourriez	puissiez	
avaient pu	pourront	auront pu	pourraient	puissent	
avais pris	prendrai	aurai pris	prendrais	prenne	
avais pris	prendras	auras pris	prendrais	prennes	prends
avait pris	prendra	aura pris	prendrait	prenne	
avions pris	prendrons	aurons pris	prendrions	prenions	prenons
aviez pris	prendrez	aurez pris	prendriez	preniez	prenez
avaient pris	prendront	auront pris	prendraient	prennent	
avais reçu	recevrai	aurai reçu	recevrais	reçoive	
avais reçu	recevras	auras reçu	recevrais	reçoives	reçois
avait reçu	recevra	aura reçu	recevrait	reçoive	
avions reçu	recevrons	aurons reçu	recevrions	recevions	recevons
aviez reçu	recevrez	aurez reçu	recevriez	receviez	recevez
avaient reçu	recevront	auront reçu	recevraient	reçoivent	
avais su	saurai	aurai su	saurais	sache	
avais su	sauras	auras su	saurais	saches	sache
avait su	saura	aura su	saurait	sache	
avions su	saurons	aurons su	saurions	sachions	sachons
aviez su	saurez	aurez su	sauriez	sachiez	sachez
avaient su	sauront	auront su	sauraient	sachent	

Infinitif Participe passé	Présent	Passé composé	Imparfait	Passé simple
suivre suivi	suis suis suit suivons suivez suivent	ai suivi as suivi a suivi avons suivi avez suivi ont suivi	suivais suivais suivait suivions suiviez suivaient	suivit suivirent
venir (devenir, **revenir, tenir)** venu	viens viens vient venons venez viennent	suis venu(e) es venu(e) est venu(e) sommes venu(e)s êtes venu(e)(s) sont venu(e)s	venais venais venait venions veniez venaient	vint vinrent
vivre vécu	vis vis vit vivons vivez vivent	ai vécu as vécu a vécu avons vécu avez vécu ont vécu	vivais vivais vivait vivions viviez vivaient	vécut vécurent
voir vu	vois vois voit voyons voyez voient	ai vu as vu a vu avons vu avez vu ont vu	voyais voyais voyait voyions voyiez voyaient	vit virent
vouloir voulu	veux veux veut voulons voulez veulent	ai voulu as voulu a voulu avons voulu avez voulu ont voulu	voulais voulais voulait voulions vouliez voulaient	voulut voulurent

Indicatif			Présent du conditionnel	Présent du subjonctif	Impératif
Plus-que-parfait	Futur	Futur antérieur			
avais suivi	suivrai	aurai suivi	suivrais	suive	
avais suivi	suivras	auras suivi	suivrais	suives	suis
avait suivi	suivra	aura suivi	suivrait	suive	
avions suivi	suivrons	aurons suivi	suivrions	suivions	suivons
aviez suivi	suivrez	aurez suivi	suivriez	suiviez	suivez
avaient suivi	suivront	auront suivi	suivraient	suivent	
étais venu(e)	viendrai	serai venu(e)	viendrais	vienne	
étais venu(e)	viendras	seras venu(e)	viendrais	viennes	viens
était venu(e)	viendra	sera venu(e)	viendrait	vienne	
étions venu(e)s	viendrons	serons venu(e)s	viendrions	venions	venons
étiez venu(e)(s)	viendrez	serez venu(e)(s)	viendriez	veniez	venez
étaient venu(e)s	viendront	seront venu(e)s	viendraient	viennent	
avais vécu	vivrai	aurai vécu	vivrais	vive	
avais vécu	vivras	auras vécu	vivrais	vives	vis
avait vécu	vivra	aura vécu	vivrait	vive	
avions vécu	vivrons	aurons vécu	vivrions	vivions	vivons
aviez vécu	vivrez	aurez vécu	vivriez	viviez	vivez
avaient vécu	vivront	auront vécu	vivraient	vivent	
avais vu	verrai	aurai vu	verrais	voie	
avais vu	verras	auras vu	verrais	voies	vois
avait vu	verra	aura vu	verrait	voie	
avions vu	verrons	aurons vu	verrions	voyions	voyons
aviez vu	verrez	aurez vu	verriez	voyiez	voyez
avaient vu	verront	auront vu	verraient	voient	
avais voulu	voudrai	aurai voulu	voudrais	veuille	
avais voulu	voudras	auras voulu	voudrais	veuilles	veuille
avait voulu	voudra	aura voulu	voudrait	veuille	
avions voulu	voudrons	aurons voulu	voudrions	voulions	veuillons
aviez voulu	voudrez	aurez voulu	voudriez	vouliez	veuillez
avaient voulu	voudront	auront voulu	voudraient	veuillent	

A

à to, at, in; **— côté (de)** next to, by 3; **— droite (de)** to the right (of) 10; **— gauche (de)** to the left (of) 10; **— pied** on foot 4
abolition *f.* abolition 2; **— de l'esclavage** abolition of slavery 2
accepter to accept 5
accessoire *m.* accessory 1
accident *m.* accident 11
accueillir to greet, to welcome 10 p
acheter to buy 7; **s'—** to buy (for) oneself 12
acteur(-trice) *m., f.* actor 1 p, 4
actif(-ive) active 3
activement actively 11
activité *f.* activity 1 p; **—s de loisir** leisure activities 4
actualité *f.* current affairs 6; **—s** news 6
addition *f.* check 7
admirer to admire 10
adorer to love, to adore 2; **s'—** to love, to adore each other 12
adresse *f.* **(e-mail)** (e-mail) address 8 p
aéroport *m.* airport 4
Afrique *f.* Africa 10
âge *m.* age 1; **d'un certain —** middle-aged 1
âgé(e) elderly 1
agenda *m.* personal datebook 5 p
agent *m.* agent 4; **— de police** police officer 4
agir to act 6
agneau *m.* lamb 7 p
agréable agreeable, likeable, pleasant 3
agriculteur(-trice) *m., f.* farmer 4
aider to help 4 p
aimer to like; to love 2; **s'—** to love each other 12
air: avoir l'— (de) to look, to seem 11
ajouter to add 7
album *m.* **(photo)** (photo) album 8
alcoolisé(e) containing alcohol 5 p
algérien(ne) Algerian 4 p
Allemagne *f.* Germany 10
allemand *m.* German (language) 2; **—(e)** German 4
aller to go 4; **— comme un gant** to fit like a glove 9; **— en boîte** to go to a club 5 p; **— voir** to go see 5 p; **s'en —** to leave, to go away 12 p
allergie *f.* allergy 11 p
allergique (à) allergic (to) 11
alliance *f.* wedding ring 12 p
allô hello (on the phone) 5
alors so, then 6
américain(e) American 4
Amérique *f.* America 10; **— du Nord** North America 10; **— du Sud** South America 10

ami(e) friend 1 p, 2
amoureux(-euse) in love 12 p; **tomber — de** to fall in love with 12 p
amphithéâtre *m.* (*fam.* **amphi**) amphitheater, lecture hall 2
amusant(e) funny; entertaining 9
amuser to amuse; **s'—** to have fun, to enjoy oneself 9
an *m.* year 2; **Nouvel —** New Year's Day 2
ananas *m.* pineapple 7
anglais *m.* English (language) 2; **—(e)** English 4 p
Angleterre *f.* England 10
angoisse *f.*: **Quelle —!** What a stress! 6
animal *m.* (*pl.* **animaux**) animal 1
année *f.* year 2
anniversaire *m.* birthday 2
anthropologie *f.* anthropology 2
Antilles *f. pl.* West Indies 10
antilope *f.* antelope 10
août August 2
apercevoir to see 12 p; **s'—** to notice 12 p
appareil *m.* appliance 9; **—s ménagers** household appliances 9; **— photo** camera 3
appartement (*fam.* **appart**) apartment 3
appeler to call 5 p, 7; **s'—** to be called, to be named 1; to phone each other 12
appli *f.* app 3
apprendre to learn 5
après after 4; finally 6
après-midi *m.* afternoon 4
aquarium *m.* aquarium 3 p
arabe *m.* Arabic (language) 2
arbre *m.* tree 10
archipel *m.* archipelago 10
architecte *m., f.* architect 4
armoire *f.* closet 9
arranger: s'— to work out 9 p
arriver to arrive 6; to happen 9 p
art *m.* art 2; **— dramatique** drama 2
article *m.* article 6
artiste *m., f.* artist 4 p
ascenseur *m.* elevator 10
Asie *f.* Asia 10
aspirateur *m.* vacuum cleaner 9; **passer l'—** to vacuum 9
asseoir: s'— to sit down 12; **Asseyez-vous.** Sit down. 1
assez somewhat, kind of 1; fairly 2; **— bien** fairly well 2
assiette *f.* plate 7
assistant(e) *m., f.* assistant 4 p
assurance *f.* insurance 11 p; **— médicale** medical insurance 11 p
athlète *m., f.* athlete 4 p

attendre to wait (for) 5
au revoir goodbye 1
aujourd'hui today 2
aussi also, too 1; as 8; **—... que** as . . . as 8; **moi —** me too 1 p
aussitôt que when, as soon as 10
automne *m.* fall, autumn 2
autrefois in the past 12 p
avaler to swallow 11 p
avant before 4
aventure *f.* adventure 2 p
avenue *f.* avenue 10
avion *m.* plane 10
avocat(e) *m., f.* lawyer 4
avoir (*p.p.* **eu**) to have 1; **— besoin de** to need 11; **— bonne/mauvaise mine** to look well/ill 11; **— chaud** to be hot 11; **— de la chance (de)** to be lucky (to) 11; **— de la patience** to be patient 11; **— du mal à** to have difficulty 11; **— envie de** to want (something/to do something) 11; **— froid** to be cold 11; **— hâte (de)** to look forward (to) / to be anxious (to) 11; **— honte (de)** to be ashamed (of) 11; **— l'air (de)** to look, to seem 11; **— mal** to hurt 11; **— mal à la gorge** to have a sore throat 11; **— mal à la tête** to have a headache 11; **— mal au ventre** to have stomach ache 11; **— peur (de)** to be afraid (of) 11; **— raison (de)** to be right (to) 11; **— sommeil** to be sleepy 11; **— tort (de)** to be wrong (to) 11
avril April 2

B

baby-sitter *m., f.* babysitter 4 p
baccalauréat (*fam.* **bac**) high school graduation exam 9
bagages *m. pl.* luggages 10
baggy baggy 9
bagnole *f.* (*fam.*) car 9
bague *f.* ring 12 p; **— de fiançaille** engagement ring 12 p
baguette *f.* French baguette 7
balançoire *f.* swing 8
balcon *m.* balcony 3
ballon *m.* ball 2; **— de foot** soccer ball 3
banane *m.* banana 7
bande *f.* **dessinée** (*fam.* **BD**) cartoon 8 p
banque *f.* bank 4
barbe *m.* beard 9 p
baseball *m.* baseball 4 p
basilic *m.* basil 7 p
basket(-ball) *m.* basketball 2 p
baskets *f. pl.* sneakers 1
basketteur(-euse) *m., f.* basketball player 1 p
bateau *m.* boat 10

bâtiment *m.* building 8 p
bayou *m.* bayou, swamp 10
beau (belle) handsome, beautiful 1
beaucoup a lot (of) 2
beau-frère *m.* brother-in-law 3
beau-père *m.* father-in-law; stepfather 3
bébé *m.* baby 3 p
beige beige 1
belge Belgian 4
belle-mère *f.* mother-in-law; stepmother 3
belle-sœur *f.* sister-in-law 3
béquilles *f. pl.* crutches 11 p
besoin: avoir — de to need 11
bête stupid 3
beurre *m.* butter 7
bibliothèque *f.* library 2
bidet *m.* bidet 9
bien well 1; **— élevé(e)** well-behaved 3; **pas —** not well 2
bien-être *m.* well-being 11 p
bientôt soon 1; **À —.** See you soon. 1
bière *f.* beer 5
billet *m.* ticket 5; **(—) aller-retour** round-trip (ticket) 10; **(—) aller simple** one-way (ticket) 10
biologie *f.* biology 2
bisous *m. pl.* kisses ("bye" to friends) 5 p
blanc (blanche) white 1
blesser to hurt 11 p; **se —** to get hurt, to get injured 11 p
blessure *f.* injury, wound 11
bleu(e) blue 1
blog *m.* blog 6 p
blond(e) blond 1
blouson *m.* jacket 1 p
bœuf *m.* beef 7
boire to drink 5
boisson *f.* drink 5; **— alcoolisée** alcohol drink 5; **— chaude** hot drink 5; **— fraîche** cold drink 5
boîte *f.* club 5; can 7
bol *m.* bowl 7
bon(ne) good 3
bonheur *m.* happiness 11 p
bonjour hello 1
bonsoir good evening 1
bord *m.* bank (of a river) 10; **sur les —s de la Seine** along the Seine 10
botte *f.* boot 12
bouche *f.* mouth 11
boucherie *f.* butchery 7
bouffe *f. (fam.)* food 9
bouger to move 11 p
boulangerie *f.* bakery 7
boulevard *m.* boulevard 10
boulot *m. (fam.)* job 4
bouquin *m. (fam.)* book 9
bouteille *f.* bottle 7

boutique *f.* shop, store 4 p
bras *m.* arm 11
brocoli *m.* broccoli 7
brosse *f.* chalkboard eraser 1; **— à dents** toothbrush 9
brosser to brush 9; **se — (les cheveux, les dents)** to brush (one's hair, one's teeth) 9
brouillard *m.* fog 5
bruit *m.* noise 3 p
brun(e) brown, brunette 1
buffet *m.* buffet 9 p
bulletin *m.* **scolaire** report card 8 p
bureau *m.* desk 1; office 4 p
Burkina Faso *m.* Burkina Faso 10

C
câble *m.* cable 10
cadre *m., f.* manager, executive 4
café *m.* café; coffee shop 5; **— crème** coffee with cream 5
cafétéria *f.* cafeteria 2
cahier *m.* notebook 1
cajun Cajun 10
calculatrice *f.* calculator 3
calendrier *m.* calendar 5
Californie *f.* California 10
calme calm 1
camarade *m., f.* **de classe** classmate 1 p
Cameroun *m.* Cameroon 10
campus *m.* campus 2
Canada *m.* Canada 10
canadien(ne) Canadian 4
canapé *m.* couch 9
cancer *m.* cancer 11 p
canoë *m.* canoe 10 p
capitale *f.* capital 10
carnaval *m.* carnival 2
carotte *f.* carrot 7
carte *f.* map 5; menu 5 p, 7; **— de crédit** credit card 9; **— Google** Google map 5; **jouer aux —s** to play cards 4
cascade *f.* waterfall 10
casque *m.* headset 3
casquette *f.* baseball cap 1
cassé(e) broken 11
casser to break 11; **se — le bras (la jambe…)** to break one's arm (leg…) 11
caution *f.* deposit 3
ce (cet, cette) *(pl.* **ces)** this, that (these, those) 9
ceinture *f.* belt 1
célèbre famous 1 p, 10
célibataire unmarried, single 3 p
cent one hundred 3
centre-ville *m.* downtown 2
céréales *f. pl.* cereals 7
cerise *f.* cherry 7
certain(e) certain 12

certitude *f.* certainty 12
chaise *f.* chair 1
chalet *m.* chalet, cabin 9
chambre *f.* bedroom 3; **— pour deux personnes** double bedroom 10; **— pour une personne** single bedroom 10; **— principale** main bedroom, master bedroom 9
champignon *m.* mushroom 7
chance *f.* luck 11; **avoir de la — (de)** to be lucky (to) 11
chanson *f.* song 8 p
chanter to sing 2
chanteur(-euse) *m., f.* singer 1 p
chapeau *m.* hat 1
charcuterie *f.* deli 7
chargé(e) busy (schedule) 4
charges *f. pl.* utility charges 3
chasse *f.* **au trésor** treasure hunt 10
chasser to chase 8 p
chat *m.* cat 1
château *m.* castle 9
châtiment *m.* **corporel** corporal punishment 8 p
chaud(e) hot 2 p, 5
chauffé(e) heated 7 p
chaussure *f.* shoe 1
check-up *m.* check up (medical) 11
chef *m.* chef 1 p; **— d'entreprise** company president 4 p
chemin *m.* way 10; **demander son —** to ask for directions 10
cheminée *f.* fireplace 9
chemise *f.* shirt 1
chemisier *m.* blouse 1
cher (chère) expensive 3
chercher to look for 3
cheveux *m. pl.* hair 1 p
cheville *f.* ankle 11
chez at the home (place) of 3
chien *m.* dog 1
chimie *f.* chemistry 2
Chine *f.* China 10
chinois *m.* Chinese (language) 2; **—(e)** Chinese 4
chocolat *m.* chocolate 5; **— chaud** hot chocolate 5
choisir to choose 6
chômage *m.* unemployment 4; **être au —** to be unemployed 4
chose *f.* thing 1 p, 5; **— à manger** something to eat 5
ciao ciao 1
ciel *m.* sky 5
cils *m. pl.* eyelashes 11
cinéma *m. (fam.* **ciné)** movies 2 p; movie theater 4
cinq five 1
cinquante fifty 1
citron *m.* lemon 7; **— pressé** lemonade 5; **jus** *m.* **de —** lemon juice 5
clair(e) bright 3 p; clear 12
classe *f.* classroom 1; class 10; **— affaires** business class 10; **— économique** coach class 10
classeur *m.* binder 1

client(e) *m., f.* client 4
climatisation *f.* (*fam.* **clim**) air conditioning (AC) 3
clip *m.* clip (video) 6 p, 9
cliquer to click 1; to submit 10
coca *m.* Coca-Cola 5
code *m.* code 9; **faire un —** to enter a code 9
collège *m.* middle school 8 p, 9
colocataire *m., f.* (*fam.* **coloc**) housemate 3
colocation *f.* apartment sharing 3
colonie *f.* colony 10
combien (de) how much/how many 5
commander to order (at a café, restaurant) 5 p, 7
comme as 9; **— d'hab(itude)** as usual 9
commencer to start 4
comment how 5
commerce *m.* business 2
commissariat *m.* **de police** police station 4
commode *f.* chest of drawers 9
communiquer to communicate 8
comparer to compare 8
complet(-ète) full; complete 10
complexe *m.* **sportif** sports center 2
comporter: se — to behave 8 p
comprendre to understand 5; **se —** to understand each other 12
compris(e) included 10; **être —** to be included 10
comptabilité *f.* accounting 2
compte *m.* account 5; **— Facebook** Facebook account 5
compter (sur) to count (on) 12 p
concert *m.* concert 2 p, 5
conduire (*p.p.* **conduit**) to drive 8 p
confier to confide 12 p
confiture *f.* jam 7
conformiste conformist 3
connaître to know, to be familiar with 10
conseil *m.* piece of advice 11 p
conseiller to advise 11
constamment constantly 11
constipation *f.* constipation 11
content(e) glad, happy 3
continuer to continue 5 p, 10
contraste *m.* contrast 10
convaincre to convince 12 p
copain (copine) *m., f.* friend 2
copier to copy 8 p
corps *m.* body 11
Côte d'Ivoire *f.* Ivory Coast 10
côté: à — de next to 3
coton *m.* cotton 9; **en —** made of cotton 9
cou *m.* neck 11
coucher to put to bed 9; **se —** to go to bed 9
coude *m.* elbow 11
couleur *f.* color 1
couloir *m.* hallway 9
coup *m.* **de foudre** love at first sight 12 p

couper to cut 7; **se — le doigt** to cut one's finger 11
couple *m.* couple 12 p
cour *f.* courtyard 8 p
courageux(-euse) courageous 3 p
couramment fluently 11
courant: au — informed 6 p
courbatures *f. pl.* achiness 11 p
courgette *f.* zucchini 7 p
cours *m.* class; course 2
course *f.* race 10; **— automobile** car race 10
court(e) short 1 p
couscous *m.* couscous 7
cousin(e) *m., f.* cousin 3
coussin *m.* pillow (on a sofa) 3 p
couteau *m.* knife 7
coûter to cost 3; **— cher** to be expensive 3
couturier(-ière) *m., f.* fashion designer 1 p
couverts *m. pl.* silverware 7
couverture *f.* cover 6 p
couvre-lit *m.* bedspread 3
craie *f.* piece of chalk 1
cravate *f.* tie 1
crayon *m.* pencil 1
créatif(-ive) creative 4
créer to create 6 p
crème *f.* cream 7; *m.* coffee with cream 5
créole Creole 10
critiquer to criticize 8 p
croire to believe 12
croisière *f.* cruise 10 p
croissant *m.* croissant 5
croque-monsieur *m.* toasted ham and cheese
   sandwich 5
cuillère *f.* spoon 7; **— à soupe** table spoon 7;
   petite — teaspoon 7
cuir *m.* leather 9; **en —** made of leather 9
cuisine *f.* kitchen 9; **faire la —** to cook 4
cuisinier(-ière) *m., f.* cook 4
cuisinière *f.* stove 9
cuit(e) cooked 7; **bien —** well done 7

D

d'abord first 6
d'accord OK 5
d'habitude usually 5 p
dans in 3
danse *f.* dance 2 p
danser to dance 2
date *f.* date 2
de from 1
débardeur *m.* tank top 1
débarrasser to clear 9 p
débile (*fam.*) stupid 9
décembre December 2

décider: se — (à) to come to a decision (to do something) 12 p
décontracté(e) relaxed, easy going 3 p
découvrir (*p.p.* **découvert**) to discover 6 p, 10
décrire to describe 8
degré *m.* degree (weather) 5 p
déjà already 4 p
déjeuner *m.* lunch 7
délicieux(-ieuse) delicious 7 p
demain tomorrow 1; **À —.** See you tomorrow. 1
demander to ask 8; **se —** to wonder 12
demi half 4; *m.* glass of draft beer 5; **et —e** half past (time) 4
dents *f. pl.* teeth 11
dépaysement *m.* change of scenery 10 p
dépayser: se — to have a change of scenery 10 p
dépêcher: se — to hurry 12
dépression *f.* depression 11; **faire une —** to suffer from depression 11
déprimé(e) depressed 11
depuis since; for 11
déranger to interrupt 10
dernier(-ière) last 6
derrière behind 3
descendre to go down, to get down 6
désert *m.* desert 10
designer *m., f.* designer 1 p
désirer to want 5
désolé(e) sorry 5
désordonné(e) disorganized, messy 3
désordre: en — messy 3
dessert *m.* dessert 7
destination *f.* destination 10 p
détendre: se — to relax 10 p
détente *f.* relaxation 10 p
détester to hate, to detest 2
deux two 1
deuxième second 2, 6 p
devant in front of 3
devenir (*pp.* **devenu**) to become 6
devoir to have to, must 5; should 12
devoirs *m. pl.* homework 1 p, 2
dictionnaire *m.* (*fam.* **dico**) dictionary 1
différence *f.* difference 8 p
difficile difficult 2
dimanche Sunday 2
dîner *m.* dinner 7
diplôme *m.* degree, diploma 2
dire (à) to say 8, to tell 11; **se —** to tell each other 12
directeur(-trice) *m., f.* school principal 8 p
direction *f.* direction 10
discipline *f.* discipline 8 p
discuter (de) to discuss 5 p
disponible available 5
disputer: se — to argue 12
diversité *f.* diversity 10 p
divorce *m.* divorce 12 p

divorcer to divorce 12 p
dix ten 1
dix-huit eighteen 1
dix-neuf nineteen 1
dix-sept seventeen 1
doctorat *m.* PhD, doctorate 2
doigt *m.* finger 11
dommage too bad 5 p
donner to give 8
dormir to sleep 5
dos *m.* back 11
doucement slowly 7; gently, softly 11; quietly 11
douche *f.* shower 9
doucher to give a shower 9; **se —** to take a shower, to shower 9
doute *m.* doubt 12
douter to doubt 12
douteux(-euse) doubtful 12 p
doux (douce) mild 5 p
douzaine *f.* dozen 7
douze twelve 1
drame *m.* **(psychologique)** (psychological) drama 2 p
droit *m.* law 2
droit(e) straight 10; **tout —** straight ahead 10; **à droite (de)** right; on the right side (of) 10
dur(e) tough 7 p

E

eau *f.* water 5; **— gazeuse** sparkling water 5; **— minérale** mineral water 5; **— non gazeuse** non-sparkling water 5
échangeable exchangeable 10; **non —** non exchangeable 10
écharpe *f.* scarf 1
éclaircies: il y a des — it's partly cloudy 5
école *f.* school 4 p, 9; **— maternelle** kindergarten 8 p, preschool 9; **— primaire** elementary school 8 p, grammar-school 9; **grande —** selective higher ed school 9
économie *f.* economics 2
écouter to listen (to) 1; **— de la musique** to listen to music 2
écrire to write 8; **s'—** to write each other 12
éducation *f.* education 9
église *f.* church 4
égoïste selfish, egotistical 3
élégant(e) elegant 8 p
éléphant *f.* elephant 10
élève *m., f.* pupil (pre-university) 8 p
élevé(e): bien — well-mannered 3; **mal —** ill-mannered 3
elle she, it 1
elles they 1
e-mail *m.* e-mail 5 p
embrasser to kiss 12 p; **s'—** to kiss each other 12 p
emmener to take (a person) 4
émotionnel(le) emotional 11
empêcher to prevent 12; **s'— de** to prevent oneself from 12
emploi *m.* job 4; **— du temps** schedule 4; **recherche d'un —** job hunting 4 p

employé(e) *m., f.* employee 4 p
employer to use, to employ 9
emprunter to borrow 8
encaisser to cash out 5 p
enceinte pregnant 11
enchanté(e) pleased to meet you, nice to meet you 1
endormir: s'— to fall asleep 9
enfance *f.* childhood 8 p
enfant *m., f.* child 3
enfin finally 6
engagé(e) active 12 p
ennuyer to bother 8 p; to annoy 9; to bore 12; **s'—** to be bored 12
ennuyeux(-euse) annoying; boring 2
enregistrer to register 10
enrhumé(e) congested 11
ensemble together 2
ensuite then 6
entendre: s'— bien/mal to get along well/badly 12
enthousiaste enthusiastic 3 p
entre between 3
entrée *f.* small first course 7; entrance 9
entreprise *f.* company 4; **chef** *m.* **d'—** company president 4
entrer to go in 6
envers toward 8 p
envoyer to send 5
éolienne *f.* wind turbine 12 p
épaule *f.* shoulder 11
épicé(e) spicy 7 p
épicerie *f.* grocery store 7
époque *f.* era, time 8 p; **à l'—** at that time 8 p
époux (épouse) *m., f.* spouse 12 p
équateur *m.* equator 10 p
équipe *f.* team 4
escalier *m.* stairs 10
esclavage *m.* slavery 2; **abolition** *f.* **de l'—** abolition of slavery 2
esclave *m., f.* slave 6 p
Espagne *f.* Spain 10
espagnol *m.* Spanish (language) 2; **—(e)** Spanish 4 p
espérer to hope 7
essayer to try; to try on 9
essentiel(le) essential 11
est east 10
estomac *m.* stomach 11
étage *m.* floor 9; **deuxième —** second floor (= US 3rd floor) 9; **premier —** first floor (= US 2nd floor) 9
étagère *f.* (book)shelf 3
État *m.* state 10
États-Unis *m. pl.* United States 10
été *m.* summer 2
éteindre to turn off 9
éternuer to sneeze 11 p
étirer: s'— to stretch 11 p
étonné(e) astonished 12

être (*p.p.* **été**) to be 1; **— dispo** (*fam.*) to be available 5 p
études *f. pl.* studies, schoolwork 2
étudiant(e) *m., f.* student 1
étudier to study 2
euh uh, um 6 p
Europe *f.* Europe 10
européen(ne) European 4 p
événement *m.* event 6
évidemment obviously, evidently 11
évident(e) obvious 12 p
évier *m.* kitchen sink 9
examen *m.* test, exam 2
expliquer to explain 8 p
explorateur *m.* explorer 6 p
expresso *m.* espresso 5

F

fac *f.* (*fam.*) faculty, university 2
face: en — de facing 3, in front of 10
fâcher: se (contre) to get angry (with) 12
facile easy 2; **— à vivre** easy to get along with 3
faculté (*fam.* **fac**) school of a university 9
faim: avoir — to be hungry 7
faire (*p.p.* **fait**) to do, to make 4; **— beau** to be sunny 5; **— connaissance** to get to know someone 5; **— de la natation** to swim 4; **— de l'escalade** to do climbing 4; **— du football** to play soccer 4; **— du jogging** to jog 4; **— du piano** to play the piano 4; **— du shopping** to do shopping 4; **— du ski** to ski 4; **— du snowboard** to snowboard 4; **— du tennis** to play tennis 4; **— du travail bénévole** to do volunteer work 4; **— du vélo** to go bikeriding 4; **— du yoga** to do yoga 4; **— la bise** to kiss on both cheeks 1 p; **— la connaissance (de)** to meet, to make someone's acquaintance 5; **— la fête** to party 3; **— la grasse matinée** to sleep in 4; **— la lessive** to do the laundry 9; **— la vaisselle** to do the dishes 9; **— le lit** to make the bed 9; **— le ménage** to do housework 4; **— les courses** to go grocery shopping 4; **(se) — mal** to hurt (oneself) 11 p; **— sa toilette** to groom oneself 9 p; **— ses devoirs** to do homework 4; **— un voyage** to travel 4; **— une promenade** to go for a walk 4
falloir must 11
famille *f.* family 3; **fonder une —** to start a family 12 p
fan *m., f.* fan 10 p
fatigué(e) tired 4 p
fauteuil *m.* armchair 9
femme *f.* woman 1; wife 3; **— au foyer** stay-at-home mom 4; **— d'affaires** business-woman 4
fenêtre *f.* window 1
ferme *f.* farm 4
fermé(e) closed 4 p
fermer to close 1
festival *m.* festival 10
fête *f.* party; holiday 2; **Fête du travail** Labor Day 2; **— nationale** national holiday 2

feuille *f.* **de papier** sheet of paper 1
février February 2
fiancé(e) fiancé(e) 3 p
fiancer: se — (avec) to get engaged (with) 12
fidélité *f.* fidelity 12 p
filer (*fam.* **partir**) to leave 5
fille *f.* girl 1; daughter 3; **— unique** only child (daughter) 3
film *m.* movie 2 p; **— animé** animated movie 8 p; **— d'action** action movie 2 p; **— d'horreur** horror movie 2 p
fils *m.* son 3; **— unique** only child (son) 3
finance *f.* finance 2
finir to finish 6
fixer: — rendez-vous to set up an appointment 5
flamand *m.* Flemish (language) 10
fleur *f.* flower 3 p
flirter to flirt 12 p
fois *f.* time 6 p
fonder to found 6 p; **— une famille** to start a family 12 p
fondre to melt 7 p
fondu(e) melted 7 p
football *m.* soccer 2 p; **— américain** football 2 p; **match** *m.* **de —** soccer game 2
forêt *f.* forest 10
formation *f.:* **— commerciale** commercial course 2; **— professionnelle** professional course 2
forme *f.* shape 11; **en (bonne/pleine) —** in good/great shape 11
formidable super, great 6
fort(e) heavy, stocky; strong 1
fouler: se — la cheville to sprain one's ankle 11
four *m.* oven 9; **— à micro-ondes (micro-ondes)** microwave (oven) 9
fourchette *f.* fork 7
fracture *f.* fracture 11
frais (fraîche) cool 5; fresh 10
fraise *f.* strawberry 7
français *m.* French (language) 2; **—(e)** French 4
France *f.* France 10
frère *m.* brother 3; **— aîné** older brother 3 p
fric *m.* (*fam.*) money 9
frigo *m.* (*fam.*) fridge 3 p
fringues *f. pl.* (*fam.*) clothes 9
frites *f. pl.* French fries 5
froid *m.* cold 2 p; **—(e)** cold 5
fromage *m.* cheese 7
fromagerie *f.* cheese store 7 p
front *m.* forehead 11
fruit *m.* fruit 7
fumer to smoke 3

G

gant *m.* glove 9; **aller comme un —** to fit like a glove 9
garage *m.* garage 3

garçon *m.* boy 1
gauche left 10; **à — (de)** on the left side (of) 3 p; left, to the left (of) 10
généreux(-euse) generous 3
génial(e) great 5
génie *m.* **(civil)** (civil) engineering 2
genou *m.* knee 11; **sur les —x** on your lap 7 p
genre *m.* genre 2
gentil(le) nice 1
glace *f.* ice cream 7
golf *m.* golf 2
gorille *m.* gorilla 10
gosse *m., f.* (*fam.*) child 9
goût *m.* taste 2 p; **sans —** tasteless, bland 7 p
grand(e) big; tall 1
grandir to grow up 6
grand-mère *f.* grandmother 3
grand-père *m.* grandfather 3
grands-parents *m. pl.* grandparents 3
grave important 5 p
grippe *f.* flu 11
gris(e) gray 1
gros(se) large; fat 3
grossir to gain weight 6
guérir to heal 11 p
guerre *f.* war 6 p
guitare *f.* guitar 4 p; **jouer de la —** to play the guitar 4 p
gym *f.* gym 2 p

H

habiller to dress 9; **s'—** to put on clothes, to get dressed 4
habiter to live (in a place) 3
haïtien(ne) Haitian 4 p
hanche *f.* hip 11 p
haricots *m. pl.* beans 7; **— secs** dried beans 7; **— verts** green beans 7
haut(e) high 8
hésiter to hesitate 5
heure *f.* time 4; **à l'—** on time 4; **c'est l'— de** it's time to 4; **— non-officielle** non-official time 4; **— officielle** official time 4
heureux(-euse) happy 3
hier yesterday 2
hippopotame *m.* hippopotamus 10
histoire *f.* history 2; story 6 p
hiver *m.* winter 2
homme *m.* man 1; **— au foyer** stay-at-home dad 4; **— d'affaires** businessman 4
homogène homogeneous 8 p
honnête honest 12 p
hôpital *m.* hospital 4
horaire *m.* time schedule 4; **—s d'avions/de trains** flight/train schedules 4

horloge *f.* clock 1
hôtel *m.* hotel 10
huit eight 1
humeur *f.* mood 11; **de bonne —** in a good mood 11; **de mauvaise —** in a bad mood 11
humide humid 5
humoriste *m., f.* humorist, stand-up comedian 1 p
hyper (*fam.*) very 9

I

ici here 1
icône *f.* icon 1
idéal(e) ideal 4
il he, it 1
il y a ago 6
île *f.* island 10
ils they 1
immeuble *m.* building 3
imperméable *m.* (*fam.* **imper**) raincoat 9
important(e) important 3 p
imprimer to print 1
incompréhension *f.* misunderstanding 12 p
incroyable incredible 12 p
indépendance *f.* independence 10
indépendant(e) independent 3
individualiste individualistic 3 p
infirmier(-ière) *m., f.* nurse 4
influencer to influence 8 p
informaticien(ne) *m., f.* computer specialist 4 p
informations *f. pl.* (*fam.* **infos**) news 2 p, 6
informatique *f.* computer science 2
informer: s'— to get informed 6
infusion *f.* herbal tea 5 p
ingénieur *m.* engineer 4
inquiet(-iète) worried 8 p
inquiéter to worry 12; **s'—** to worry 12
installer: s'— to settle down; to move, so settle in 9 p, 12
instant *m.* moment 5
instituteur(-trice) *m., f.* school teacher 4
instrument *m.* **(de musique)** (musical) instrument 3 p
intelligent(e) intelligent 1 p, 3
interdit(e) prohibited 3
intéressant(e) interesting 2
intéresser: s'— à to be interested in 12
Internet: site *m.* **—** Internet site 6 p
invitation *f.* invitation 5
inviter to invite; to treat 5
italien *m.* Italian (language) 2; **—(ne)** Italian 4 p
Ivoirien(ne) person from the Ivory Coast 5 p

J

jalousie *f.* jealousy 12 p
jambe *f.* leg 11

jambon *m.* ham 7
janvier January 2
japonais *m.* Japanese (language) 2
jardin *m.* garden 3
jaune yellow 1
jazz *m.* jazz 2 p
je I 1
jean *m.* jeans 1
jeu *m.* game 2; **Jeux olympiques** *m. pl.* Olympic games 6 p; — **télévisé** TV game show 2 p; — **vidéo** video game 2 p
jeudi Thursday 2
jeune young 1
joli(e) pretty 1
joue *f.* cheek 11
jouer to play 2; — **au ballon** to play ball 2; — **au football** to play soccer 4; — **au tennis** to play tennis 4; — **de la guitare** to play the guitar 4; — **du piano** to play the piano 4
jour *m.* day 2; —**s de la semaine** days of the week 2; — **férié** holiday 2; **un** — one day 12
journal *m.* newspaper 6; — **télévisé** news broadcast 6
journalisme *m.* journalism, media studies 2
journaliste *m., f.* journalist 4 p
journée *f.* day 1
juge *m.* judge 4
juillet July 2
juin June 2
jumeau (jumelle) *m., f.* (*pl.* **jumeaux**) male (female) twin (twins) 3 p
jungle *f.* jungle 10
jupe *f.* skirt 1
jus *m.* juice 5; — **de citron** lemonade 5; — **d'orange** orange juice 5
jusqu'à up to 10
juste close (schedule); tight (clothing) 10

K
kayak *m.* kayak 10 p
kilo *m.* kilo 7; **demi-** — **de** half a kilo of 7
kiosque *m.* kiosk 6

L
là-bas there 6 p
laboratoire *m.* (*fam.* **labo**) lab(oratory) 2
laisser to leave 5; — **un message** to leave a message 5
lait *m.* milk 7
laitier: produit *m.* — dairy product 7
lampe *f.* lamp 1 p, 3
langue *f.* language 2; tongue 11; — **officielle** official language 10
large large 9
latin *m.* Latin (language) 2
lavabo *m.* bathroom sink 9
laver to wash 9; **se** — to wash oneself 9
legging *m.* legging 1

légume *m.* vegetable 7
lendemain: le — the following day 12 p
lentement slowly 11
léopard *m.* leopard 10
lequel (laquelle) (*pl.* **lesquels, lesquelles**) which one(s) 9
lessive *f.* laundry 9
lettres *f. pl.* humanities 2
leur to them 8; —**(s)** their 3
lever to raise 1; **se** — to get up 4
lèvres *f. pl.* lips 11
libérer to liberate, to free 6 p
librairie *f.* bookstore 2
libre free 5
licence *f.* bachelor degree 2
lieu *m.* place 4
ligne *f.* line 5; — **fixe** standard line (telephone) 5
limonade *f.* lemon-lime soda 5
lion *m.* lion 10
liquide: en — in cash 9
lire (*p.p.* **lu**) to read 6
lit *m.* bed 3
litre *m.* liter 7
littérature *f.* literature 2
livre *m.* book 1
logement *m.* housing 3; accommodation 9
loin (de) far (from) 3
long(ue) long 1 p, 3
look *m.* appearance 9 p
lorsque when, as soon as 10
louer to rent 3
Louisiane *f.* Louisiana 10
louper to miss 5
lourd(e) heavy 5
loyer *m.* rent 3
lui to him/her 8
lumière *f.* light 9
lundi Monday 2
lune *f.* de miel honeymoon 12 p
lunettes *f. pl.* eyeglasses 1; — **de soleil** sunglasses 1
lycée *m.* high school 4

M
machin (*fam.*) thing 9
machine *f.* à laver washing machine 9
madame ma'am 1
mademoiselle miss 1
magasin *m.* store 7
magazine *m.* magazine 6 p
magnifique magnificent, marvelous 10
mai May 2
maigre skinny 11
maigrir to lose weight 6
maillot *m.* de bain bathing suit 1 p
main *f.* hand 1

maintenant now 4 p
maintenir to maintain 6
mairie *f.* town hall 4
maison *f.* house 3
mal bad 11; **se faire** — to hurt oneself 11 p
malade sick 11
malheureusement unfortunately 5
malheureux(-euse) unhappy 3
management *m.* management 2
manche *f.* sleeve 9; **à** —**s courtes** short-sleeved 9; **à** —**s longues** long-sleeved 9
manger to eat 2
manteau *m.* coat 1
maquiller: se — to put on makeup 9
marché *m.* market 7
marcher to work 5
mardi Tuesday 2; **Mardi gras** *m.* Fat Tuesday 10
mari *m.* husband 3
mariage *m.* marriage 12 p
marié(e) married 3
marier: se — **(avec)** to get married (with) 12
marketing *m.* marketing 2
Maroc *m.* Morocco 10
marqueur *m.* marker (pen) 1
marrant(e) funny 9
marron brown 1
mars March 2
master *m.* master degree 2
match *m.* game (sports) 2 p; — **de football** soccer game 2
mathématiques *f. pl.* (*fam.* **maths**) math 2
matière *f.* university subject 2
matin *m.* morning 4; **un** — one morning 12
mauvais(e) bad 3
me to me 8
mec *m.* (*fam.*) guy 9
mécanicien(ne) *m., f.* mechanic 4
méchant(e) mean 3
médecin *m.* doctor 4
médecine *f.* medicine 2
médicament *m.* medication 11
méfier: se — **(de)** to be wary (of), suspicious (of) 12
meilleur(e) better 8; **le/la/les** — **(s)** the best 8; — **que** better than 8
mélanger to mix 7
melon *m.* melon 7
même same 5
ménage *m.* housework 9
menton *m.* chin 11
menu *m.* special menu 7
merci thank you 1
mercredi Wednesday 2
mère *f.* mother 2
message *m.* message 5
messagerie *f.* vocale voicemail 5

météo *f.* weather forecast 5
métier *m.* profession 4
mettre to put, place, put on 7; **— la table** to set the table 9; **se — à** to begin, start doing something 12
meuble *m.* piece of furniture 3p; **—s** furniture, furnishings 3 p
meublé(e) furnished 3; **non —** unfurnished 3
mexicain(e) Mexican 4 p
Mexique *m.* Mexico 10
micro-ondes *m.* microwave (oven) 9
midi noon 4
mignon(ne) cute 1
migraine *f.* migraine 11
mille one thousand 3
million *m.* million 3
mince thin, slender 1
mine: avoir bonne/mauvaise — to look well/ill 11
minuit midnight 4
miroir *m.* mirror 3
moche ugly 1
mode *f.* fashion 9; **être à la —** to be in fashion 8 p
modèle *m.* model 9
moi me 1; **— non** not me 1 p; **— non plus** me neither 1 p
moins less 8; **le/la/les —** the least 8; **—... que** less . . . than 8
mois *m.* month 2
mon, ma, mes my 3
monde *m.* world 10
monsieur sir 1
montagne *f.* mountain 2 p
monter to go up 6
montre *f.* **(cardio)** (cardio) watch 3
montrer to show 8
morceau *m.* piece 7
mort(e) dead 3 p
motivé(e) motivated 5
moto *f.* motorcycle 3
moucher: se — to blow one's nose 11 p
mouchoir *m.* tissue 11
mourir (*p.p.* **mort**) to die 6
moyen(ne) average 1; medium 9
mur *m.* wall 1
muscle *m.* muscle 11 p
musée *m.* **(d'art)** museum (of art) 2
musicien(ne) *m., f.* musician 4
musique *f.* music 2; **— électronique** electronic music 2 p

N

nager to swim 2
naître (*p.p.* **né**) to be born 6
nana (*fam.*) girl, woman 9
nationalité *f.* nationality 4
nature *f.* nature 10
navigateur *m.* navigator 6 p

nécessaire necessary 11
neige *f.* snow 2 p, 5
neiger to snow 5
nerveux(-euse) nervous 1 p, 3
nettoyer to clean 9
neuf nine 1
neveu *m.* nephew 3
nez *m.* nose 11
nièce *f.* niece 3
Noël Christmas 2
noir(e) black 1
nord *m.* north 10
notre, nos our 3
nous we 1; to us 8
nouveau (nouvel, nouvelle) new 3
novembre November 2
nuage *m.* cloud 5

O

obéir to obey 6
objet *m.* object 3
obtenir (*p.p.* **obtenu**) to obtain 6
occupé(e) busy 5
occuper: s' — de to take care of 4
octobre October 2
œil (*pl.* **yeux**) eye(s) 11
œuf *m.* egg 7; **— dur** hard boiled egg 7 p
oh là là my goodness, unbelievable 6
oignon *m.* onion 7
omelette *f.* omelet 7
on (*fam.*) one, people, we 1
oncle *m.* uncle 3
ongle *m.* fingernail 11 p
onze eleven 1
optimiste optimistic 1
or gold, golden 10
orage *m.* storm 5
orange *f.* orange 7; **jus** *m.* **d'—** orange juice 5
ordi(nateur) *m.* computer 1; **— portable** laptop 1 p, 3
ordonance *f.* prescription 11
ordonné(e) organized, tidy 3
ordre: en — tidy, in order 3
oreille *f.* ear 11
oreiller *m.* pillow (bed) 3
orteil *m.* toe 11 p
os *m.* bone 11 p
où where 5; when 8; **d'—** from where 5
ouais (*fam.*) yeah 3
ouest west 10
outre-mer *m.* overseas 10
ouvert(e) open 4 p
ouvrier(-ière) *m., f.* factory worker 4
ouvrir to open 1

P

pacser: se — to become civil partners through the PACS 12 p
page *f.* page 1
pain *m.* bread 7; **— au chocolat** chocolate croissant 7
pansement *m.* bandage 11
pantalon *m.* (pair of) pants 1
papillon *m.* butterfly 8 p
Pâques Easter 2
paquet *m.* package; packet; bag 7
parapluie *m.* umbrella 1
parc *m.* park 2
pardon excuse me 1
parents *m. pl.* parents 3
paresseux(-euse) lazy 3
parfait(e) perfect 7
parking *m.* parking garage 3 p; parking lot 3 p
parler to speak 2; **— au téléphone** to speak on the phone 2; **se —** to talk to each other 12
part: C'est de la — de qui? Who is calling? 5 p
partager to share 3
partir to leave 5
pas not 1 p; **— bien** not well 2; **— du tout** not at all 2
passer to pass (by) 6 p; to spend (time) 10
passion *f.* passion 12 p
pâte *f.* batter 7 p; pastry 7 p; **—s** pasta 7
pâté *m.* **de campagne** pâté 7 p
patient(e) patient 1; *m., f.* patient (in a hospital) 4
pâtisserie *f.* pastry shop 7
pause *f.* break 10; **faire une —** to take a break 10
payer to pay (for) 3 p, 9
pays *m.* country 10
paysage *m.* landscape 10 p
pêche *f.* peach 7
pelouse *f.* lawn 8 p
penser to think 12
perdre to lose 11 p; **— connaissance** to faint, to lose consciousness 11 p
père *m.* father 3
perfectionniste perfectionist 8 p
perle *f.* pearl 10
personnalité *f.* personality 1
personne *f.* person 1; **les —s** people 1
pésenter to introduce 1
pessimiste pessimistic 1 p, 3
petit déjeuner *m.* (*fam.* **petit déj**) breakfast 7
petit(e) little, small, short 1
petit-fils (petite-fille) *m., f.* grandson (granddaughter) 3 p
petits-enfants *m. pl.* grandchildren 3
peu little 2; **un —** a bit, a little 2
peur *f.* fear 12; **avoir — de** to be afraid of 8 p, 12
peut-être maybe 5
pharmacie *f.* pharmacy 4
pharmacien(ne) *m., f.* pharmacist 4 p

philosophie *f.* philosophy 2
photo *f.* photo 3 p
physique physical 11; *m.* physique 1
pièce *f.* room 9
pied *m.* foot 11
pilule *f.* pill 11 p
piqûre *f.* shot 11
pire worse 8; **le/la/les —(s)** the worst 8; — **que** worse than 8
piscine *f.* swimming pool 2
placard *m.* closet 3; cupboard 9
place *f.* seat, ticket 5; square 10
plage *f.* beach 2 p, 10
plan *m.* **de travail** kitchen countertop 9
plante *f.* plant 3 p
plat *m.* course 7; — **principal** main course 7
pleurer to cry 11
pleuvoir (*p.p.* **plu**) to rain 5
plongée *f.* diving 10; — **libre** snorkeling 10 p; — **sous-marine** scuba diving 10 p
plus more 8; **à — (tard)** see you later 9; **le/la/les —** the most 8; **—... que** more . . . than 8
plutôt rather 8
poêle *f.* pan 7 p
poète *m.* poet 6 p
poignet *m.* wrist 11
point: à — medium 7
pointure *f.* shoe size 9
poisson *m.* fish 7
poissonnerie *f.* fish store 7 p
poitrine *f.* chest 11
poivre *m.* pepper 7 p
polo *m.* polo shirt 1
pomme *f.* apple 7; — **de terre** potato 7
pompier (femme pompier) *m., f.* firefighter 4
population *f.* population 10 p
porc *m.* pork 7
porte *f.* door 1; — **d'entrée** front door 9
porter to wear 1
poser (une question) to ask (a question) 8 p
possible possible 5; **pas —** unbelieveable, impossible 6
poste *f.* post office 4
poste *m.* position (job) 4 p
poster *m.* poster 3 p
posture *f.* position 11 p; — **de yoga** yoga position 11 p
pot *m.* jar 7
pote *m., f. (fam.)* friend 5 p, 9
poubelle *f.* trash 9; **jeter la —** to take out the trash 9
poulet *m.* chicken 7
poupée *f.* doll 8 p; **jouer à la —** to play with dolls 8 p
pourquoi why 5
pouvoir can, to be able to 12
pratique practical, useful 2
préférence *f.* preference 2 p
premier(-ière) first 2, 6 p

prendre to take 5; — **un café** to have a coffee 5; — **un verre** to have a drink 5
prénom *m.* first name 2 p
préoccuper: se — (de) to worry (about) 12 p
près (de) close (to), near 3; **tout —** very close 10
présentations *f. pl.* greetings 1
présenter: se — to introduce oneself or another person 1 p
presse *f.* **(en ligne)** (online) press 6
prêt(e) ready 9 p, 10
prêter to loan; to lend 8
prévu(e) scheduled 10
printemps *m.* spring 2
pris(e) taken, not available 5
prochain(e) next 1; **À la prochaine.** Until next time. 1
produit *m.* **laitier** dairy product 7
prof *m., f. (fam.)* teacher 1
professeur *m.* teacher 1
profiter (de) to take advantage of 10
programmer to program 2
promener: — son chien to take one's dog on a walk; **se —** to take a walk 12
propriétaire *m., f.* landlord (landlady) 3 p
prouver to prove 12 p
province *f.* province 10 p
psychologie *f.* psychology 2
publicité *f. (fam.* **pub)** advertisement; advertising 9
puis then 6
pull *m.* pullover sweater 1
punition *f.* punishment 8 p
pupitre *m.* student desk 1

Q

qu'est-ce que what 5
qualités *f. pl.* advantages; qualities 9 p
quand when 5
quantité *f.* quantity 7
quarante forty 1
quart quarter 4; **et —** quarter past (time) 4; **moins le —** quarter to 4
quartier *m.* neighborhood 8 p, 10
quatorze fourteen 1
quatre four 1
quatre-vingt-dix ninety 3
quatre-vingts eighty 3
quatrième fourth 2
que what 5; who, that 8
québécois(e) from Quebec 10
quel(le)(s) what, which 5
quelqu'un someone 5 p
quelque chose something 5 p, 10
quelques a few 10
qu'est-ce que what 1
question *f.* question 1
qui who 1; that 8

quinze fifteen 1
quitter to leave 10; **Ne quittez pas.** Please hold (on phone). 5 p
quotidien *m.* daily publication 6 p

R

raconter to tell (a story) 6
radio *f.* radio 2 p
radio(logie) *f.* X-ray 11 p
rafting *m.* rafting 10 p
raisin *m.* grapes 7
randonnée *f.* hike 4 p
rangé(e) organized 9 p
rangement *m.* **télévision / hi-fi** console 9
ranger to straighten, to tidy up 3
rap *m.* rap 2 p
rapide fast 8
rapidement *(adv.)* fast 11
rappeler to call back 5
raquette *f.* racket 3 p; — **de tennis** tennis racket 3 p
raser: se — to shave 9
rasoir *m.* rasor 9
ravi(e) delighted 12
réagir to react 6
récapituler to review, to recapitulate 10
recevoir (*p.p.* **reçu**) to receive 6
reclus(e) *m., f.* recluse 12 p
récréation *f. (fam.* **récré)** recess 8 p
recycler to recycle 9
réfléchir to think (about something) 5
réfrigérateur *m. (fam.* **frigo)** refrigerator (fridge) 9
refuser to refuse 5
regarder to watch 2; to look 5; **se —** to look at each other 12
reggae *m.* reggae 2 p
régime *m.* diet 11; **être au —** to be on a diet 7 p, 11
règle *f.* ruler; rule 8 p
regretter to regret 12
relaxer: se — to relax 4
religion *f.* religion 10 p
remboursable refundable 10; **non —** non refundable 10
remède *m.* remedy 11 p
remuer to stir 7 p
rencontrer to meet 12; **se —** to meet each other 12
rendez-vous *m.* appointment; meeting 4 p, 5; date 4 p; 5
rendre to turn in 1; to return, to give back 10; — **visite** to visit (a person) 8; **se — compte de/que** to realize 12
renseigner to help (with information) 10
rentrée *f.* back to school or work 2 p
rentrer to go home, to return (home) 4 p, 5; to go back (home) 6
repas *m.* meal 7; —**-partagé** potluck meal (Canadian) 7 p
repérer: se — to find one's way 10 p
répéter to repeat 1
répondre to answer 5; to respond 8; **se —** to reply to, to answer each other 12

reposer: se — to rest 9
République démocratique du Congo (RDC) f. Democratic Republic of the Congo 10
réservation f. reservation 10
réservé(e) reserved 3
résidence f. **(universitaire)** college dorm 2; (university) residence 3
ressembler to look like 8
restaurant m. (fam. **resto**) restaurant 4; — **universitaire** (fam. **resto-U**) university restaurant/cafeteria 2
rester to stay 6
retard: être en — to be late 4
retourner to return 6; to flip 7 p
retrouver to meet (up) 5; **se** — to meet (by design) 5; to find each other again 12
réussir to succeed; to pass (a class, test) 6
rêve m. dream 10 p
réveil m. alarm clock 3
réveiller to wake up (someone) 9; **se** — to wake up 4
revenir (p.p. **revenu**) to come back, to return 6
revoir to see again 12; **se** — to see each other again 12
rez-de-chaussée m. ground floor 9
rhume m. cold 11
rideaux m. pl. curtains 3
riz m. rice 7
robe f. dress 1
rock m. rock music 2 p; — **alternatif** alternative rock music 2 p
roi m. king 10
roller m. roller(blading) 4 p
roman m. novel 10; — **graphique** graphic novel 8 p
romantique romantic 12 p
rompre (avec) to break up (with) 12 p
rose pink 1
rouge à lèvres m. lipstick 9
rouge red 1; m. glass of red wine 5
rougir to redden, to blush 6
roux (rousse) red (hair) 1
rubrique f. (news) category 6 p; column 6 p
rue f. street 10
rupture f. rupture, break-up 12 p
russe Russian 4 p
Russie f. Russia 10

S

s'il vous plaît (s'il te plaît) please 1
sable m. sand 10
sac m. bag, purse 1; — **à dos** backpack 1
sacoche f. messenger bag 3 p
saignant(e) medium rare 7
Saint-Jean f. Saint-Jean 2
saison f. season 2; — **des pluies** rain season 5; — **sèche** dry season 5
salade f. salad 5; lettuce 7
salaire m. salary 4 p

salé(e) salty 7 p
salle f. room 1; — **à manger** dining room 9; — **d'informatique** computer lab 2; — **de bains** bathroom 9; — **de classe** classroom 1; — **de gym** gym, workout room 3 3; — **de séjour** family room 9
salon m. living room 9
saluer: se — to greet each other 1 p
salut hi 1
salutations f. pl. greetings 1
samba f. samba 2 p
samedi Saturday 2
sandales f. pl. sandals 1
sandwich m. sandwich 5; — **jambon-fromage** ham and cheese sandwich 5
sang m. blood 11 p
santé f. health 11 p
satisfait(e) satisfied 8 p
saucisson m. sausage 7
saumon m. salmon 7
sauvegarder to save 1
savane f. savannah 10 p
savoir to know (facts) 10
savon m. soap 9
scandale m. scandal 12 p
science f. science 2; —**s humaines** humanities 2; — s naturelles natural sciences, biology 2; —**s physiques** physics 2; —**s politiques** political science 2
séance showing 4; —**s de cinéma** movie showings 4
sec (sèche) dry 5
sèche-cheveux m. hairdryer 9
sécher to dry 9; **se** — **(les cheveux)** to dry (one's hair) 9 p
secrétaire m., f. secretary 4
seize sixteen 1
séjour m. family room 9
sel m. salt 7
semaine f. week 2 p, 6
semestre m. semester 2
Sénégal m. Senegal 10
sénégalais(e) Senegalese 4 p
sentiment m. feeling 11
sentir to smell 11; **se** — to feel 11; **(ne pas) se** — **bien** to (not) feel well 11
séparation f. separation 12 p
séparer: se — to split up, to break up 12
sept seven 1
septembre September 2
série f. **télé** TV series 2 p
sérieux(-euse) serious 1 p
serré(e) tight 9
serveur(-euse) m., f. waiter (waitress) 4
serviette f. napkin 7; towel 9
servir to serve 5; **se** — **de** to use 12
seul(e) alone 3
shampooing m. shampoo 9

short m. (pair of) shorts 1
si if 10
singe m. monkey, ape 10
six six 1
skateboard m. skateboard 3
smartphone m. smartphone 3
sociable sociable 1
sociologie f. sociology 2
sœur f. sister 3; — **aînée** older sister 3 p
soif: avoir — to be thirsty 7
soir m. evening 4
soixante et onze seventy-one 3
soixante sixty 1
soixante-dix seventy 3
soldat m. soldier 6 p
soldes m. pl. sales 9
soleil m. sun 5
son, sa, ses his, hers, its 3
sonner to ring 5
sortir to go out 5; to leave 6
soudain suddenly 12
sourcil m. eyebrow 11
sourire to smile 11
sous under 3
sous-sol m. basement 9 p
souvenir m. memory 8
souvenir: se — **de** to remember 12
spécialisation f. major 2
sport m. sport 2; —**s d'hiver** winter sports 2 p
sportif(-ive) athletic 3
stade m. stadium 2
stage m. internship 4 p; **faire un** — to do an internship 4 p
station f. **(de métro)** (metro) stop 9 p
statue f. statue 10
stressé(e) stressed (out) 3
strict(e) strict 3
studio m. studio apartment 3
stupide stupid 3
stylo m. pen 1
sucre m. sugar 5
sucré(e) sweetened 5 p; sweet 7 p
sud south 10
suisse Swiss 4
super super 3 p
supermarché m. supermarket 4
supplément m. supplement, additional fee 10
sur on 3
sûr(e) sure 5
surf m. surf 10 p
surfer to surf 2; — **sur Internet** to surf the Internet 2
surprenant(e) surprising 12
surpris(e) surprised 12
surveillant(e) m., f. person in charge of discipline 8 p
sweat m. sweatshirt 1

sympathique (*fam.* **sympa**) nice 1 p, 3
symptôme *m.* symptom 11

T
table *f.* table 1; **débarrasser la —** to clear the table 9 p; **— basse** coffee table 9; **— de nuit** nightstand 3
tableau *m.* (black)board 1; painting 3 p
tablette *f.* tablet 3
tâches *f. pl.* **ménagères** household chores 9
taille *f.* size 1; clothing size 9; **de — moyenne** of average size 1
talon *m.* heel 9; **—s hauts** high heels 9
tango *m.* tango 2 p
tante *f.* aunt 3
tapis *m.* rug 3; **— de yoga** yoga mat 3
tard late 4; **plus —** later 10
tartine *f.* slice of bread 7
tas *m.* bunch 2; **un — de** a bunch of 2 p
tasse *f.* cup 7
taxi *m.* taxi 10
te to you 8
techno *f.* techno music 2 p
téléphone *m.* phone 2; **(—) portable** cell phone 3
téléphoner to call, to phone 8; **se —** to phone each other 12
télé-réalité *f.* reality TV show 2 p
télévision *f.* (*fam.* **télé**) TV 2
température *f.* temperature 11
temple *m.* temple 10; **— hindou** hindu temple 10
temps *m.* time 2; weather 5; **à mi-—** part time 4; **à plein —** full time 4; **— libre** free time 2 p; **avoir le — de** (*+ infinitive*) to have the time to 4
tendance trendy 9 p
tendre tender 7 p
tenir to hold, to keep 6; **— à** to care about 6 p
tennis *f. pl.* tennis shoes 1
tennis *m.* tennnis 2 p
Terminale *f.* 12ᵗʰ grade, senior year 9
terrain *m.:* **— de sport** sports field 2
terrasse *f.* terrace, patio 5; **— de café** café patio 5
terre: par — on the floor 3 p
tête *f.* head 11
texto *m.* text message 5
thé *m.* tea 5; **— citron** hot tea with lemon 5; **— nature** hot tea (plain) 5 p
théâtre *m.* theater 2
thon *m.* tuna 7 p
timide shy, timid 1 p, 3
toboggan *m.* slide 8 p
toi you 1
toilettes *f. pl.* toilet 9
tomate *f.* tomato 7
tomber to fall 6; **— amoureux(-euse) (de)** to fall in love (with) 12 p
ton, ta, tes your 3
tongs *f. pl.* flip-flops 10

tôt early 4; **plus —** earlier 10
touristique touristic 10
tourner to turn 10
Toussaint All Saints Day 2
tousser to couch 11
tout(e) (*pl.* **tous, toutes**) all; **— confort** well equipped 9 p; **— droit** straight ahead 11; **— d'un coup** all of a sudden 12
toux *f.* cough 11
train *m.* train 10
tranche *f.* slice 7
travail *m.* work 1; **Fête *f.* du —** Labor Day 2; **— bénévole** volunteer work 4
travailler to work 1
travailleur(-euse) hardworking 3
traverser to cross 10
treize thirteen 1
trente thirty 1
très very 1
tricycle *m.* tricycle 8
trimestre *m.* trimester 2
triste sad 3
trois three 1
troisième third 2
tromper to be unfaithful to 12
trop too 8
trouver to find 10; **se —** to be located 10
truc *m.* (*fam.*) thing 9
T-shirt *m.* T-shirt 1
tu you 1
tube *m.* (*fam.*) hit (popular song) 10 p
Tunisie *f.* Tunisia 10
turbulent(e) turbulent 8 p
type *m.* (*fam.*) guy 9

U
un(e) a, an 1; one 1
Union européenne *f.* European Union 10
université *f.* university 2
urbain(e) urban 2
urgences *f. pl.* ER 11 p
utiliser to use 9

V
vacances *f. pl.* vacations 2 p
vachement (*fam.*) very 9
vaincre to vanquish, to beat 6 p
vaisselle *f.* dishes 9
valeur *f.* value 12 p
valise *f.* suitcase 10
vase *m.* vase 3 p
vaudou *m.* voodoo 10
vélo *m.* bicycle 3

vendeur(-euse) *m., f.* salesperson 4
vendredi Friday 2
venir (de) (*p.p.* **venu**) to come (from) 3
vent *m.* wind 5
ventre *m.* stomach 11
vérité *f.* truth 12 p
verre *m.* glass 5; **— à eau/à vin** water/wine glass 7; **— de vin blanc/rouge** glass of white/red wine 5
vers around 4
verser to pour 7 p
vert(e) green 1
veste *f.* jacket 1
vêtements *m. pl.* clothing 1
viande *f.* meat 7
vidéo clip *m.* video clip 9
vidéo *f.* video 2 p
vie *f.* life 12; **— conjugale** married life 12 p; **— sentimentale** love life 12 p
Viêt Nam *m.* Vietnam 10
vieux (vieil, vieille) old 1
ville *f.* city, town 4 p, 10
vinaigrette *f.* vinaigrette dressing 7 p
vingt et un twenty-one 1
vingt twenty 1
violet(te) purple, violet 1
visage *m.* face 11
vite (*adv.*) fast 8 p
vivre (*p.p.* **vécu**) to live 6 p
voici here is 1
voilà there is 1
voir (*p.p.* **vu**) to see 6; **se —** to see each other 12
voiture *f.* car 3
vol *m.* flight 10
volcan *m.* volcano 10
votre, vos your 3
vouloir to want 5
vous you, 1; to you 8
voyage *m.* trip; travel 10
voyager to travel 2
vraiment really 6; trully 11

W
week-end *m.* weekend 2

Y
yaourt *m.* yogurt 7
yeux *m. pl.* eyes 11
yoga *m.* yoga 4; **faire du —** to do yoga 4; **posture *f.* de —** yoga position 11 p; **tapis *m.* de —** yoga mat 3

Z
zéro zero 1
zut oh no 6

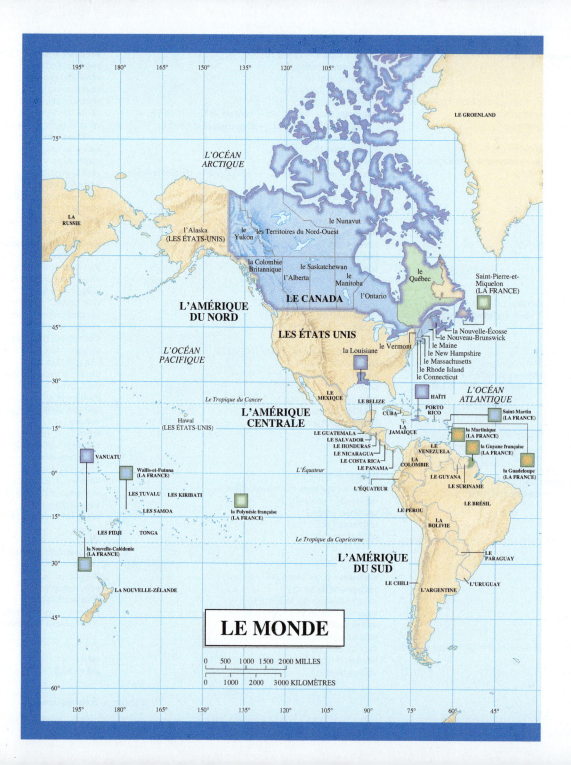

LE GROENLAND

LA RUSSIE

L'OCÉAN ARCTIQUE

le Nunavut

l'Alaska (LES ÉTATS-UNIS)

le Yukon · les Territoires du Nord-Ouest

la Colombie Britannique

le Saskatchewan

l'Alberta

le Manitoba

le Québec

Saint-Pierre-et-Miquelon (LA FRANCE)

L'AMÉRIQUE DU NORD

LE CANADA

l'Ontario

L'OCÉAN PACIFIQUE

LES ÉTATS UNIS

la Nouvelle-Écosse
le Nouveau-Brunswick
le Maine
le New Hampshire
le Massachusetts
le Rhode Island
le Connecticut

la Louisiane

le Vermont

Le Tropique du Cancer

LE MEXIQUE

LE BELIZE

HAÏTI

L'OCÉAN ATLANTIQUE

Hawaï (LES ÉTATS-UNIS)

L'AMÉRIQUE CENTRALE

CUBA

PORTO RICO

Saint-Martin (LA FRANCE)

VANUATU

LE GUATEMALA
LE SALVADOR
LE HONDURAS
LE NICARAGUA
LE COSTA RICA
LE PANAMA

LA JAMAÏQUE

la Martinique (LA FRANCE)

la Guyane française (LA FRANCE)

LE VENEZUELA

Wallis-et-Futuna (LA FRANCE)

L'Équateur

LA COLOMBIE

la Guadeloupe (LA FRANCE)

LES TUVALU

LES KIRIBATI

LE GUYANA

LE SURINAME

LES SAMOA

la Polynésie française (LA FRANCE)

L'ÉQUATEUR

LE PÉROU

LE BRÉSIL

LES FIDJI

TONGA

Le Tropique du Capricorne

LA BOLIVIE

la Nouvelle-Calédonie (LA FRANCE)

L'AMÉRIQUE DU SUD

LE PARAGUAY

LA NOUVELLE-ZÉLANDE

LE CHILI

L'URUGUAY

L'ARGENTINE

LE MONDE

0 500 1000 1500 2000 MILLES

0   1000   2000   3000 KILOMÈTRES

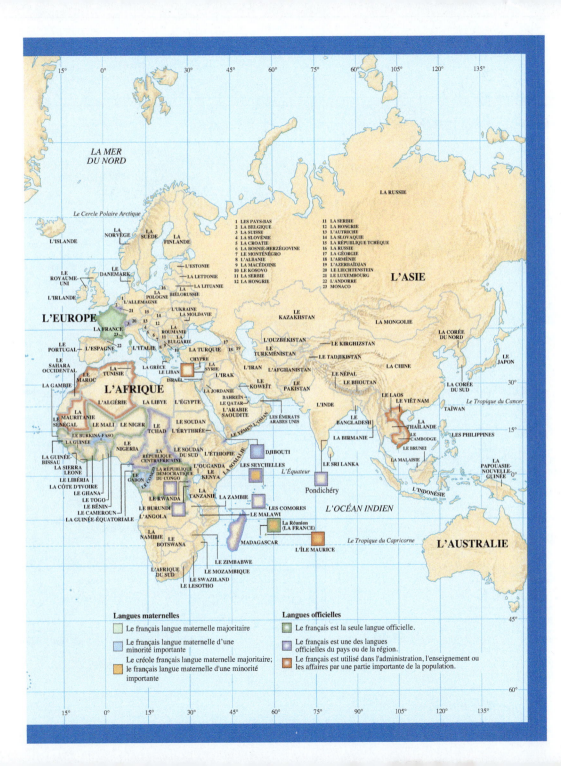

LA MER
DU NORD

Le Cercle Polaire Arctique

LA RUSSIE

L'ISLANDE

LA NORVÈGE LA SUÈDE LA FINLANDE

1 LES PAYS-BAS	11 LA SERBIE
2 LA BELGIQUE	12 LA HONGRIE
3 LA SUISSE	13 L'AUTRICHE
4 LA SLOVÉNIE	14 LA SLOVAQUIE
5 LA CROATIE	15 LA RÉPUBLIQUE TCHÈQUE
6 LA BOSNIE-HERZÉGOVINE	16 LA RUSSIE
7 LE MONTÉNÉGRO	17 LA GÉORGIE
8 L'ALBANIE	18 L'ARMÉNIE
9 LA MACÉDOINE	19 L'AZERBAÏDJAN
10 LE KOSOVO	20 LE LIECHTENSTEIN
11 LA SERBIE	21 LE LUXEMBOURG
12 LA HONGRIE	22 L'ANDORRE
	23 MONACO

LE ROYAUME-UNI

LE DANEMARK

L'IRLANDE

L'ESTONIE
LA LETTONIE
LA LITUANIE
LA BIÉLORUSSIE
LA POLOGNE
L'ALLEMAGNE
L'UKRAINE
LA MOLDAVIE
LA ROUMANIE
LA BULGARIE

L'EUROPE

LA FRANCE

LE PORTUGAL L'ESPAGNE

L'ITALIE LA TURQUIE

CHYPRE
LA GRÈCE
LE LIBAN
ISRAËL
LA SYRIE
L'IRAK

L'ASIE

LE KAZAKHSTAN

LA MONGOLIE

L'OUZBÉKISTAN
LE TURKMÉNISTAN
LE KIRGHIZSTAN
LE TADJIKISTAN

LA CORÉE
DU NORD

LE JAPON

LA CHINE

LA CORÉE
DU SUD

LE SAHARA
OCCIDENTAL

LA TUNISIE
LE MAROC

LA GAMBIE

L'AFRIQUE

L'ALGÉRIE LA LIBYE L'ÉGYPTE

LA JORDANIE
BAHREÏN
LE QATAR
L'ARABIE
SAOUDITE
LES ÉMIRATS
ARABES UNIS

L'IRAN L'AFGHANISTAN
LE KOWEÏT LE PAKISTAN
LE NÉPAL
LE BHOUTAN
L'INDE

LE LAOS
LE VIÊT NAM

TAÏWAN

Le Tropique du Cancer

LA MAURITANIE
LE SÉNÉGAL LE MALI LE NIGER
LE TCHAD LE SOUDAN
LE BURKINA-FASO L'ÉRYTHRÉE
LA GUINÉE
LE NIGERIA
LA GUINÉE-BISSAU
LA SIERRA
LEONE
LE LIBÉRIA
LA CÔTE D'IVOIRE
LE GHANA
LE TOGO
LE BÉNIN
LE CAMEROUN
LA GUINÉE-ÉQUATORIALE

LE YÉMEN L'OMAN

LE BANGLADESH
LA BIRMANIE

LA THAÏLANDE
LE CAMBODGE
LE BRUNEI

LES PHILIPPINES

LA RÉPUBLIQUE
CENTRAFRICAINE
LE SOUDAN
DU SUD L'ÉTHIOPIE DJIBOUTI
LE CONGO L'OUGANDA LA SOMALIE
LE GABON LA RÉPUBLIQUE
DÉMOCRATIQUE
DU CONGO LE KENYA LES SEYCHELLES

LE SRI LANKA

LA MALAISIE

L'INDONÉSIE

LA PAPOUASIE-
NOUVELLE-
GUINÉE

L'Équateur

Pondichéry

LE RWANDA
LE BURUNDI
L'ANGOLA LA TANZANIE LA ZAMBIE

L'OCÉAN INDIEN

LES COMORES
LE MALAWI

LA NAMIBIE
LE BOTSWANA

La Réunion
(LA FRANCE)

MADAGASCAR

Le Tropique du Capricorne

L'AUSTRALIE

L'ÎLE MAURICE

LE ZIMBABWE
L'AFRIQUE
DU SUD LE MOZAMBIQUE
LE SWAZILAND
LE LESOTHO

Langues maternelles

Le français langue maternelle majoritaire

Le français langue maternelle d'une
minorité importante

Le créole français langue maternelle majoritaire;
le français langue maternelle d'une minorité
importante

Langues officielles

Le français est la seule langue officielle.

Le français est une des langues
officielles du pays ou de la région.

Le français est utilisé dans l'administration, l'enseignement ou
les affaires par une partie importante de la population.

LA FRANCE

LE ROYAUME-UNI

LA MER DU NORD

LES PAYS-BAS

L'ALLEMAGNE

LE LUXEMBOURG

LA BELGIQUE

la Wallonie

LA MANCHE

Dunkerque
Calais
Boulogne
Lille
HAUTS-DE-FRANCE

Dieppe
Amiens
Charleville-Mézières

Cherbourg
Le Havre
Rouen
la Seine
Reims
Verdun
Metz

Caen
NORMANDIE
ÎLE-DE-FRANCE
Versailles ✯ Paris
GRAND-EST
Nancy
Strasbourg

Saint-Malo
le Mont-Saint-Michel
Chartres
Fontainebleau
Troyes
LES VOSGES
Colmar

BRETAGNE

Brest

Rennes
Le Mans
Orléans
la Loire
Blois
CENTRE-VAL DE LOIRE
BOURGOGNE-FRANCHE-COMTÉ
Dijon
Besançon

Nantes
la Loire
Angers
Tours
Bourges

PAYS DE LA LOIRE
Poitiers
la Saône
LE JURA

LA SUISSE

L'OCÉAN ATLANTIQUE

La Rochelle
AUVERGNE-RHÔNE-ALPES
Lyon
le Rhône

L'ITALIE

Limoges
Clermont-Ferrand
Grenoble
LES ALPES

NOUVELLE-AQUITAINE
Bordeaux
Rocamadour
LE MASSIF CENTRAL
le Rhône

Moissac
Albi
Avignon
Nîmes
Arles
PROVENCE-ALPES-CÔTE D'AZUR
Nice
Cannes
Aix-en-Provence
Marseille

MONACO

Biarritz
la Garonne
OCCITANIE
Toulouse
Montpellier

Lourdes
Carcassonne
Perpignan
LES PYRÉNÉES

CORSE

L'ESPAGNE

L'ANDORRE

LA MER MÉDITERRANÉE

Élévation en mètres
Niveau de la mer
2000+
500-2000
200-500
0-200

0 25 50 75 100 MILLES

0 50 100 150 KILOMÈTRES

la SARDAIGNE

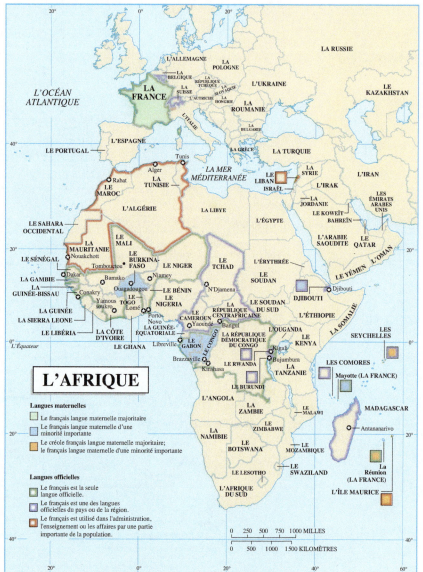

L'AFRIQUE

L'OCÉAN ATLANTIQUE

LA RUSSIE

L'ALLEMAGNE
LA POLOGNE
LA BELGIQUE
LA RÉPUBLIQUE TCHÈQUE
L'UKRAINE
LE KAZAKHSTAN

LA FRANCE
LA SUISSE
L'AUTRICHE
LA SLOVAQUIE
LA HONGRIE
LA ROUMANIE

L'ESPAGNE
L'ITALIE
LA BULGARIE

LE PORTUGAL
LA GRÈCE
LA TURQUIE

Tunis
LA MER MÉDITERRANÉE
LE LIBAN
LA SYRIE
L'IRAN

Alger
ISRAËL
L'IRAK
LES ÉMIRATS ARABES UNIS

Rabat
LA TUNISIE
LA JORDANIE
LE KOWEÏT
BAHREÏN

LE MAROC
L'ALGÉRIE
LA LIBYE
L'ÉGYPTE
L'ARABIE SAOUDITE
LE QATAR
L'OMAN

LE SAHARA OCCIDENTAL

LA MAURITANIE
Nouakchott
LE MALI
LE BURKINA-FASO
LE NIGER
LE TCHAD
L'ÉRYTHRÉE
LE YÉMEN

LE SÉNÉGAL
Dakar
Tombouctou
Bamako
Niamey
N'Djamena
LE SOUDAN
LE SOUDAN DU SUD
Djibouti
DJIBOUTI

LA GAMBIE
LA GUINÉE-BISSAU
Conakry
Ouagadougou
LE BÉNIN
LE NIGERIA

LA GUINÉE
Yamoussoukro
LE TOGO
Lomé
Porto-Novo
LA RÉPUBLIQUE CENTRAFRICAINE
L'ÉTHIOPIE
LA SOMALIE

LA SIERRA LEONE
LE CAMEROUN
Yaoundé
LES SEYCHELLES

LE LIBÉRIA
LA CÔTE D'IVOIRE
LA GUINÉE-ÉQUATORIALE
Bangui
L'OUGANDA
LE KENYA

LE GHANA
Libreville
LE GABON
LE CONGO
LA RÉPUBLIQUE DÉMOCRATIQUE DU CONGO
Kigali
LE RWANDA
LA TANZANIE
LES COMORES

L'Équateur
Brazzaville
Kinshasa
Bujumbura
LE BURUNDI
Mayotte (LA FRANCE)

MADAGASCAR
Antananarivo

L'ANGOLA
LA ZAMBIE
LE MALAWI

La Réunion (LA FRANCE)

LA NAMIBIE
LE ZIMBABWE
LE MOZAMBIQUE
L'ÎLE MAURICE

LE BOTSWANA

L'AFRIQUE DU SUD
LE LESOTHO
LE SWAZILAND

Langues maternelles
- Le français langue maternelle majoritaire
- Le français langue maternelle d'une minorité importante
- Le créole français langue maternelle majoritaire; le français langue maternelle d'une minorité importante

Langues officielles
- Le français est la seule langue officielle.
- Le français est une des langues officielles du pays ou de la région.
- Le français est utilisé dans l'administration, l'enseignement ou les affaires par une partie importante de la population.

0 250 500 750 1000 MILLES

0 500 1000 1500 KILOMÈTRES